Warum kaufen wir so viel, obwohl unsere Grundbedürfnisse längst befriedigt sind? Konsumgüter versprechen ein erfüllteres, glücklicheres,
längeres Leben – man kann sich mit ihnen identifizieren oder darstellen, aber sie verändern uns auch. Ob Zahnbürste, Rasierer oder Auto:
Produkte werden mittlerweile auf Charaktermerkmale hin angelegt, die
sich auch als Ausdruck menschlicher Eigenschaften interpretieren lassen. Verschiedene Wissenschaften, von der Soziologie bis zur Neurobiologie, nehmen mit ihren Erkenntnissen Einfluß auf die Entwicklung
und Vermarktung der Waren. Dadurch kommt es zu einer neuen, intimen Beziehung zwischen Ding und Mensch. Habenwollen wird erzeugt.
Ein »Konsumbürgertum« ersetzt das traditionelle (Bildungs-)bür-
gertum. Das Buch erzählt, wie Dinge heute gemacht werden und was sie
mit uns machen.

»Das Buch ist voll von Kabinettstücken. [...] Raffiniert gedacht. Raffiniert geschrieben. [...] Ullrichs Buch über den Luxus leistet sich selber
einen Luxus: Es blickt über den Tellerrand der Werbewirtschaft hinaus.
[...] Alles in allem: Lesenwollen.« *WDR*

»Ein schmales, aber ungeheuer kluges Buch [...] Ullrich gelingt es auf
verblüffende Weise, die Dinge unserer Konsumkultur – und sei es ein
Handmixer aus dem Versandhauskatalog – zum Sprechen zu bringen.
Und ganz im Vorbeigehen entlarvt er die subtilen Tricks der Marktforscher.« *Buchjournal*

Wolfgang Ullrich, Jahrgang 1967, studierte Philosophie, Kunstgeschichte und Germanistik. Promotion 1994 mit einer Arbeit über das
Spätwerk Martin Heideggers. Seitdem freier Autor, Hochschuldozent
und Unternehmensberater. Lebt in München. Zahlreiche Publikationen, insbesondere zur Geschichte und Kritik des Kunstbegriffs, über
moderne Bildwelten sowie Wohlstandsphänomene.

Unsere Adresse im Internet: www.fischerverlage.de

Wolfgang Ullrich

Habenwollen

Wie funktioniert die
Konsumkultur?

Fischer
Taschenbuch
Verlag

Ungekürzte Ausgabe
Veröffentlicht im Fischer Taschenbuch Verlag,
einem Unternehmen der S. Fischer Verlag GmbH,
Frankfurt am Main, Januar 2008

© 2006 S. Fischer Verlag GmbH, Frankfurt am Main
Alle Rechte vorbehalten
Druck und Bindung: Druckerei C.H. Beck, Nördlingen
Printed in Germany
ISBN 978-3-596-16328-1

Inhalt

Dimensionen der Konsumkultur

Einleitung

An einem Abend im Dezember 2003 fand in einer Wohnung im Münchner Westend ein Gespräch über ›Dingkultur‹ statt. Gastgeber war Rüdiger Belter, der seine Räume seit einigen Jahren auch als »mini salon« nutzt und Künstlern für Ausstellungen zur Verfügung stellt. Zwischen Bücherregalen und Aktenordnern (Belter ist sonst als selbständiger Kaufmann tätig), aber ebenso in der Küche und sogar gelegentlich im Schlafzimmer können die Besucher dann Gemälde, Zeichnungen, Installationen oder einen Videofilm betrachten.

Schon etliche Künstler hatten sich vom ungewöhnlichen Ausstellungsort herausgefordert gefühlt und eine Arbeit oder Aktion entwickelt, die auf Elemente der Wohnung Bezug nahm. Doch noch niemand war so weit gegangen wie Stephanie Senge, die Belter diesmal eingeladen hatte und deren Arbeit sich meist mit Konsum-Phänomenen beschäftigt. Sie gab ihrer Ausstellung den Titel »Hurra, wir ziehen zusammen!« – und sie nahm das ganz wörtlich. Die Besucher fanden die Wohnung also ziemlich voll vor. Im Badezimmer hatten Cremes, Lippenstifte und Haarklammern das Terrain weitgehend erobert, im Schlafzimmer stapelten sich Kartons und ausgepackte Kleidung, und im Küchenschrank gab es auf einmal alles doppelt: zwei Typen von Teetassen und Tellern, sogar Eierbecher in zwei Designs, einmal aus weißem Porzellan, einmal in Pink und aus Plastik. Und nicht nur bei den Eierbechern ahnte man sofort: Hier treffen sehr unterschiedliche Dingwelten aufeinander. Hätte man nicht gewußt, daß es sich um eine Kunstaktion handelte, hätte man sogar besorgt gefragt: Kann das gut gehen? Wie passen zwei Menschen zusammen, die an so verschiedenen Formsprachen Gefallen finden?

Stephanie Senge: Installation »Hurra, wir ziehen zusammen!«, 2003

Hinter diesen Fragen steht die Überzeugung, daß in den Dingen, mit denen sich Menschen umgeben, ihre Persönlichkeit zum Ausdruck kommt. Ein Porträt zu zeichnen, war aber auch das Ziel der Ausstellung. Stephanie Senge wollte darauf reagieren, daß Rüdiger Belter jedesmal, wenn er seine Privatwohnung als Ausstellungsraum öffnet, ebenso seine Dingwelt zur Betrachtung und Beurteilung freigibt: Die Besucher schauen nicht nur Kunst an, sondern machen sich aufgrund dessen, was in der Wohnung steht, gleichermaßen ein Bild vom Kurator, der hier lebt. Was sonst nebenbei oder eher verstohlen passiert, sollte nun also direkt zum Thema werden: Indem die Künstlerin mit ihren Sachen anrückte, so als wollte sie tatsächlich einziehen, erhob sie zugleich die Sachen des Kurators zu Ausstellungsstücken. Die Differenzen zwischen den zwei Lebenswelten inszenierte sie an vielen Stellen der Wohnung eigens und steigerte sie zum offenen Kontrast; aus den Dingkulturen fertigte sie ein Doppelporträt der beiden Protagonisten.

An jenem Abend nun, so war es angekündigt, wollten Stephanie Senge und Rüdiger Belter sich über ihre Dinge unterhalten. Konsumgewohnheiten sowie Gründe dafür, etwas haben zu wollen, standen zur Debatte. Dazu waren die beiden bereits vorab gemeinsam zum Einkaufen gegangen, bis sie schließlich, unter anderem, zwei Spaghettipackungen, zwei Joghurts, zwei Flaschen mit Bademittel und zwei Tafeln Schokolade in ihrem Korb hatten. Die Einkäufe breiteten sie auf einem Tisch aus und ergänzten sie um Gegenstände aus ihrem Hausrat: Flaschenöffner, Löffel, Hausschuhe, Zahnbürste.

Ein Moderator ließ das Publikum zuerst raten, wem wohl jeweils was gehörte. Außer bei den Spaghetti gab es keine unterschiedlichen Meinungen – und alle Zuordnungen stimmten. Das braucht auch nicht zu verwundern, handelte es sich doch nicht nur um eine Frau und einen Mann, deren Produktwelten hier zusammentrafen, sondern zugleich um zwei Menschen mit verschiedenen Berufen, einem ausgeprägten Geschmack und individuellen Interessen. Zudem war klar, daß beide für die Ausstellung noch etwas plakativer auf ihren Lebensstil Wert gelegt hatten als sonst. Dennoch verdient festgehalten zu werden, daß das eigene Naturell offenbar auch bei Joghurt und Zahnbürsten ausgelebt werden und man sich Dritten gegenüber eindeutig zu erkennen geben kann. Es gibt nicht nur jeweils diverse Fabrikate und Marken zur Auswahl, sondern diese unterscheiden sich auch in ihrem Formklima oder Eigenschaftsdesign hinreichend stark, um zu verschiedenen Konsumenten zu passen. Bis hin zu den preiswertesten und scheinbar banalsten Produkten reicht das Bemühen der Hersteller, potentielle Kunden nicht nur mit einem Gebrauchswert oder mit einem guten Preis-Leistungs-Verhältnis zu überzeugen, sondern ihnen dank der Warenästhetik eine Identifikationsmöglichkeit zu bieten.

So ist Rüdiger Belter wichtig, daß die Dinge in seiner Wohnung dezent sind; sein Mißtrauen gilt allem, was bunt und formverliebt auftritt. Was er kauft, soll kein starkes Eigenleben entfalten und keinen Raum über den hinaus einfordern, den es ohnehin besetzt. Doch dürfen die Dinge andererseits nicht belanglos werden; vielmehr soll ihre entschiedene Schlichtheit dazu beitragen, daß man sich in der Wohnung ruhig und innerlich geordnet fühlt. Belter geht so weit, daß er die Etiketten von Plastikflaschen ablöst, um nicht durch diverse Schriften oder Bildchen abgelenkt zu werden. Sogar der Stiel seiner Zahnbürste ist grau. Entsprechend läßt er sich im Laden auch nicht von einer peppigen Dekoration beeindrucken und zum Kauf von etwas hinreißen, was er nicht auf seinem Zettel stehen hat. Spontankäufe gibt es bei ihm nicht. Vielmehr kann es bei wichtigeren Anschaffungen sogar lange dauern, bis Belter sich für ein Fabrikat entscheidet. Abgesehen von der ästhetischen Nachhaltigkeit ist ihm dann die Funktionalität und praktikable Handhabung wichtig. Ökologische Aspekte und die Produktionsbedingungen spielen ebenfalls eine große Rolle. Um sich gut zu informieren, wälzt er Prospekte, sucht verschiedene Läden auf, prüft Alternativen. Selbst bei Alltäglicherem wie einem Shampoo oder einer Tafel Schokolade überlegt er genau. Hat er sich aber erst einmal für eine Marke entschieden, bleibt er ihr, sofern sie sich nicht ändert, über Jahre hinweg treu. Seine Entscheidungen sind also bereits getroffen, bevor er zum Einkaufen geht.

Entstand der Eindruck, daß Belter sich nur wohl fühlt, wenn er für jedes Ding, das er um sich hat, einen rationalen Grund angeben, seinen Konsum also vernünftig legitimieren kann, spielen für Stephanie Senge Einkaufszettel oder Markentreue keine Rolle. Vielmehr begibt sie sich so vor die Regale eines Supermarkts, wie andere Leute morgens vor ihren Kleiderschrank treten: Sie weiß vorher nicht, wofür sie sich entscheidet. Vielmehr läßt sie sich offen und neugierig auf das ein, was sie vorfindet. Statt des Gebrauchswerts gibt dabei oft die Farbe, die Form, die Verpackung oder ein Slogan den Ausschlag für sie, etwas in den Einkaufswagen zu tun. Die Zahnbürste, die sie damals gerade benutzte, hatte die Form einer Seejungfrau und war neckisch bemalt. Im Joghurtregal wählte sie beim gemeinsamen Einkauf mit Belter einen exotischen Fruchtjoghurt mit einem grellen Bild auf dem Aludeckel, der ›Fitness‹ versprach.

Senges Entscheidungen ergeben sich jedoch daraus, daß sie in einem Supermarkt immer auch Anregungen und Material für ihre Installationen sowie andere Kunstprojekte sucht. So kauft sie Waren wegen einer bestimmten Eigenschaft oder Aussage: In ihrem Atelier stapeln sich Produkte, die mit Vokabeln wie ›Balance‹, ›Happiness‹ oder ›Gourmet‹ auf sich aufmerksam machen und die Senge als Zeugen des Zeitgeists begreift. Oder sie sammelt Artikel, die als ›limited edition‹ gekennzeichnet sind. Häufig macht sie reine Farbeinkäufe oder interessiert sich für Produkte aus einem speziellen Land, aus denen sie dann Stilleben zusammenstellt und fotografiert. Die Grenzen zwischen privatem Konsum und künstlerisch motivierten Kaufentscheidungen sind bei ihr fließend, da manche der Produkte, die sie im Blick auf eine Installation oder Fotoserie erwirbt, von ihr auch zu Hause benutzt werden. Je nachdem, wann man sie besucht, vermittelt ihre Wohnung also einen ganz anderen Eindruck. In ihr finden sich die Erträge und Reste diverser Konsum-Exkursionen – Dokumente eines in aller Spontaneität ebenfalls sehr bewußten Einkaufens.

Rüdiger Belter und Stephanie Senge kaufen also nur, was sie wirklich haben wollen. So unterschiedlich die Kriterien sein mögen, nach denen sie ihre Auswahl treffen, so sehr führt ihr jeweiliger Konsumstil doch vor Augen, was für eine intensive und individuelle Auseinandersetzung das differenzierte Warenangebot erlaubt. Da so viele Dinge eine deutliche Formensprache sprechen, muß man sich sogar spezifisch auf sie einlassen. Selbst der Konsum simpelster Produkte fordert schon klare Entscheidungen. Belter und Senge bewiesen ihre Reflektiertheit dadurch, daß sie an jenem Abend bei jedem Ding mühelos und detailliert erklären konnten, warum sie es gekauft hatten. Nach und nach entstand für die Gäste des »mini salon« somit ein genaues Bild nicht nur von den Konsumgewohnheiten der beiden Protagonisten, sondern von ihrer gesamten Persönlichkeit, ihrem Temperament, ihrer Lebenseinstellung. Das in der Ausstellung angelegte Doppelporträt konkretisierte sich.

Wer den beiden zuhörte, konnte sogar den Eindruck gewinnen, das Konsumieren sei regelrecht eine Profession, eine auf Sensibilität, Gestaltungswillen und Kreativität angewiesene Tätigkeit, bedeute also viel mehr als das Beschaffen und Verbrauchen von Gütern: Wer nicht sorgfältig überlegt, was zu ihm paßt, vermittelt ein schiefes Bild der eigenen Person oder fühlt sich unwohl inmitten von Dingen, die zu Fremdkörpern werden. Mancher mochte an jenem Abend auch Zweifel hinsichtlich des eigenen Konsumverhaltens bekommen haben: Reflektiert man die eigenen Präferenzen sorgfältig genug? Ist man nicht sogar oft überfordert von einer Kaufsituation? Ob es neben logischer, sozialer oder emotionaler Intelligenz vielleicht auch Faktoren gibt, die den Konsum-IQ einer Person bestimmen? Heutzutage kann es jedenfalls überall zu Fehlgriffen kommen, nicht nur bei Büchern oder Musik, sondern genauso bei Schokolade, Zahnbürsten oder einem Korkenzieher.

Der Mensch wurde nicht als Konsument geboren. Konsumhistoriker weisen darauf hin, daß es »zunächst einmal notwendig [war], die Menschen vom ›Habenwollen‹ zu überzeugen«.[1] Sie mußten lernen, Interesse an Dingen zu zeigen, die sie nicht unbedingt zum Überleben brauchten.[2] Dem Habenwollen ging und geht ein Habenmüssen voraus, und erst wenn die notwendigen Bedürfnisse befriedigt sind, ist für die Erfüllung – und Entwicklung – von Wünschen Platz.

Dabei verrät es eine zu konsumkritische Einstellung, diese Wünsche nur als ›gemacht‹ zu denunzieren und so zu tun, als gebe es sie ohne die Profitgier der Unternehmen und Verkäufer nicht. Plausibler ist es, ihnen eine Latenz zu attestieren – und es als Fortschritt zu würdigen, wenn die Umstände danach sind, daß sich neben Bedürfnissen auch Wünsche berücksichtigen lassen. Erst eine Gesellschaft, in der man Wünsche entfalten und befriedigen kann, besitzt die Chance, eine Konsumkultur – und nicht nur einen von Notwendigkeiten bestimmten Tauschhandel – zu etablieren. Dazu gehört es aber gerade, Waren über den Gebrauchswert hinaus symbolisch aufzuladen und zu Dingen zu entwickeln, die ihren Besitzern schmeicheln, sie in ihrer Einstellung unterstützen oder sogar transformieren.

Wie aber verspricht ein Ding, daß es eine Persönlichkeit porträtiert, stärkt oder ansporrnt? Bot schon jener Abend über Dingkultur eine Debatte über Designs, Farben, Materialien und Formsprachen, so stößt man auch in vergleichbaren Diskussionen vor allem auf ästhetische Faktoren: Evozieren nicht Warengestalt und Werbung ein Habenwollen, kann ein Produkt auf keine Karriere auf dem Markt hoffen. Dabei geht es jedoch, anders als konsumkritische Autoren immer wieder unterstellt haben, nicht nur um eine Verführung durch sexuelle Schlüsselreize.[3] Ließe sich die Nachfrage allein damit steuern, wäre Marketing ein einfaches und ziemlich eindimensionales Geschäft; von einer Konsum*kultur* zu sprechen, besäße dann kaum Berechtigung. Ein Ziel dieses Buchs besteht hingegen darin, die etwas subtileren Methoden und Techniken darzustellen, die sich in einer Gesellschaft entwickelt haben, in der Konsum viel mehr als nur eine Bedürfnisbefriedigung garantieren soll und in der das Verhältnis zwischen Ding und Mensch eine erstaunliche Psychologisierung erfahren hat.[4]

Während das erste Kapitel diese Entwicklung nachzeichnet sowie einige besondere Merkmale der modernen Konsumgesellschaft untersucht, geht es im zweiten Kapitel darum, wie Dinge den an sie gestellten Ansprüchen nachkommen. An Beispielen soll demonstriert werden, wie ein Design eine formatierende Wirkung entfaltet oder eine Lebensform repräsentiert und auf welche Weise eine Werbeanzeige Potenz verspricht oder zu Phantasien erfüllter Zukunft stimuliert. Antworten auf diese Fragen weisen in zwei Richtungen. So tragen sie nicht nur zu einer Stilbestimmung heutiger Warenästhetik bei, sondern verraten auch einiges über die Werte der Wohlstandsgesellschaft.

Da die Anforderungen an Design und Werbung erheblich gestiegen sind, überläßt kaum noch ein Unternehmen allein den Designern, der Marketingabteilung und einer Werbeagentur die Entscheidungen über das Erscheinungsbild seiner Fabrikate. So wichtig die ästhetische Dimension ist, so wenig ist sie noch das Werk einzelner Professionen. Vielmehr sind in den letzten Jahrzehnten zahlreiche weitere Spezialisten herangezogen und keine Kosten gescheut worden, um den Markterfolg von Produkten vorab besser einzuschätzen und um ihn nach Möglichkeit zu steigern. Das dritte Kapitel legt dar, in welchem Ausmaß sich der Entwicklungs- und Vermarktungsprozeß von Konsumgütern mittlerweile Erkenntnissen so unterschiedlicher Fächer wie der Soziologie, der Psychologie und der Gehirnforschung, aber selbst kunst- und kulturwissenschaftlichen Impulsen verdankt.

Da es heute nur noch wenige Produkte gibt, die nicht mit Hilfe verschiedener Wissenschaften auf den Markt gelangt sind, läßt sich die moderne Konsumwelt sogar als Ort interdisziplinärer Forschung beschreiben. Viele Erkenntnisse über den Menschen werden erst im Zuge von Marktuntersuchungen oder bei der Analyse des Konsumentenverhaltens gewonnen. Anthropologie nimmt mittlerweile also von Kaufhäusern sowie den Labors der Konsumforschung ihren Ausgang. Da die Produzenten ihre Kundschaft damit besser denn je kennen, sind auch die Produkte so paßgenau angelegt wie nie zuvor. Selbst wer dafür kapitalistische Gier und einseitig ökonomische Interessen verantwortlich machen mag, kommt nicht umhin, das Ergebnis als eine historisch einmalige Leistung zu würdigen: Erstmals läßt sich der Konsum in Kategorien beschreiben, die bisher allein für Werke der Hochkultur reserviert waren – erstmals ist er selbst zu einer Kultur geworden.

Das letzte Kapitel zieht eine Bilanz dieser relativ neuen, vor allem in der deutschsprachigen Debatte bisher kaum gewürdigten Verhältnisse und untersucht, inwieweit das Bildungsbürgertum, das über zwei Jahrhunderte hinweg die Hochkultur getragen und gefördert hat, inzwischen von einem Konsumbürgertum abgelöst wird. Dabei werden jedoch auch Defizite des heutigen Konsumismus unübersehbar, die zugleich anzeigen, wohin die weitere Entwicklung gehen könnte – und gehen müßte, damit der Begriff einer Konsumkultur auch wirklich gerechtfertigt wäre. Am Horizont erscheint so bereits die Zukunft des Habenwollens.

Stellenwert und Differenziertheit der heutigen Dingkultur läßt sich sogar noch dort erahnen, wo es um die Abfälle der Konsumwelt geht – um das, was vom Habenwollen bleibt. Ein Gegenstück zu der Aktion im »mini salon« lieferten im Sommer 2004 zwei Fotografen aus Frankreich, Pascal Rostain und Bruno Mouron, die in einer Galerie in New York postergroße Bilder ausstellten, auf denen, jeweils ausgebreitet auf schwarzen Samt, der

Pascal Rostain/Bruno Mouron: Der Müll von Madonna, 2004

Müll prominenter US-Amerikaner fotografiert war. Zu sehen war, was Arnold Schwarzenegger raucht oder welches Mineralwasser in der Familie von Madonna getrunken wird. Außer Müll, der Rückschlüsse auf Krankheiten oder sexuelle Vorlieben erlaubte, präsentierten die beiden Fotografen alles, was sie, mit viel Aufwand und Geduld, aus den Abfalltonnen erbeutet hatten. Immerhin brauchten sie rund fünfzehn Jahre, bis sie das Material für ihre Ausstellung beisammen hatten. Ihr Interesse, so erklärten sie, gelte der Konsumkultur, die sich nirgendwo so klar abbilde wie im Müll. Er liefere »ein wahres Porträt unserer Gesellschaft«. Wenn man festhalte, was jemand esse, trinke und in seinem Haushalt habe, könne man dessen »Persönlichkeit sehen«. Daher zeige das beste, da aussagekräftigste Foto von Brigitte Bardot auch nicht ihr Gesicht, sondern ihren Abfall.[5]

Entwicklung der Konsumkultur

Statussymbole

Noch nie hat sich das Verhältnis der Menschen zu ihren Dingen so stark verändert wie in der Moderne. Die Gründe dafür haben verschiedene Namen, wobei ihre Auswahl davon abhängt, ob man einer hegelianischen oder einer marxistischen Tradition der Geschichtsphilosophie anhängt: Identifiziert man Bewußtsein und Ideen als treibende Kraft, wird man Individualisierung, Säkularisierung und Demokratisierung verantwortlich machen. Wer hingegen das Sein und die realen Lebensbedingungen als das Primäre setzt, führt Industrialisierung, freie Marktwirtschaft und Massenwohlstand als entscheidende Faktoren an.

Es herrscht unter Historikern jedoch Einigkeit darüber, daß sich eine differenzierte Konsumkultur erst seit dem 18. Jahrhundert zu entwickeln begann.[1] Bis dahin hatte die Mehrheit nicht nur aus ökonomischen Gründen kaum Wahlfreiheit. Vielmehr gab es in den meisten Bereichen keine Angebotsvielfalt. Außerdem sind seit der Antike und für nahezu alle Länder und Kulturen Gesetze überliefert, in denen der Gebrauch von Kleidung oder Schmuck geregelt wurde: Auch wer das Geld dazu besaß, durfte nicht einfach Seidenstoffe oder Perlen tragen – außer der gesellschaftliche Status erlaubte es. In Venedig wurde 1430 festgelegt, wie hoch die Absätze von Stöckelschuhen sein durften; allein Prinzessinnen und Gräfinnen war in Frankreich im 16. Jahrhundert das Tragen von Seidenkleidern gestattet, und Elisabeth I. von England bestimmte 1564, daß nur ein Vicomte oder noch höherer Adeliger dazu berechtigt war, Gold- oder Silberfäden in sein Gewand einzuarbeiten.[2]

Zwar wurden diese Gesetze häufig unterlaufen und nur selten angewendet, doch beweist schon ihre Existenz, wie wenig Spielraum für den einzelnen vorgesehen war, sich über seinen Konsum variabel auszudrücken – wie bewußt Dinge aber zugleich als Statussymbole eingesetzt wurden. Die Gesetze stellen sogar den Versuch dar, ihre statusindizierenden Qualitäten eindeutig zu codieren. Ziel war eine Sprache der Dinge, bei der Kleidung und Accessoires allgemeinverständlich und eindeutig signalisieren, welchen gesellschaftlichen Rang eine Person innehat. Kaum jemand konnte jedoch der Versuchung widerstehen, sich der Öffentlichkeit etwas geschönt zu präsentieren. Die Konsum-Gesetze, die die sozialen Verhältnisse eigentlich stabilisieren sollten, waren also auch ein Unruhefaktor.

In einer Satire auf eine Schicht römischer Neureicher, dem *Satyricon* des Petron, geschrieben um 60 n. Chr., geht es darum, wie man sich durch die Wahl seiner Dinge von anderen – weniger Wohlhabenden – abheben kann und wie sich zugleich gegenüber den Etablierten Mimikry betreiben läßt. Aufgrund von Ungeschicklichkeit und zu großer Ambition mündet dieses Unterfangen jedoch in karikaturenhaften Übertreibungen. So legt der Emporkömmling Trimalchio Wert darauf, überall das Teuerste zu besitzen und durch Gesten offener Verschwendung seinen Reichtum zu bekunden. Für ein Brettspiel benutzt er keine einfachen Steine (in Weiß und Schwarz), sondern Stücke aus Gold- und Silbermünzen (»pro calculis (…) albis ac nigris aureos argentosque habebat denarios«).[3] Hier wie auch sonst definiert über Jahrtausende hinweg fast immer der Materialwert den Unterschied zwischen begehrten und bloß alltäglichen Gegenständen. Aus ihm ergibt sich, was zum Statussymbol geeignet ist. Andere Kriterien sind Aufwand und Professionalität der Materialbearbeitung, gelegentlich auch die Person, die etwas hergestellt oder verkauft hat. Letzteres ist bereits eine Vorform von Markenbildung, wo ein Ruf – oder Image – wichtiger werden kann als die materielle Verfaßtheit des Produkts.

Soweit der Materialwert im Mittelpunkt der Aufmerksamkeit stand, mußten die Konsumenten immer über gute Warenkenntnisse verfügen, um die Qualität eines Produkts einschätzen zu können. Seit dem späten 18. Jahrhundert wurde an den Schulen und Hochschulen sogar eigens Warenkunde unterrichtet. Johann Beckmann, ein Göttinger Professor für Weltweisheit, war einer der ersten, die, beseelt von Gedanken der Aufklärung, Wissen über Waren sammelten und in Lexika oder Ratgebern weitergaben.[4] Infolge der Kolonialpolitik des 19. Jahrhunderts gewann die Warenkunde weiter an Wichtigkeit, da nun zahlreiche bisher unbekannte Materialien und Güter importiert wurden, deren Eigenschaften oder Verarbeitungsweisen erst gelernt und vermittelt werden mußten. Noch das frühe Kunststoffzeitalter führte zu zusätzlichen Herausforderungen für die Warenkunde, doch in den letzten Jahrzehnten verschwand sie aus den Lehrplänen: Konsumprodukte definieren sich mittlerweile oft über anderes als ihre Materialeigenschaften; wie teuer etwas ist, hängt nur noch zum Teil mit dem Wert oder der Bearbeitung seines Materials zusammen.

Als Statussymbole vermochten Konsumgüter in der Vergangenheit nur eingeschränkt zu porträtieren. Sie verrieten lediglich, wie reich und sozial angesehen jemand war, nicht jedoch, welche politische Einstellung und was für ein Temperament er oder sie besaß. Als Beispiel hierfür sei auf Thorstein Veblens *Theorie der feinen Leute* (*The Theory of the Leisure Class*) verwiesen, ein erstmals 1899 publiziertes und oft nachgedrucktes Buch, das den repräsentativen Konsum Wohlhabender untersuchte. Veblen trennt nicht zwischen antiken, neuzeitlichen und damals zeitgenössischen, auch nicht zwischen westlichen und außereuropäischen Gesellschaften, da aus seiner Sicht das, wofür Statussymbole stehen, überall vergleichbar ist: Immer gehe es um den »Beweis der Zahlungsfähigkeit«, der am besten durch »demonstrative Verschwendung« erbracht werde; ferner solle kundgetan werden, daß man selbst nicht arbeiten müsse, also über

»demonstrative Muße« verfüge.[5] Nobilität beweist daher, wer sich Dinge aus Materialien kauft, die teurer sind als Werkstoffe, welche den Gebrauchswert des Gegenstands genauso oder gar besser garantieren. Ein handgeschmiedeter Silberlöffel, so Veblens Beispiel, ist ungefähr »hundertmal mehr wert« als ein maschinell gefertigter Aluminiumlöffel, ist aber »meist sogar weniger gut für seinen angeblichen Zweck«.[6] Wer ihn dennoch kauft, verrät, daß er nicht aufs Geld schauen muß und daß er genügend Zeit (oder Bedienstete) hat, um nicht auf die praktischste Lösung angewiesen zu sein.

Mehr als eine mühelos verfügbare Kaufkraft gaben Statussymbole zu Veblens Zeiten also genausowenig zu erkennen wie in der Epoche Petrons. Zwar haben Kaufhauskataloge des späten 19. Jahrhunderts bereits für viele Gebrauchsartikel zahlreiche Varianten im Angebot, doch kommen auch hier erst relativ wenige Unterscheidungskriterien zum Tragen. Vor allem wurde zwischen Designs für Männer und Frauen getrennt, ebenso sahen Dinge für Kinder und Jugendliche anders aus als die für Erwachsene. Feinere soziale Abstufungen und erst recht Mentalitätsdifferenzen bildeten sich hingegen nicht ab.[7]

Vorzeichen für das, was sich im 20. Jahrhundert entwickeln sollte, gibt es aber bereits in der Literatur des späten 19. Jahrhunderts. So konfrontiert Henry James in seinem Roman *Portrait of a Lady* (1881) die Titelheldin Isabel Archer mit der Ansicht einer älteren Freundin, Madame Merle, wonach die Identität einer Person sich wesentlich durch ihre Dinge konstituiere, man darauf also auch besonders achten müsse. Die eigene Persönlichkeit sei sogar nichts anderes als das, was man durch die Wohnung, die Möbel, die Gewänder, die Bücher, die man lese, und die Gesellschaft, in der man sich befinde, zum Ausdruck bringe. (»I've a great respect for *things*! One's self – for other people – is one's expression of one's self; and one's house, one's furniture, one's garments, the books one reads, the company one keeps – these things are all expressive.«) Isabel ist eine solche Auffassung jedoch unheimlich; für sie sagen Besitzgüter nichts über den Besitzenden aus – im Gegenteil behindern sie das Individuum sogar darin, sich auszudrücken, sind sie doch gesellschaftlichen Normen oder den Launen der Hersteller und nicht dem Charakter dessen geschuldet, der sie erwirbt. (»Nothing that belongs to me is any measure of me; everything's on the contrary a limit, a barrier ...«).[8]

Entspricht Isabels Haltung genau dem Befund, daß Dinge auch im 19. Jahrhundert noch vor allem auf soziale Rollen festlegten und kaum einmal als fein steuerbare Medien und sensible Indikatoren fungieren konnten, erkennt Madame Merle in einem Schrank oder Kleid schon so viel wie in einem Buch: etwas, das den Charakter des Besitzers offenbart und auch konstituiert. Die Dinge, mit denen man sich identifiziert, sind für sie sogar genauso Teil der eigenen Person wie Haare oder Augen. Entsprechend empfände sie einen Diebstahl – wie es viele Menschen heute tun – als persönlichen Angriff: mehr als Körperverletzung denn als materiellen Schaden.[9] Damit ist Madame Merle eine Pionierin der entwickelten Konsumkultur – eine der ersten, die den Dingen mehr Bedeutung verlieh, als sie lange besaßen.[10]

Dingkritik

Die Moderne ist auch die erste Epoche, in der Kritik an den Dingen geübt wird. Dabei geht es nicht um Einwände gegen einzelne Produkte – ihr Design, ihre Materialeigenschaften, ihren Nutzwert oder ihren Luxus –, sondern allgemeiner um ein Unbehagen, das ihre Beziehung zu den Menschen betrifft. Dieses Unbehagen signalisiert ein Bewußtsein markanter Veränderungen; in ihm drücken sich sowohl Angst und Trauer über drohende Verluste, aber auch hohe Ansprüche gegenüber den Dingen aus.

Ein Argument, das im Zuge der Industrialisierung immer wiederkehrt, betrifft den Charakter der Produkte. Man beklagt die

Unpersönlichkeit dessen, was mit Hilfe von Maschinen in größeren Auflagen oder gar massenhaft hergestellt wird. Es muß für viele Menschen im 19. und auch noch im 20. Jahrhundert verstörend gewesen sein, mit Dingen konfrontiert zu werden, die nicht als Einzelstücke erkennbar, sondern anonymer Herkunft waren. In zahlreichen Äußerungen drückt sich dieses Mißfallen aus, oft auch in Verbindung mit anderen Vorbehalten gegenüber der Modernisierung. Wenn der Philosoph Friedrich Theodor Vischer 1843 beklagt, daß »der tote Mechanismus vollends jede lebendige Teilnahme der Individualität von der Hervorbringung der Produkte ausscheidet«, und wenn er weiter »das gemütliche Einleben der Seele in den Charakter der Arbeit« vermißt, beurteilt er die Produzenten nach dem Vorbild des Künstlers: Sie sollten idealerweise ihre jeweils unverwechselbare Art originell zum Ausdruck bringen.[11]

So sehr er zuerst nur aus der Sicht der Hersteller spricht, die er einem Prozeß der Entfremdung ausgesetzt sieht, so sehr hebt er aber auch die Folgen dieser Entwicklung für die Konsumenten hervor. Sie drohen ihrerseits, so Vischer, zu maschinenhaften Wesen zu werden, die farblos, langweilig und dressiert vor sich hinleben. Er befürchtet, daß sich der »mechanische Charakter (...) im weitesten Sinne allen Formen aufgedrückt hat« und nennt den »Maschinenlauf des ganzen Staatswesens« oder die »falschen Anstandsfesseln der Gesellschaft« als Beispiele. Soweit er den modernen Dingen eine in negativer Weise formatierende Kraft unterstellt, empfindet er seine Zeit sogar als so starken Rückschritt gegenüber früheren Perioden, daß man sich – drastisch – »geradezu erhängen müßte«.[12]

Beklagte Vischer, um wie viel »poetischer« die alten Dinge waren[13], so vermißte drei Generationen später der Architekt und Kulturkritiker Paul Schultze-Naumburg an den neuen Dingen, daß sie nicht in der Lage wären, »selbständig Glück zu verleihen«.[14] Andere Konservative wie Ernst Rudorff, eine führende Figur der Heimatschutzbewegung der vorletzten Jahrhundertwende, schrieb, daß »die Welt (…) häßlicher, künstlicher, amerikanisierter mit jedem Tag« werde.[15] Demselben Topos folgte auch Rainer Maria Rilke, der 1925 in einem Brief einen Nachruf auf eine untergehende Dingkultur, eine Klage über »das immer raschere Hinschwinden von so vielem Sichtbaren« formulierte: »Noch für unsere Großeltern war (…) fast jedes Ding ein Gefäß, in dem sie Menschliches vorfanden und Menschliches hinzusparten. Nun drängen, von Amerika her, leere gleichgültige Dinge herüber, Schein-Dinge, *Lebens-Atrappen* (…). Die belebten, die erlebten, die *uns mitwissenden Dinge* gehen zur Neige und können nicht mehr ersetzt werden. *Wir sind vielleicht die Letzten, die noch solche Dinge gekannt haben.* Auf uns ruht die Verantwortung, nicht allein *ihr* Andenken zu erhalten (…), sondern ihren humanen (…) Wert«.[16]

Da die alten, von Hand gefertigten Dinge für Rilke mit Leben erfüllt waren, nahmen sie die Rolle von Freunden an. Je länger man mit ihnen Umgang pflegte, desto inniger wurde die Beziehung, desto mehr vom eigenen Leben ging in sie ein. Dabei zeichneten sie sich – auch das gehört zu Freunden – durch Diskretion aus: Statt der Umwelt zu signalisieren, wie ihr Besitzer denkt und fühlt, waren sie ›mitwissend‹, also verschwiegene Komplizen. Die Moderne hingegen wird als Epoche eines Erkaltens beschrieben: Aus der Intimität im Verhältnis zwischen Mensch und Dingen sei eine triste Beziehungslosigkeit geworden.

Allerdings neigen Kulturkritiker auch dazu, die Vergangenheit zu idealisieren. Ihre Ansprüche und Hoffnungen machen sie dringlicher, indem sie darauf beharren, diese seien bereits einmal erfüllt gewesen. So ändert sich an der Art der Argumentation über hundertfünfzig Jahre hinweg auch nichts: Immer wieder wird suggeriert, der Dingverlust sei ganz akut eingetreten. »Die Dinge als solche haben keine Substanz«, stellte etwa Erich Fromm in den 1970er Jahren fest und bemängelte, daß man ihnen gegenüber »gleichgültig« geworden sei; es bestünden »keine tieferen Bindungen an sie«.[17] Und nochmals einige Jahre später bemerkte Peter Handke, »keine Achtung mehr vor den meisten täglichen Gegenständen« haben zu können, »weil sie nicht von Menschen gemacht sind«.[18]

Wer für die Dinge Substanz und Belebtheit voraussetzt, mißt sie aber an denselben Ansprüchen, die spätestens seit dem Klassizismus gegenüber Kunst erhoben wurden. Wie ein großes Kunstwerk Humanität verkörpern und die Rezipienten mit seiner Kraft formen und beleben sollte, so verlangten Philosophen und Kunsttheoretiker, aber auch Künstler den Dingen ähnliche Stärke und positive Wirkungen ab. Rilkes Brief liefert hierfür ein typisches Beispiel. Als »Gefäß« soll ein Ding für ihn zudem mit Lebenssinn aufgefüllt sein und damit eine beglückende Ganzheit besitzen. Dieselbe Metapher hatte rund hundert Jahre zuvor Georg Wilhelm Friedrich Hegel verwendet, um den besonderen Charakter eines Kunstwerks – konkret: eines Gedichts – zu beschreiben: Es sei ein »Gefäß«, in dem sonst »zersplittert und zerstreut« vorhandene »Vorstellungen, Gefühle, Eindrücke, Anschauungen« zusammengetragen würden, was zu einer »Totalität« führe und wobei »das empfindende Herz das Innerste und Eigenste der Subjektivität« erfahre.[19]

Die Kritik, der die Dinge in der Moderne ausgesetzt sind, liest sich also wie ein aus der Kunsttheorie abgeleiteter Forderungskatalog. Vermißt werden dabei aber Erfahrungen, die für heutige Konsumenten selbstverständlich sind. Käufer elitärer Markenartikel berichten davon, wie ihr Leben dadurch intensiver und bewußter werde und sich eigene Rituale entwickelten. Wer einen teuren Füller erwirbt, will damit vielleicht die große Bedeutung des Schreibens für sein Selbstverständnis – und als Quelle seines Selbstwertgefühls – würdigen. Der Füller soll dann dabei helfen, die eigene Identität zu stabilisieren. Oder er hilft sogar über eine Lebenskrise hinweg, in der man einen Partner verloren hat. Die Vorstellung, was man mit ihm alles schreiben könnte, eröffnet Zukunftsaussichten, die sonst eine Freundin oder ein Ehemann zu garantieren hätten.

Viele Menschen können sich heutzutage also durchaus in ihren Dingen wiederfinden und mit ihnen darstellen; sie werden von ihnen verändert und bereichert. Einzelne flüchten sogar vor den neuen Dingen, weil sie zu enge Beziehungen scheuen. Sie umgeben sich dann lieber mit geerbten Möbeln und Sachen, die sie in Secondhand-Shops und auf Flohmärkten finden, müssen sie bei ihnen doch nicht erst überlegen, ob ihr Design zum eigenen Temperament paßt. Ältere Dinge empfinden sie nicht als so aufdringlich und charakterstark, daß man sich ihnen fügen müßte. Die meisten heutigen Artikel hingegen – so der neue Argwohn – nehmen Einfluß darauf, wie man sich bewegt und kleidet, vielleicht sogar, wie man denkt und welche Werte man ausbildet, was man sich vom Leben erwartet und wie man sich seine Zukunft vorstellen soll. Für das Urteil, die Dinge hätten keine Substanz, gibt es also offenbar keine guten Gründe mehr.

Dabei wird heute ungleich mehr maschinell und massenweise produziert als zu den Zeiten, als die Kulturkritiker ihre Stimmen am lautesten erhoben. Doch scheinen die Produzenten auf die langwährenden Klagen reagiert zu haben. Dann wäre die paßgenaue Differenzierung der Konsumgüter, die selbst bei Zahnbürsten und Joghurts auf verschiedene Mentalitäten Rücksicht nimmt, die Antwort auf das Lamentieren über das unpersönliche Wesen mechanisch produzierter Dinge. Vielleicht waren die Defizite, die als typisch für jede industrielle Fertigung angesehen wurden, also nur deren Kinderkrankheiten. Und sie konnten mittlerweile nicht nur behoben, sondern sogar überkompensiert werden, weshalb Dinge heute bindender geworden sind. Dadurch hat sich in den letzten Jahrzehnten eine Dingkultur entwickelt, die Waren in einer Analogie zu Kunstwerken begreift. Der Bezug der Menschen zu ihren Dingen scheint nach einer Phase der Krise nun also wieder geklärt. Vielleicht verschwindet nun auch noch der Topos vom Verschwinden der Dinge.

Zeitenwende der Dingkultur

Wer die Moderne voller Emanzipationseuphorie als Zeitalter der Individualisierung beschreibt, übersieht oft, daß diese auch große Verluste bereitete. Um es zugespitzt und paradox zu formulieren: Die Lebenserwartung der Menschen hat durch die Individualisierung erheblich abgenommen. Der zum Individuum gewordene Mensch ist ganz auf sich selbst zurückgeworfen; er erfährt sich zuerst als begrenzt und ohnmächtig. Statt eingebettet in eine selbstbewußte, generationenüberdauernde Familie oder Sippe zu leben und als Teil eines großen Ganzen, als Glied einer langen Kette zu fungieren, ist er selbst ein – freilich nur kleines – Ganzes. Das Individuum kann sich nicht damit trösten, in einem nahezu unsterblichen Familienkörper aufzugehen, sondern es weiß: Alles, was es hat, ist sein kurzes, verletzliches Leben. Unabhängigkeit und Selbstbestimmung bedeuten also nicht zuletzt eine Minderung der Chance, über die eigene biologische Lebensdauer hinaus zu existieren. Deshalb ist es in der Moderne auch so wichtig geworden, die Lebenserwartung der Menschen mit medizinisch-technischen Mitteln zu steigern, muß doch dieser Verlust annähernd ausgeglichen werden.

Natürlich konnten sich in vormodernen Epochen ebenfalls bei weitem nicht alle Menschen als Teil einer größeren, ihre eigene Lebenszeit überdauernden Einheit erfahren. Sie waren dann allerdings auch klar als defizitär gekennzeichnet. Uneheliche Kinder und Knechte, Ausgestoßene und Waisen irrten als Monaden umher: die Ärmsten der Gesellschaft schon allein deshalb, weil sie schutzlos auf sich gestellt waren und nicht mehr zur Verfügung hatten als Leib und Leben. Doch könnte man in ihnen auch die Vorreiter des modernen Menschen erblicken, der sich zunehmend als Individuum begriff. Ob das freiwillig geschah, hängt wiederum vom Standpunkt ab, den man als Historiker einnimmt. Wo der Realist Industrialisierung, Landflucht und Bevölkerungsexplosion dafür verantwortlich macht, daß alte Sozialgefüge zerstört und die Menschen gleichsam zu Individuen gesprengt wurden, erblickt der Idealist das Streben nach Freiheit und Autonomie als Motor der Individualisierung. Vermutlich weil sie ein optimistisches Menschenbild verkörpert, hat sich diese zweite Lesart überwiegend durchgesetzt.

Die Dingkultur einer noch nicht individualisierten Gesellschaft war von Tradition und Dauerhaftigkeit gekennzeichnet. Vieles gehörte weniger einem einzelnen als der Familie, in der es von Generation zu Generation weitervererbt wurde. Man lebte im selben Haus wie die Vorfahren und Nachkommen, nutzte dieselben Möbel, dasselbe Geschirr, oft sogar dieselben Kleider wie schon die Großeltern und wie noch die Enkel. Jedes Ding von Alter konnte zum Symbol der Familienewigkeit werden: Es zu gebrauchen hieß, den eigenen, begrenzten Horizont zu überschreiten und sich als Emanation eines Größeren zu erleben. Wenn die Menschen, um nochmals Rilkes Formulierung aufzugreifen, ein Ding als »Gefäß« betrachteten, »in dem sie Menschliches vorfanden und Menschliches hinzusparten«, dann drückt sich darin auch die Kontinuität aus, mit der man über Generationen hinweg dieselben Sachen um sich hatte.

Es war daher auch nicht nur aus Gründen der Sparsamkeit selbstverständlich, schonend mit den Dingen umzugehen.[20] Dabei mußten sie nicht einmal möglichst lange wie neu aussehen, sondern durften durchaus Spuren des Gebrauchs aufweisen. Erst Patina machte sogar ihr Alter sichtbar und stellte eine Garantieerklärung für ihre Dauerhaftigkeit dar; die Bedeutung der Familie wurde dann um so präsenter. Der kanadische Konsumtheoretiker Grant McCracken analysierte den entscheidenden symbolischen Wert, den Patina lange Zeit besaß. Er hob hervor, daß sie nicht einfach wie ein Statussymbol behandelt wurde, sondern daß sie Dinge, die als Statussymbole galten, mit zusätzlicher Autorität versah. Wer Schmuck, Silberbesteck oder eine

Kommode besaß, die patiniert waren, wies sich nicht nur als wohlhabend aus, sondern signalisierte zugleich, aus einer etablierten Familie zu stammen, in der bereits seit mehreren Generationen ein hoher Lebensstandard gewahrt werden konnte. So schützte Patina vor dem Verdacht des Neureichen oder Parvenuhaften.[21]

Gerade im Mittelalter und in der Frühen Neuzeit wurde Patina damit zum Indikator für die jeweilige Familienehre. McCracken erwähnt die ›Fünf-Generationen-Regel‹, die im Elisabethanischen England angab, wie lange es dauerte, bis eine Familie einen Adelsrang erreichte. Bevor nicht mindestens fünf Generationen durch ihr Verhalten einen hohen Status reklamiert hatten, konnte dieser auch nicht als erworben gelten. Die Dinge verrieten dabei je nach dem Grad ihrer Patinierung, wie weit die Familie auf ihrem Weg der Nobilitierung bereits gekommen war. Erst ein bestimmtes Maß an Patina ließ den Anspruch auf Adel als legitim erscheinen.

Wer das Glück der späten Geburt hatte, profitierte somit von den angesammelten Meriten der Vorfahren. Doch gab es andererseits kaum Chancen für einen ›Selfmademan‹, sich trotz großer Erfolge und Verdienste gesellschaftlich zu etablieren, solange der dazu passende familiäre Hintergrund fehlte. So stabil wie die Dingwelt war also das gesamte soziale Gefüge. Erst im 18. Jahrhundert löste sich die ›Fünf-Generationen-Regel‹ allmählich auf, und zugleich ist ein Wandel innerhalb der Dingkultur zu beobachten. Jetzt kann nicht nur beeindrucken, in wessen Hausstand noch mehrere Jahrhunderte Familienvergangenheit präsent sind, sondern wer imstande ist, jeweils das Neueste zu kaufen. Statt dauerhaften Wohlstand zeigte man nun lieber aktuelle Kaufkraft und persönlichen Geschmack. Konsum wurde mehr als Notdurft. Nun hatten auch – und gerade – die Newcomer eine Chance auf Ansehen, und es kam zu der Dynamik, die für die Konsumgesellschaft typisch werden sollte. Es begann das Zeitalter der Moden.

Patina hingegen wurde unmodern. Mochte es noch Minderheiten geben, die ihre Identität weiterhin stolz aus den Traditionen ableiteten, in denen sie standen, so hatte die große Mehrheit einer expandierenden und sich verstädternden Gesellschaft gar nicht mehr die Möglichkeit, auf Kontinuität zu setzen. Mittlerweile, nochmals ein paar Generationen später, spielt selbst bei der Partnerwahl die familiäre Herkunft nur noch eine untergeordnete Rolle: Wichtiger als das Image der Person (»aus einer guten Familie«) ist dafür inzwischen das Image der Dinge, womit sie sich umgibt. Sie signalisieren, ob man zusammenpaßt, und schon mancher hat erst am Morgen nach der ersten gemeinsamen Nacht im Badezimmer der oder des Geliebten erkannt, daß es vermutlich doch nicht für mehr reicht: Das Formklima der Dinge des anderen bereitete ein zu starkes Gefühl der Befremdung. (Als idealer Ort für ein erstes Rendezvous bietet sich daher ein Warenhaus an: Hier ist am schnellsten festzustellen, mit wem man es zu tun hat und ob man ein Paar werden könnte.)

Doch nicht nur in der Entwicklung der Porträtfunktion der Dinge spiegelt sich die Individualisierung. Vielmehr mußte sich die Ausrichtung der Dingkultur insgesamt grundlegend ändern. Statt den einzelnen in Verbindung mit einer langen Vergangenheit zu bringen und dadurch über sich hinaus zu erweitern, erhielten die Konsumgüter die Aufgabe, seine Rolle als Individuum zu stärken. Er sollte sich als selbständiges, vitales Ganzes erfahren. Deshalb reflektieren Produkte auch ausschließlich begehrenswerte Seiten und verkörpern keine als negativ eingeschätzten Eigenschaften. Selbst wenn etwas cool oder aggressiv auftritt, ist es nicht böse, brutal oder gemein, sondern einfach kraftvoll und überlegen. Und immer wieder wird suggeriert, mit einem Gebrauchsgegenstand erwerbe man zugleich Potenz, Kreativität und Lebenszeit. So kann Einkaufen stabilisieren und von Selbstzweifeln sowie aus emotionalen Tieflagen befreien. Der englische Ausdruck »retail therapy«, für den es im Deutschen kein Äquivalent gibt, verweist auf diese Heilfunktion des Konsums, der aber auch leicht eine narzißtische Dimension annimmt.[22]

Daß jedes Produkt, das ein Mehr an Möglichkeiten, Spielraum und Dynamik verheißt, dazu geeignet sei, einen Teil der »Belastungen des Lebens« abzunehmen (»lifting of the weight of life«) und »aus einem Grau ein Beige werden zu lassen«, hatte Helen R. Woodward, eine Pionierin der Werbewirtschaft, bereits 1926 behauptet.[23] Und der Soziologe Colin Campbell machte darauf aufmerksam, daß die moderne Konsumgesellschaft gerade nicht materialistisch ist, bringt sie doch Dinge hervor, die vor allem in Phantasien und als Sinnstiftung eine Rolle spielen. Ihre materiellen Eigenschaften beeinflußten eine Kaufentscheidung oft weniger als ihre Eignung, die Einbildungskraft des Käufers oder Besitzers zu stimulieren (»the ›real‹ nature of products is of little consequence compared with (…) their potential for ›dream material‹«).[24]

Für Campbell ist es auch kein Zufall, daß die von Moden und dem Bedürfnis nach Neuem geprägte Konsumgesellschaft zur selben Zeit zu entstehen begann wie die Leidenschaft für Romane. Beides deutet er als Ausdruck eines Verlangens nach starken und vielfältigen Gefühlen, das am besten mit Hilfe von Fiktionen befriedigt – und neu belebt – wird. Wie man sich mit einer Lektüre in fremde Welten und dramatische Biographien hineinträumt und an die Stelle von Helden tritt, so können auch Konsumgüter dazu anregen, den eigenen Alltag zu vergessen: Je stärker sie das Flair des Neuen oder auch einen Exotismus ausstrahlen, desto leichter kann der Konsument der Phantasie frönen, sein Leben fange nochmals an. Um seine Ohnmachtsängste zu bekämpfen, entwickelt das Individuum also Strategien der Fiktionalisierung: Die Literatur, später auch Film oder Fernsehen, aber genauso die Welt des Konsums bestätigen die Illusion, die eigene Beschränktheit überwinden zu können. Jürg Schüppenhauer, lange Zeit als Vordenker Führungskraft bei einem Warenhaus-Konzern, brachte diese Idee des Konsums auf die Formel »Haben, um zu werden«.[25]

Wie weit sich die heutige, von Individuen getriebene Konsumgesellschaft vom Wunsch nach Patina entfernt hat, zeigt sich hingegen daran, daß kaum noch Dinge hergestellt werden, die ästhetisch ansprechend altern. Statt zu patinieren, verschmutzen sie oder gehen kaputt. Zumal die meisten Kunststoffe haben eine relativ kurze Halbwertszeit. Die Heftigkeit der Dingkritik, die sich gegen industriell, oft also mit modernen Werkstoffen gefertigte Produkte richtete, entsprang nicht zuletzt auch einem Erschrecken über diesen Verlust an Altersbeständigkeit. Man sah ein traditionelles Dingideal, wonach etwas als ›Gefäß‹ so viel Vergangenheit in sich trägt, daß es schließlich eine über alles erhabene Zeitlosigkeit besitzt, im Schwinden begriffen, konnte jedoch eine Alternative noch nicht erkennen. So orientierte man sich, ersatzweise, an Idealen der Kunst, hatte aber kein Bewußtsein für die Möglichkeiten eines Designs und einer Vermarktung, die mit dem emotionalen Wert der Zukunft oder den Verheißungen von Neuheit und Jugendlichkeit operieren und Potenz statt Dauer in Szene setzen.

Mittlerweile geht es selbst bei Dingen, für die mit Blick auf lange Zeiträume geworben wird, um das starke Individuum. In einer Anzeige des Genfer Uhrenfabrikats *Patek Philippe* heißt es über eine Uhr, die einem angeblich »nie ganz allein« gehört: »Man erfreut sich ein Leben lang an ihr, aber eigentlich bewahrt man sie schon für die nächste Generation.« Damit ist Tradition nicht als Herkunft aus der Vergangenheit, sondern als Aussicht auf Zukunft dargestellt. Suggeriert wird, daß sich über seine Lebensdauer hinaus fortsetzen kann, wer eine entsprechende Uhr erwirbt. Mit dem Claim »Beginnen Sie eine *eigene* Tradition« wird dem Individuum Potenz versprochen.

Natürlich muß das Objekt dann auch so gefertigt sein, daß es Patina ansetzen kann oder zumindest nicht schäbig wird, sobald es ein paar Jahre getragen wurde. Einige Luxusprodukte garantieren sogar ein Design der Materialalterung, so etwa ein *Maybach*, wo Partien des Armaturenbretts sowie die Türinnenseiten mit Nubukleder verkleidet sind, auf dessen Oberfläche »im alltäglichen Gebrauch eine Patina entsteht«. Allerdings wird sie, einmal mehr, nicht als Zeichen von Dauer, sondern als Chance auf Individualität beworben, macht sie das Leder doch »unverwechselbar und das Fahrzeug somit einzigartig«. Genauso wirbt *Bree* damit, daß die Ledertaschen der eigenen Marke einen »Patina-Effekt« aufweisen, der ihnen »eine individuelle Persönlichkeit« garantiert.

Doch sind nicht nur solche gut alternden Gegenstände in der Minderheit; vielmehr gibt es auch sonst kaum noch etwas, was den einzelnen an langwährende Traditionen ›anschließt‹ und das Empfinden einer Tuchfühlung mit anderen Generationen, ja gar eine Erfahrung von Zeitlosigkeit vermittelt. Selbst wenn eine solche Erfahrung relativ leicht zu bereiten wäre, wird sie oft unterbunden: Sogar Läden, die Trachten verkaufen, werben nicht unbedingt mit ›Tradition‹ und ›Kontinuität‹, sondern verheißen ihren Kunden etwas ›Originelles‹; ihr liebstes Wort lautet ebenfalls ›neu‹.

Auch wer sich einem jahrhundertealten Medium wie dem Buch widmet, hat bei heutiger Literatur aufgrund von Hochglanzumschlägen, glattem Papier, bunten Farben sowie flott oder enigmatisch anmutenden Titeln nicht den Eindruck, als Leser noch dasselbe zu tun wie jemand im 16. oder 18. Jahrhundert. Und wer ein Menü zu sich nimmt, benutzt kaum noch ein Besteck, das mehr als höchstens zwei Generationen vergegenwärtigen könnte. Wahrscheinlicher ist es nur wenige Jahre alt und schimmert im selben dezent-cleanen Metallic-Ton wie ein High-Tech-Gerät. Vielleicht heißt es sogar »Vision« (wie ein Design von *WMF*) und wird wegen seiner »zeitgemäßen Mattierung« empfohlen, ist also jeglichen Bezugs auf die Vergangenheit entledigt und dafür ebenfalls mit einer Aura von Zukunft versehen.[26]

Lois Hechenblaikner: Trachtenmode Zillertal, 2004

Die Ausrichtung der Dinge auf Möglichkeiten macht den Konsumenten zu einem Pionier, den die Vorstellung stimuliert, anders zu sein als seine Vorfahren, der sich aber auch relativ sicher zu fühlen hat, um ohne enge Rückbindung an die Tradition auszukommen. Doch anstatt die Sorge haben zu müssen, nur einer – und gar ein Spätgeborener – in einer langen Kette von Generationen zu sein, kann sich, wer heute einkauft und dabei von so vielem umgeben ist, was seine Neuheit demonstrativ zur Schau stellt, leicht einreden, selbst ganz neu zu sein. Die entwickelte Konsumgesellschaft ist eine Gesellschaft der ewig ersten Menschen.

Als Gesellschaft von Individuen ist es aber zugleich eine Gesellschaft, in der jeder, wie es Peter Sloterdijk formulierte, »sein Leben als Endverbraucher seiner selbst« führt.[27] So bezieht sich

33

jene Aura erfüllter Zukunft, die viele Konsumgüter um sich haben, nur auf Privates; sie stimuliert den Konsumenten am ehesten zu egozentrischen Phantasien, höchstens noch zu Träumen von Zweisamkeit oder Kleinfamilie, die dann aber ebenfalls dem Wunsch nach emotionaler Selbstbefriedigung entspringen. Zu Spekulationen über soziale Utopien oder zu Ideen einer besseren Gesellschaft verführen die Verheißungen der Dingkultur hingegen nicht. Selbst wenn eine Marke ihren Käufern die Teilhabe an einer ›community‹ verspricht, geht es nicht um die Ausbildung einer gemeinsamen Weltanschauung, sondern darum, sich gegenseitig zu bestätigen, daß man das Richtige gekauft hat. Das konsumierende Individuum wird also immer wieder in seiner Einzelstellung bestätigt, und so sehr die heutige Dingwelt als Reaktion auf einen Kompensationsbedarf zu verstehen ist, so sehr schafft sie zugleich neue Kompensationszwänge.

Dinge für das Individuum

Die Konsumwelt ist zu einer großen Fürsorgemaßnahme für das Individuum geworden. Einzelne Dinge nehmen dabei die Rollen von Lehrern, Therapeuten, Trainern oder besten Freundinnen ein. Selbst in der wissenschaftlichen Literatur werden Konsumgüter personalisiert und als »Freunde, Vertraute und Partner« beschrieben[28]; man findet dann ihre Charaktereigenschaften aufgelistet und Eigenschaften von Menschen gegenübergestellt.[29] In der »Orientierung an Dingen« wird eine »Kompensation« der »Orientierung an Personen« erkannt.[30] Galt es lange Zeit als Fetischismus oder zumindest als infantile Geste, wenn Dinge vermenschlicht und als Partner angesehen wurden, so findet eine solche Distanzierung in der entwickelten Markenkultur kaum noch statt. Vielmehr wurden die bereits seit den 1930er Jahren erteilten Ratschläge, man solle ein Ding zur Marke machen und ihr »ein Gesicht wie ein Mensch« geben, konsequent umgesetzt.[31] Maskottchen, Werbefiguren oder Testimonials (die immer noch an Bedeutung gewinnen) waren und sind dabei nur die sichtbarsten Strategien einer Anthropomorphisierung[32], die mittlerweile so weit gediehen ist, daß Psychologen sogar die Überzeugung äußern, man könne eine Marke genauso »auf die Couch« legen und psychoanalytisch behandeln wie einen Menschen. Immerhin besitze sie »wie eine Persönlichkeit (...) eine Ausstrahlung und einen Charakter«.[33]

In Marken verdichten sich die Qualitäten, die von Dingen allgemein erhofft werden. Seit sie nicht mehr nur Qualitätsstandards zu garantieren haben, sind Marken zur Elite der Dingkultur geworden: eine Gruppe semantisch aufgeladener Objekte, die mehrfach in Erregung versetzen. Mit ihnen lassen sich Lebensgefühle ausdrücken, sie dienen der Selbstvergewisserung, durch sie kann man zu einem markanteren Profil gelangen, sie öffnen Horizonte und machen optimistisch.

Fast jedes Imagedesign ist heutzutage von vornherein daraufhin angelegt, eine Vermenschlichung der Marke – und damit die Identifikation mit ihr – zu erleichtern. Als Ausgangspunkt für eine Kampagne lassen Marketingtechniker die jeweilige Marke von Probanden etwa bevorzugt als Person beschreiben.[34] Für *Volvo* skizzieren dann viele einen älteren Herren, gutmütig-väterlich, etwas bieder angezogen, vielleicht mit Aktentasche und Hut; *Porsche* hingegen wird eher als kurvig-schlanke, forsch auftretende Frau mit Sonnenbrille und offenen blonden Haaren gesehen. Solche Bilder liefern Hinweise darauf, welche Eigenschaften Menschen und Marken teilen können. Sie lassen sich bei einem Marken-Relaunch gezielt stärken.

Der Wunsch, sich und seine Eigenschaften in Dingen wiederzufinden, ist aber sogar älter als die radikale Individualisierung der letzten Jahrzehnte. Lange waren es jedoch nicht bewußt anthropomorph angelegte Dinge, sondern Natur und Kunst, wo man einen Widerschein – und vielleicht sogar den Ursprung – menschlicher Charaktereigenschaften spüren zu können glaubte. Immanuel Kant schrieb am Ende des 18. Jahrhunderts, es sei üblich, Gebäude oder Bäume »majestätisch und prächtig« oder eine Landschaft »lachend und fröhlich« zu nennen.[35] Er erklärte das damit, daß die Betrachtung von etwas Schönem den Menschen in eine beschwingte Stimmung versetzt, er sich also frei fühlt und daher dem Stück Natur oder dem Kunstwerk, das dieses Gefühl auslöst, dieselbe Freiheit und im Zuge dieses Analogieschlusses schließlich sogar Willen und Charakter unterstellt: Was Schönheit ausstrahlt, belebt so sehr, daß man darin nicht nur Mechanisches und Unbeseeltes erblicken kann.

Schon im ersten Roman, der dem Phänomen des modernen Konsums gewidmet ist, nämlich in Émile Zolas *Das Paradies der Damen* (*Au bonheur des dames*) (1883) deutet sich jedoch die Neuorientierung an: Nun sind es statt Schönheiten aus Kunst und Natur verführerische Konsumgüter, die aus Objekten zu Subjekten, aus einem bloßen Ding zu einem verheißungsvollen Anthropomorphismus verlebendigt werden. So beschreibt Zola, wie zahllose Neugierige die Schaufenster eines großen Pariser Kaufhauses betrachten und sich zunehmend daran begeistern: »Und durch diese Begeisterung auf dem Bürgersteig wurden die Stoffe lebendig: ein Beben durchlief die Spitzen, auf eine verwirrende geheimnisvolle Art hingen sie herab und verbargen die Tiefen des Ladens; sogar die dicken, massigen Tuchballen atmeten, sandten einen verführerischen Hauch aus, indes sich die Paletots stärker auf den Schaufensterpuppen wölbten, die gleichsam beseelt wurden, und sich der großartige Samtmantel aufblähte, schmiegsam und warm, als läge er über Schultern aus Fleisch, einem wogenden Busen und erschauernden Hüften.«[36]

Unschwer ist dieser Beschreibung die erotische Spannung zu entnehmen, in die Konsumgüter versetzen. Gerade weil man – anders als bei einem Spaziergang in der freien Natur – kaufen und dann haben kann, was in seiner Schönheit charaktervollmenschlich anmutet, werden Begehrlichkeiten geweckt, die einem Sich-Verlieben ähneln. Wie im antiken Mythos Pygmalion in so starke Liebe zur Marmorstatue eines jungen Mädchens verfiel, daß er sie unbedingt haben wollte und sie sich ihm schließlich verlebendigte[37], widerfährt es seit dem 19. Jahrhundert und verstärkt in den letzten Jahrzehnten vielen Konsumenten: Sie finden Eigenschaften, die ihnen besonders sympathisch sind, in einem Kleidungsstück, einer Lampe oder einem Füller wieder und geraten dadurch in einen regelrechten Rausch des Habenwollens. Dabei identifizieren sie sich mit dem jeweiligen Stück, als wäre es ein ihnen nahestehender Mensch.

Wird ein Ding verlebendigt und zum Partner erklärt, erfüllt es üblicherweise mehrere Funktionen. Wie sich jemand auf einer Party gerne mit einem attraktiven Freund schmückt, von ihm aber ebenso Unterstützung in einer Krise bekommen oder zu einer Entscheidung ermutigt werden will, besitzt auch ein Konsumobjekt sowohl eine Außenwirkung, da es seinen Besitzer einer bestimmten Lebenshaltung zugehörig ausweist, als zugleich die Macht, über sein Formklima oder Image die Stimmung zu verändern und zu neuen Zielen anzuregen. Selbst gewöhnlichere Dinge verfügen oft noch über genügend Präsenz, um die Atmosphäre ihres Umfelds zu beeinflussen. Daher braucht auch nicht zu verwundern, wenn viele Menschen ihr Selbstverständnis mittlerweile primär aus Konsumgütern entwickeln. Sie sind an die Stelle klassischer Bildungsgüter getreten, mit denen man sich lange Zeit identifizierte. Mochte dem einzelnen einmal romantische Naturlyrik oder eine Klaviersonate Beethovens das Gefühl vermitteln, aufgehoben und geschützt in einem intimen Größeren zu sein, so kann ein ähnliches Feedback inzwischen von einem Markenprodukt, einem Rasierapparat oder einem besonders formschönen Füllfederhalter, kommen. Und wie ein Spielfilm oder eine Erzählung Phantasien stimuliert, malt mancher sich das eigene Leben ausgehend von einem Anzug oder einer Espressomaschine als Erfolgsstory aus und träumt seine Träume dann etwas schärfer konturiert als sonst.

Wie weitgehend Bildungswerte von Konsumgewohnheiten abgelöst wurden, machen Existenz und Erfolg von Büchern wie *Generation Golf* (2000) bewußt, die eine zeitgemäße Verbindung von Bildungsroman und Heimatliteratur darstellen. Florian Illies beschreibt darin prägende Erfahrungen der nach 1965 Geborenen und erwähnt statt Romanen, Klassikersentenzen und Kulturreisen lieber Markenprodukte und Werbeslogans. Die einzigen Bücher, denen er für seine Generation noch eine identitätsstiftende Qualität zuspricht, sind *American Psycho* (1991) von Bret Easton Ellis und *Faserland* (1995) von Christian Kracht – dies aber nur deshalb, weil sie eine »Dokumentation des Markenfetischismus«, des eigentlichen Erkennungszeichens des heutigen Individualismus, liefern.[38] »Der Kauf bestimmter Kleidungsgegenstände ist, wie früher die Lektüre eines bestimmten Schriftstellers, eine Form der Weltanschauung geworden«, stellt Illies fest und reflektiert damit seinerseits zumindest ansatzweise den Wandel von einem Bildungs- zu einem Konsumbürgertum.[39] Allein daß der Begriff ›Bildungsbürgertum‹ mittlerweile fast nur noch abwertend oder spöttisch verwendet wird, signalisiert, wie sehr sich das damit bezeichnete Phänomen, eine mittlere soziale Schicht, die sich über eine genaue Kenntnis kanonisierter Kulturgüter definiert, nach zwei Jahrhunderten auflöst: Als weltfremd und neue Form von Banause gilt vielen inzwischen, wer zwar Klassiker zitieren kann, aber nicht weiß, in welcher Klasse ein Modelabel anzusiedeln ist.[40]

War es in den 1950er Jahren der Existenzialismus von Sartre oder Camus, was eine ganze – die letzte bildungsbürgerliche – Generation begeisterte und die damalige Jugend in ihrer Individualisierung bestärkte, so schaffen dasselbe seit den 1990er Jahren Marken wie *Adidas* oder *Apple*. Nicht mehr ein Satz wie »L'homme se fait«, sondern ein Claim wie »Ich bin so frei« motiviert heute am besten; »Geiz ist geil« löst mehr aus als »Gott ist tot«. Auch bei Partnerbörsen im Internet spielen Nick-Names häufiger auf Markennamen als auf Figuren aus Romanen oder Filmen an.

Allerdings ist zu bezweifeln, ob dabei immer gleich ganze Weltanschauungen zur Debatte stehen. Vermutlich wäre es zutreffender, hätte Illies geschrieben, daß die Lektüre von Romanen genauso wie der Kauf eines Hemds den Traum von einem anderen, neuen, besseren Leben intensivieren und dazu beitragen kann, die eigene Stimmung zu verändern und starke, manchmal auch unerwartete Gefühle zu erleben. (Mit Hemden mag das noch schneller gelingen als mit Büchern.) Worin sich jedoch die Weltanschauung eines *Boss*-Kunden von einem *Joop!*-Kunden oder einem *Van-Laack*-Kunden unterscheiden sollte, könnte Illies wohl nur schwer erklären. Ginge es wirklich darum, hätten die meisten auch nur Hemden von ein oder zwei Labels im Schrank – und fänden einen Wechsel zwischen Marken ziemlich anstrengend und verwirrend.

Daß aber überhaupt der Eindruck entstehen kann, Markenprodukte transportierten Weltanschauungen (und nicht nur Lebensstile), hat mit den oft rabiaten Auseinandersetzungen zu tun, die auf Schulhöfen und in Clubs über Turnschuhe oder Handys stattfinden. Gruppenbildung und Ausgrenzung sind jedoch anthropologische Konstanten, wobei bereits kleinste Differenzen einen Grund dafür liefern, sobald größere Differenzen nicht vorhanden sind. Was zu anderen Zeiten harte Ideologien bewirkten, läuft gegenwärtig schon über Kleidungsstücke: Sie trennen zwischen Freund und Feind und vermitteln dem einzelnen das gute Gefühl, anders zu sein als andere und zugleich eine Heimat bei Gleichgesinnten zu haben. Dem Konsum kommt damit nicht nur eine individualitätsstützende, sondern genauso eine soziale Dimension zu: Er konstituiert die Milieus, innerhalb deren Individualität jeweils erst einen Schutzraum besitzt.

Ähnlich beliebt wie der Rekurs von Markenprodukten auf Weltanschauungen ist ihre Stilisierung zur neuen Religion oder zumindest zu einem Religionsersatz.[41] Doch beraubt man das Religiöse seiner Inhalte und Narrative, vor allem aber seiner normativen Ansprüche, wenn man es auf dieselbe Stufe mit Kult-

Marketing stellt. Anders als viele Trendforscher, Soziologen und Kulturphilosophen – oft in gefälliger Selbstverständlichkeit – suggerieren, genügt es für eine Religion nämlich nicht, ihre Anhänger zu motivieren und ihnen etwas an die Hand zu geben, worin sie eigene Züge wiederfinden können. Auch wer die Konsumgesellschaft vom Vorwurf des Materialistischen freispricht, hat noch keine Argumente, um sie deshalb gleich als religiös zu definieren. Vielmehr hat eine Religion Antworten auf zentrale Lebensfragen zu geben, zu ihr gehören Ethik und Ritus, klar entwickelte Institutionen und ein Sanktions-Apparat gegenüber Abtrünnigen oder Willensschwachen.

Wenn der Philosoph Norbert Bolz den »Konsumismus als Religionssystem« bezeichnet und, sogar unter Berufung auf Theologen, Schaufenster mit Krippenszenerien vergleicht oder in einem Markenlogo eine »säkularisierte Hostie« erkennt, dann mag das auf den ersten Blick beeindrucken, verliert bei näherer Betrachtung aber an Plausibilität.[42] Denn eine ›säkularisierte Hostie‹ ist gerade keine Hostie mehr, da sie jeglichen theologisch-dogmatischen Gehalts entbehrt. Bei einem Logo geht es nicht um die Frage, ob darin ein göttlicher Leib real oder nur symbolisch präsent ist; man braucht keine Kommunion, um ein Markenlogo zu sich nehmen zu dürfen, und auch Geschiedenen ist es gestattet, *Nike*-Schuhe oder ein *Nokia*-Handy zu kaufen. Markenprodukte verlangen nicht mehr als das Geld der Konsumenten, um erworben werden zu können. So schrumpft ein solcher Vergleich darauf zusammen, daß mancher in einem Markenshop ähnlich erhabene Gefühle verspürt wie bei der Wandlung im Gottesdienst.

Allerdings ließe sich die Inszenierung mancher Produkte mit dem Erscheinungsbild esoterischer Strömungen vergleichen, die spirituelle Sehnsüchte wecken, dem Individuum aber nichts vorschreiben wollen, was als Freiheitsbeschränkung empfunden werden könnte. Diesen Strömungen kann man ebenfalls im Plural anhängen, ohne sich schizophren oder als Doppelagent füh-

len zu müssen. Sie sind nämlich alle nicht exklusiv genug angelegt, um sich wechselseitig auszuschließen. Zudem suchen verschiedene Schulen und Richtungen genauso wenig einen Dialog
oder eine Konfrontation untereinander wie die Hersteller von
Markenlabels. (Teilweise dürfte das auch am Verbot vergleichen-
der Werbung liegen.) Jeder pflegt vielmehr geradezu autistisch
die eigenen Verheißungen: so als gäbe es die der anderen gar
nicht.

Der Verdrängungswettbewerb wird lieber über Preiskämpfe
oder eine strategisch günstige Lage der Shops als über verbindliche inhaltliche Abgrenzungen ausgetragen. Das relativiert jedoch auch die formatierende Funktion und Führungsstärke der
Dinge. Statt den Konsumenten oder Besitzer auf einen Werteka-
non zu verpflichten, verbreiten sie nur eine bestimmte Atmosphäre. So strahlt ein Ding Gediegenheit aus, ein anderes wirkt
spaßig oder albern: Wer sich damit umgibt, wird, oft kaum
merklich, in seinem Verhalten beeinflußt. In einem Gewand von
Gucci oder *Versace* artikuliert man sich vermutlich etwas gewähl-
ter als in *Diesel*-Jeans. Und wer seine Küche mit Sachen von *Manufactum* ausgestattet hat, wird sich beim Auftauen von Fertigge-
richten ein bißchen genieren. Doch ist nicht vorbestimmt, ob
jemand, der für seine neue Wohnung ein minimalistisch-stren-
ges Möbeldesign ausgewählt hat, sich deshalb besser kleidet oder
aber seine Gäste höflicher bedient. Und ob der Betreffende nicht
spätestens dann zu alten Gewohnheiten zurückkehrt, wenn in
seiner Umgebung kein Möbelstück mehr frisch riecht?

Auf jeden Fall scheint die Behauptung des Philosophen Vilém
Flusser, wonach »alle Dinge in unserer Umgebung (…) mit (…)
Imperativen versehen« seien, etwas zu stark ausgefallen zu sein.[43]
Erst recht dürfte es übertrieben sein, in der Markenkultur eine
»Führungstechnologie« zu sehen, wie in einem Lexikonartikel
über ›branding‹ zu lesen ist.[44] Immerhin gehen die Dinge mit
ihren Besitzern fast nie hart ins Gericht. Abgesehen von der Frage,
ob ein Design oder Image überhaupt stark genug sein könnten,

um so konkrete Anweisungen zu erteilen und missionarische Dienste zu erfüllen, widerspräche es auch dem von der Konsumkultur geförderten Narzißmus, Druck auf die Kunden auszuüben. Schon eher richtet sich ein imperativer Charakter der Dinge gegen die Personen, die mit deren Besitzer zu tun haben: Wer elitäre Marken konsumiert, nützt gerne deren arrogantes und cooles Image, um sich selbst distanziert zu geben und dafür alle anderen zu Gesten der Freundlichkeit und Ehrerbietung zu zwingen. Mit dem richtigen Outfit kann man einschüchtern und die eigene Macht steigern.

Um den Charakter der Dingkultur zu beschreiben, könnte man nochmals auf Kant verweisen, der dem Schönen in Kunst und Natur, das wie heute ein Konsumgut gerne vermenschlicht wurde, eine »Zweckmäßigkeit ohne Zweck« attestierte.[45] Damit sollte die Erfahrung ausgedrückt sein, es mit etwas zu tun zu haben, das zwar eine Richtung vorgibt, aber noch kein bestimmtes Ziel definiert. Wie ein Baum oder ein Ornament zu diversen Phantasien veranlassen und weder als bloß kontingent und gleichgültig noch als funktional fremdbestimmt erfahren werden, so kann auch ein Ding, besonders ein Markenprodukt, jenseits seines Gebrauchswerts sinnvoll scheinen, ohne daß man jedoch angeben könnte, worin genau sein Sinn bestehen – und sich erschöpfen – sollte. Diese allgemeine Verheißung einer Sinnhaftigkeit wirkt anregend. Die Formel ›Zweckmäßigkeit ohne Zweck‹ benennt also die ideale Konstitution eines Konsumprodukts im Zeitalter der Individualisierung: Der Konsument wird davon motiviert, aber nicht eingeschränkt. Im Gegenteil erscheinen die Wünsche, die er in das Produkt projiziert, sogleich realistischer; der individuelle Selbstentwurf erfährt eine Bestätigung. Statt maßzuregeln oder zu determinieren, bietet das Ding seinem Besitzer eine Formatierungshilfe, dient aber zugleich als Variable.

Daß sie nur eine allgemeine Aura besitzen, macht Markenprodukte jedoch auch leicht verwechselbar. Ähnlich wie Losungen auf Parteitagen sind die Slogans, die für sie werben, häufig nur

»leere Codes«. Sie reklamieren, so der Künstler und Medientheoretiker Peter Weibel, etwas Indefinites für sich: Freiheit, Toleranz oder, wie Slogans von *Coca Cola*, »the real thing« und schließlich gar »it« (»Coke is it«). So werden Differenzen behauptet, aber nicht näher bestimmt.[46] Die Unbestimmtheit steigert sich noch, wenn viele Slogans, wie gerade in Deutschland, auf Englisch formuliert sind. Die Unternehmen wissen, daß eine Mehrheit die Aussage dennoch versteht, sie verlassen sich aber darauf, daß eine fremdsprachige Formulierung vieldeutig, schillernd und exotisch empfunden wird; sie versetzt in einen Schwebezustand, der einen größeren Assoziationsraum eröffnet. (Aus demselben Grund wählen auch viele Künstler englischsprachige Werk- und Ausstellungstitel.) In Anspielung auf Kant ließe sich davon sprechen, daß es darum geht, Bedeutsamkeit, aber keine bestimmte Bedeutung zu vermitteln.

Die Unbestimmtheit vieler Konsumgüter steigerte sich in den letzten Jahrzehnten ferner dadurch, daß Marketing und Werbung stärker als früher auf Bilder setzen.[47] Die Texte in Anzeigen sind kürzer geworden, Kinospots kommen oft ganz ohne Worte aus und beschränken sich allein auf das Visuelle. Ein Bild aber ist bedeutungsoffener als ein Aussagesatz, ja läßt sich überhaupt nicht mit einer Aussage vergleichen.[48] Vielmehr erlangt es erst in einem Kontext eine gewisse Bestimmtheit und paßt sich dem Tenor seiner Umgebung dann sogar fast beliebig an. Multioptionalität, sonst als Eigenschaft des postmodernen Konsumenten hervorgehoben[49], wäre der Begriff, mit dem sich auch das Spezifische von Bildern am besten benennen ließe. Dadurch aber kann ein Bild als Projektionsfläche fungieren: Die Phantasien des individuellen Betrachters ergänzen es – so wie es ihn umgekehrt stärkt, ja gerade erweitert und nicht einschränkt. Individualisierung und der gestiegene Stellenwert von Bildern befördern sich also wechselseitig.

Auch die Karriere des Begriffs ›Image‹ spiegelt den Wunsch, Produkte am liebsten wie Bilder und damit als bedeutungsoffen zu erfahren. Zwar reduzieren Unternehmen ihre Markenkerne intern meist auf wenige Adjektive, doch sind diese nur Reflex diverser und oft diffuser Eindrücke. Selbst die für eine Marke Verantwortlichen kommen über vage Empfindungen nicht hinaus, wenn sie den Charakter ihrer Produkte bestimmen sollen. Sie ebenso wie etwas sensiblere Konsumenten können zwar im Einzelfall angeben, was zu einer Marke paßt oder sie ausmacht, doch läßt sich nichts verallgemeinern, da in einem anderen Kontext auch andere Assoziationen wichtig werden, ihr ›Image‹ sich somit nicht konstant darstellt. Eine Image-Analyse kann daher nur darin bestehen, möglichst viele Situationen zu bedenken, in denen eine Marke eine Rolle spielt. Und wenn Probanden Images in Bildern und Vergleichen ausdrücken sollen, folgt dies aus der Einsicht, daß man sich etwas Indefinitem am besten mit etwas anderem Indefiniten nähert. Sofern diese metaphorischen Sprechweisen die Grundlage weiterer Marketing-Anstrengungen darstellen, ist auch auszuschließen, daß ein Image jemals definiter wird.

Der Anspruch, das Individuum aus seinen Beschränkungen zu erlösen, es aber zugleich in seiner Eigenheit zu bestärken, führt allerdings zu einer Dingkultur, die nicht nur als positiv empfunden wird. So beschleicht viele schon wieder ein Gefühl des Ungenügens: Aufgrund sich oft ähnlicher Produkte zahllose Projektionsflächen um sich zu haben, ist auf Dauer nicht genug. Zudem reduzieren sich Image-Inszenierungen damit auf die relativ wenigen Stimmungswerte, die besonders dazu geeignet sind, variabel gefüllt zu werden. Wie viele Marken streben nicht danach, cool oder chic oder ›irgendwie‹ geheimnisvoll zu sein? Daß auch Premium-Marken nicht stärker auf präzisere – und damit exklusivere – Images achten, folgt aus dem Anspruch, den Konsumenten alle Wünsche zu erfüllen und sie am liebsten mit Produkten zu umschmeicheln, die als Joker, multioptional und unerschöpflich, auftreten.

Kultur der Fiktionalisierung

Ohne Wohlstandsgesellschaft stünden die Konsumenten unter dem Druck, für möglichst wenig Geld möglichst viel Gebrauchswert zu erwerben. Sie wären damit beschäftigt, ihre alltäglichen Bedürfnisse zu stillen, und hätten kaum Ressourcen übrig, noch etwas für ihre Seelenlage zu tun. Aber auch Wohlstand genügt nicht, um sich von Dingen mehr Sinn zu wünschen. Vielmehr kommt es dazu erst, wenn die Qualität der Waren gleichmäßig relativ hoch ist. Solange eine Produktklasse nicht ausgereift ist, wird die Konkurrenz zwischen verschiedenen Fabrikaten nämlich noch primär über den Vergleich ihres Gebrauchswerts ausgetragen. Sobald aber viele Hersteller ähnlich gute Produkte auf den Markt bringen, müssen sie sich durch andere Merkmale von ihren Mitbewerbern unterscheiden. Erst jetzt besitzt das Label, das die Phantasien der Konsumenten besonders gut aufnimmt, einen Wettbewerbsvorteil. In einer entwickelten Wohlstandsgesellschaft kommt es also zu einer »Verschiebung von der Warenproduktion zur Imageproduktion«, wie es die Gründer der Werbeagentur *Jung von Matt*, ähnlich vielen anderen, formulierten. Eine Marke wie *Nike* – so ihre pointierte Wendung – »verkauft keine Schuhe, sondern Träume, Sichtweisen, Gedanken«.[50] Wer einen Turnschuh erwirbt, soll heute also die Chance haben, sein Leben ähnlich zu fiktionalisieren wie ein Bildungsbürger des 19. Jahrhunderts, der das Nibelungen-Lied oder Felix Dahns *Ein Kampf um Rom* (1876) las.

Das Individuum fühlt sich stärker, wenn es von Dingen umgeben ist, die ihm zusätzliche Möglichkeiten – schmeichelhafte Rollen in alternativen Biographien – verheißen. Wer einen Geländewagen kauft, macht es oft nicht wegen dessen Gebrauchswert, sondern um den eigenen »Möglichkeitssinn« zu beleben.[51] Immerhin könnte man mit einem solchen Auto ganz anderes und viel mehr anstellen als mit einer herkömmlichen Limousine.

Eine »Welterweiterung« zu bewirken, ist für den Wirtschaftstheoretiker Birger Priddat die Aufgabe von Konsumgütern, wozu sie »überzeugende Geschichten erzählen« oder sogar als »eine Form der Literatur oder Kunst« gestaltet sein müssen.[52]

Mit den Dingen erwirbt man also zugleich Stoff für Überhöhungen des eigenen Lebens. Der Soziologe Jeremy Rifkin behauptet, daß Statussymbole nicht mehr in primär materiellen Dingen bestehen, sondern es (fast) allein darum geht, zu welchen Erfahrungen und Gefühlen sich jemand konsumistisch Zugang verschaffen kann. Der emotionale Mehrwert dessen, was man kauft, wird zur eigentlichen ökonomischen Größe. Rifkin bezeichnet dieses Phänomen als »kulturellen Kapitalismus«, werden doch offenkundiger als je zuvor immaterielle Güter wie Erlebnisse und Atmosphären zu marktfähigen Gütern.[53] Seit den 1990er Jahren hat sich dafür auch der vom Soziologen Gerhard Schulze etablierte Begriff ›Erlebnisgesellschaft‹ durchgesetzt; konstatiert wird ein Wandel von »außenorientiertem« zu »innenorientiertem Konsum«, also eine Verschiebung vom Gebrauchs- und Statuswert hin zum Emotions- und Fiktionswert der Produkte. Primär geht es mittlerweile also darum, was ein Ding ›im Inneren‹ des Konsumenten auslöst.[54]

Die Erlebnisse, die man kauft, bleiben dennoch oft an den Besitz von Dingen gebunden. Anstatt sein Geld nur noch in Erlebnisrestaurants, bei Sportveranstaltungen, im Abenteuerurlaub oder bei exklusiven Kultur-Events auszugeben, will man auch weiterhin Produkte haben, die eine bestimmte Erfahrungswelt gegenwärtig werden lassen. Gerade demjenigen, zu dem ein Ding nicht von vornherein paßt, verspricht sein Besitz die Teilhabe an einem sonst verschlossenen Milieu, einer bisher unbekannten Erfahrung oder einer ungewöhnlichen Atmosphäre. Dann fungiert es als Symbol für ein besonderes Ereignis und ist zuerst Verheißung, später vielleicht Reliquie eines Erlebnisses, das man außer in seinen Phantasien nie hatte. So kauft jemand, der sich auch einmal wie ein Extrembergsteiger fühlen will, vielleicht einen Eispickel von der Marke, die Reinhold Messner ausstattet. Allein der Besitz dieses Accessoires erlaubt eine Annäherung an eine sonst unzugängliche Erfahrung. Ökonomie sei, so der Designer und Philosoph Otl Aicher, »die produktion von träumen« geworden.[55]

Deshalb brauchen die Produzenten zur Erhöhung ihrer Umsätze auch nicht danach zu trachten, neue Bedürfnisse zu erzeugen oder die Waren mit Sollbruchstellen und anderen Tücken zu versehen. Die Welt der Fiktionen ist nämlich unbegrenzt und wird von einem markanten Image, einem ungewöhnlichen Design oder einer flotten Werbekampagne belebt. Aber selbst wenn keine neuartigen Impulse von einem Objekt ausgehen, kann es Erfolg haben, da die meisten Menschen nicht nur Abenteuer und Abwechslung, sondern in Varianten immer wieder dieselben Stimmungen erleben wollen.

Der Wunsch nach Überhöhung und Fiktionalisierung ist auch nie endgültig erfüllbar. Die standardmäßig vorgebrachte Kritik, daß nur Enttäuschungen ansammle, wer sich dem Konsum hingebe, ist daher ebenso trivial wie an der Sache vorbei, bleibt doch ein Fiktionswertversprechen anders als ein Gebrauchswertversprechen, das sich vollständig einlösen oder das klar gebrochen werden kann, generell unerfüllbar. Doch da es von vornherein unverbindlich war und erst im Kopf des Konsumenten eine feste Form annahm, kommt es auch kaum einmal zu einer Mängelrüge (so wenig wie jemand die Natur kritisiert, wenn eine ihrer Stimmungen hinter dem zurückblieb, was erträumt wurde). Lieber nimmt man den nächsten Dingen neue und weitere Versprechen ab. Wer produziert, hat somit nur darauf zu achten, genügend solcher Versprechen zu geben.

Manchem reicht es vielleicht sogar, ein symbolisch aufgeladenes Stück wie den Eispickel im Laden zu berühren, hin und her zu wenden und kurz damit zu spielen. Auch sonst locken in Läden oft die Dinge, die man gar nicht zu kaufen vorhat: Für einen Moment mit ihrem Erwerb kokettierend, kann man

Phantasien wecken, die sonst zu kurz kommen, oder sich in eine Lebensform hineinversetzen, die einem bisher fremd war. Wer erst einmal darauf achtet, wird bemerken, wie häufig Menschen in Warenhäusern oder Geschäften etwas in die Hand nehmen, es vor sich halten und versonnen darauf blicken: Sie träumen gerade, in Empathie verfallen wie Leser eines Romans. Erst recht werden vor den Spiegeln von Umkleidekabinen alternative Lebensläufe skizziert.

Das erklärt auch, warum viele – meist Jüngere – ›shopping‹ genauso als Hobby angeben wie Reisen oder Musikhören und warum sie darin ebenso selbstverständlich eine Lieblingsbeschäftigung gefunden haben wie frühere Generationen im Lesen oder mit Theaterbesuchen: Es ist Unterhaltung im Dialog mit sich selbst, die man so genießen kann, und damit eine angenehme Form, die eigene Individualität zu gestalten und über Schwächen oder Ängste hinwegzufiktionalisieren.

Aber eigentlich reicht schon das Blättern durch ein Lifestyle-Magazin, um von der ein oder anderen Werbeanzeige dazu animiert zu werden, sich ähnlich aus dem eigenen Leben zu schleichen wie bei der Lektüre eines Liebesromans oder als Kinobesucher. Viele Models animieren sogar eigens zum Träumen: Mit dem leicht geöffneten Mund von Schlafenden und geschlossenen oder in eine indefinite Ferne blickenden Augen vermitteln sie einen Eindruck von Semiabwesenheit. Der Eindruck, von einer Werbeanzeige in eine Zwischenwelt geführt zu werden, verstärkt sich weiter durch Unschärfen oder Fehlfarben, durch Verfremdungseffekte und ungewöhnliche Ausleuchtungen. Schon bei der Auswahl der Models wird darauf geachtet, daß sie eine nichtssagende und damit allverheißende Schönheit besitzen. Statt auf markante Gesichter setzt man auf Wesen ohne Wesen, auf eine Bedeutsamkeit ohne Bedeutung. Solche Leerstellenschönheit liefert die perfekten Projektionsflächen; in ihnen kann sich jeder Wunsch spiegeln. Allerdings werden die verschiedenen Marken dadurch auch wieder ein Stück verwechselbarer:

Man träumt bei *Prada* nicht anders als bei *Gucci, Boss* oder *Versace*.

Die Kataloge der Versandhäuser sowie mittlerweile die Sites von Internet-Shops bieten ebenfalls Stoff zum Tagträumen. Viele Konsumenten geben an, darin eine Alternative zu anderen Unterhaltungsprogrammen wie dem Fernsehen oder Kino sowie eine angenehme Gelegenheit zu erblicken, die eigene Lebenssituation zu transzendieren. Sie richten nach eigener Aussage dann »ganze Wohnungen ein« oder stellen sich vor, »noch jung« zu sein.[56] Erläge man nicht der Versuchung, schnell zu bestellen, was erst viel später bezahlt werden muß, böten Warenkataloge sogar eine schonende Variante von Konsumkultur. Soweit die Produkte als Stoff für Fiktionalisierungen dienen, braucht man sie nämlich ohnehin nicht real vor sich zu haben.[57] Statt Waren zu konsumieren, wäre es vielmehr preiswerter, nur Abbildungen auf sich wirken zu lassen – wenngleich viele erst in dem Moment, in dem es an den Geldbeutel geht, die Macht – und den Fiktionswert – der Dinge zu spüren beginnen.

Am Beginn der Konsumkultur standen Fiktionalisierungen erst recht für jedermann grundsätzlich kostenlos zur Verfügung. In den großen Warenhäusern weckten nämlich die Wareninszenierungen die Phantasie der Kunden – und vor allem der Kundinnen – mehr als die Produkte selbst. Die Damen, die sich dann jedoch nicht nur in Zolas Kaufhaus-Roman in den Illusionen der Darbietungen verloren und letztlich heillos verschuldeten oder als tragische Ladendiebinnen endeten, wurden genauso zu Opfern einer Verwechslung von Realität und Wunschwelt wie Gustave Flauberts *Madame Bovary* (1857): Beginnt diese durch die Lektüre von Liebesromanen am Wert ihres eigenen Lebens zu zweifeln, um sich schließlich auf verhängnisvolle Abenteuer einzulassen, so verführten auch die Warenhäuser zu falschen – und zu hohen – Erwartungen vom Leben, produzierten also Sinnkrisen, die zu Konsum anregten, durch ihn aber nie ganz gelöst werden konnten. Wie das Lesen von Romanen seit dem

18. Jahrhundert primär eine Beschäftigung der Frauen war, wurde es das Einkaufen – oder auch nur der Besuch von Warenhäusern – zumindest in den Metropolen seit der Mitte des 19. Jahrhunderts. (Über achtzig Prozent des Konsums waren in weiblicher Hand.[58]) Gerade den Frauen, die auf soziale Rollen als Gattinnen und Mütter festgelegt waren und nur wenig Chancen bekamen, eigene Biographien zu entwickeln, boten die Welten der Literatur und des Konsums Freiräume: Zumindest in der Phantasie ließen sich andere Lebensmuster ausprobieren.

Sind Warenhäuser inzwischen allein nach Effizienzkriterien gestaltet und daher einheitlich angelegt und vollgestopft wie Lagerhallen, waren sie am Ende des 19. und im frühen 20. Jahrhundert noch Orte, an denen kaum ein Aufwand gescheut wurde, um Illusionen zu stiften: Ein Schaufensterdekorateur besaß eine ähnliche Rolle wie der Bühnenbildner im Theater, in manchen Abteilungen wurden die Waren wie in Museumsräumen dargeboten, in anderen wähnten die Besucher sich auf Reisen, in Indien, auf einem arabischen Basar, in einem japanischen Garten oder zumindest in Venedig oder Rom. Man stellte Jahreszeiten nach, installierte Springbrunnen oder ließ sich von Farb- und Lichtspielen inspirieren, wie sie zuerst die amerikanische Tänzerin Loie Fuller zur vorletzten Jahrhundertwende eingesetzt hatte.[59] Manche Warenhausbesitzer riskierten für eine spektakuläre Kulisse sogar ihre wirtschaftliche Existenz, sahen ihre Inszenierungen also in bildungsbürgerlicher Tradition als öffentliche Güter und nicht als rein kapitalistische Maßnahme. Dazu paßt, daß Warenhäuser wie *Wanamaker's* in New York regelmäßig Konzerte für die Kunden veranstalteten; 1904 dirigierte dort etwa Richard Strauss seine neue *Symphonia Domestica*.[60]

Der US-amerikanische Kulturwissenschaftler William Leach untersuchte Tagebücher von Frauen aus der Zeit um 1900 und stellte dabei fest, welch große Rolle für viele von ihnen der fast tägliche Besuch von Warenhäusern spielte. (Früher hingegen wurden die nötigen Einkäufe einmal pro Woche erledigt.) Er zitiert etwa eine jüdische Immigrantin, die in den Kaufhäusern und vor den Schaufenstern New Yorks das Gefühl hatte, Teil eines Märchens zu werden und zu einer »neuen Identität« (»new identity«) zu finden. Ihre eigene Zukunft sei ihr dort wie eine strahlende, sich entfaltende Möglichkeit erschienen (»unfolding possibility«).[61] Im Angesicht der Konsumwelt bekam das eigene Leben auf einmal mehr Spielraum; alternative Stile und zusätzliche Formen des Selbstverständnisses standen vor Augen.

Mittlerweile eröffnen Warenästhetik und Marken-Images eher als ein Kaufhaus den Traum von zusätzlichen Möglichkeiten. Viele Produkte sind dabei – dies ein weiterer Unterschied zu früher – auf jugendliche Konsumenten hin ausgelegt, arbeiten 14- bis 17jährige doch besonders intensiv an ihrer Identität; sie weisen eine höhere Tagtraumaktivität auf als die meisten Älteren.[62] Die ›Points of Sale‹ bieten hingegen, außer es sind Flagship-Stores großer Marken, nur noch den Rahmen – die Bühne – für die Verheißungen der Dinge. Warenhausketten haben angesichts der starken Präsenz dessen, was sie verkaufen, sogar Schwierigkeiten, sich selbst als Marken mit eigenem Charakter zu bewähren. Ihre Rolle ist inzwischen die von Moderatoren, die die Vielfalt der Angebote – das Stimmengewirr der meist lautstarken Waren – zu ordnen haben. Statt in weiten Räumen zelebriert zu werden, verdichten sich die Illusionen anderer Welten oft auf wenigen Quadratzentimetern einer Produktoberfläche: Ein Foto, ein Slogan, die Materialität, aber oft schon allein der Markenname löst so viel wie ehedem ein großes Schaufenster oder eine raffinierte Draperie aus. Die Entwicklung der Konsumkultur ist somit auch die Geschichte einer Konzentrationsbewegung. Diese verdankt sich dem Interesse der Hersteller, den Konsumenten das Gefühl zu geben, sie könnten alternative Szenarien nicht nur erleben, sondern auch kaufen und nach Hause nehmen, ihr Leben also wirklich erneuern und verändern.

Erste Vorzeichen dieser Entwicklung tauchten bereits an der Wende zum 20. Jahrhundert auf. Damals entstanden etliche Marken, die allein mit ihrem Namen ein Flair von Ferne und Exotik schufen. So wurden Zigarettenmarken wie *Salem Aleikum* oder *Nil* erfunden, und ein berühmtes Abführmittel hieß sogar *Tamar Indien Grillon*. Dabei stammten die Ingredienzen solcher Produkte wohl sogar wirklich aus den Ländern, an die die Namen erinnerten. Wie jener Eispickel dienten sie als Ersatz für Reiseerlebnisse, die man sonst nicht gehabt hätte.

Heute begnügen sich Marken nicht mehr mit einem exotischen Namen. Ein Label wie *Tommy Hilfiger* erzeugt vielmehr mit jeder Werbeanzeige und in jedem Kinospot eine Atmosphäre von Urlaub und Reisespaß: An den schönsten Plätzen der Welt, oft geheimnisvoll abgelegen, vergnügen sich entspannte, fröhliche Menschen; die verschiedenen Ethnien finden zwang- und sorglos zusammen. Wer eine Bluse oder Hose dieser Marke kauft, wird unweigerlich das eigene Fernweh spüren und sich eine Traumreise ausmalen; ein Stoffmuster oder Artikelname nährt die Assoziationen zusätzlich. Eventuell gibt sich mancher daraufhin einen Ruck und bucht endlich den lang ersehnten Urlaub. Wahrscheinlicher jedoch bleibt es bei den schönen Gefühlen, die das Kleidungsstück bewirkt. Ihnen ist eine Unschuld und Vorlust zu eigen, die jede ›Zweckmäßigkeit ohne Zweck‹ auszeichnet.

Produkte, die das Flair von Urlaub und Ferne besitzen, sind Souvenirs von Reisen, die man vielleicht einmal macht. Es sind Andenken an die eigenen Wünsche. Sie erinnern daran, daß man sich noch etwas wünschen kann – daß man also noch viel vor sich hat. Mit ihnen verbindet sich somit nicht nur das Glück des Reisens, sondern auch die Aussicht auf Zukunft. Haben bedeutet Werden.

Dinge als Biographie-Requisiten

Ist das Individuum zum absoluten Singular geworden, muß es sich zumindest intern pluralisieren. Das lange selbstverständliche Ideal eines geradlinig geführten Lebens ist damit verabschiedet. Mit der Idee, daß der Beruf Berufung sei und nicht geändert werden sollte, aber auch mit der Vorstellung, jeder habe durch Gott oder soziale Herkunft seinen festen Platz in der Gesellschaft, können heute nur noch wenige etwas anfangen. Erstrebt wird im Gegenteil der flexible Wechsel zwischen Lebensformen. Stark ist nicht, wer einer Identität treu bleibt, sondern wer sie immer wieder ändert. Das gelebte Leben wird nicht mehr danach bemessen, ob es einer Bestimmung entspricht und sich einem Wesenskern annähert; es geht weniger um Selbstfindung als um Selbstentfaltung. Vorbilder sind Menschen wie Madonna oder Arnold Schwarzenegger, die sich erfolgreich mehrfach neu erfunden haben.

Wer beeindrucken und gesellschaftlichen Status behaupten will, sollte heutzutage also immer mindestens eine Seite mehr offenbaren können, als man bisher von ihm oder ihr kannte. Gerade Freizeitaktivitäten dienen dazu, sich als fit und vielseitig zu erweisen, und mit nichts gelingt es leichter als mit Akten des Konsums, verschiedene Identitäten sowohl auszuleben als auch zu demonstrieren. So sollte ein Manager, der an seiner Karriere interessiert ist, mindestens eine – möglichst extreme – Sportart wie Klettern oder Drachenfliegen betreiben und die komplette Ausrüstung dafür immer auf dem neuesten Stand halten. Ferner sollte er seine zwei oder drei (kurzen) Urlaube im Jahr für unterschiedliche Erlebnistypen nutzen: einmal für eine Fernreise mit Erholungsfaktor und exotischem Flair, einmal für einen Trip mit kulturellem Anspruch und einmal für etwas Extremeres, am besten in Verbindung mit seinem Sport. Auch dafür sind jeweils Konsumartikel vom Reiseführer bis zur passenden Kleidung zu erwerben. Schließlich sollte er wenigstens ein ›ungewöhnliches‹ Hobby wie Kochen oder das Sammeln von Wein verfolgen, bei dem sich Kennerschaft ebenfalls am besten über Konsumentscheidungen darstellen läßt.

Daß sich Konsumenten nicht länger über *eine* Identität definieren, macht es auch schwer, Waren eindeutig bestimmten Zielgruppen zuzuordnen. Vielmehr kann dasselbe Produkt in diversen Biographien eine Haupt- oder Nebenrolle einnehmen. Gerade was ursprünglich auf ein bestimmtes Milieu zugeschnitten ist und einem klaren Zweck (keiner bloßen ›Zweckmäßigkeit ohne Zweck‹) gehorcht, kann (wie jener Eispickel) für andere Konsumenten erst recht interessant werden: Es verkörpert dann einen Gegensatz oder eine Abwechslung und wird ein bizarres Surplus oder eine ironische Attitüde. Wer es sich ökonomisch, aber auch psychisch und intellektuell leisten kann, in immer wieder andere Lebenswelten einzutauchen, wird von vielen Gebrauchsgegenständen sogar mehr als nur ein Stück anschaffen. Jeder Wechsel bestätigt dann die eigenen Möglichkeiten; man genießt es, sich als vielseitig, flexibel, offen und selbstbewußt zu erleben. War es früher höchstens Kleidung, wovon man eine gewisse Bandbreite besaß, so nennen heute viele ebenso mehrere Armbanduhren und Sonnenbrillen, diverse Parfums und verschiedene Korkenzieher ihr eigen. Gibt es Hausmannskost und ein gemütliches Beisammensein, nimmt man die einfache Pfeffermühle aus Holz, kommt der Geschäftskollege mit seiner Frau zu Besuch, stellt man lieber die aus Edelstahl oder im *Peugeot*-Design auf den Tisch. Auch das Geschirr, das Tischtuch und die Hintergrundmusik werden dem Anlaß entsprechend verändert, genügt es doch oft nicht, ein Ambiente zu zitieren, indem man lediglich ein Element daraus übernimmt. Vielmehr lebt nur wirklich souverän, wer sich insgesamt auf verschiedene Lebenswelten einzustellen vermag: Die Möglichkeiten, die Dinge eröffnen, müssen immer wieder einmal ausgelebt werden; die Fiktionalisierung, die sie bereiten, hat zumindest momentan in

Realität umzuschlagen, damit sich ihre Kraft nicht zu rasch erschöpft.

In Bekanntschaftsanzeigen wird die Lust auf Vielfalt mit Standardformulierungen wie »fühlt sich in der Jeans genauso wohl wie im Abendkleid« zum Ausdruck gebracht. Indem sich die betreffende Person auf keine Identität festlegen läßt, will sie besonders attraktiv erscheinen. Sie postuliert den Möglichkeitsraum, den sonst ein Markenprodukt verheißt, damit bei denen, die die Anzeige lesen, Phantasien von einer langen, lebendigen Zukunft wach werden. So übernehmen Menschen Strategien der Markenhersteller für sich und bieten sich wechselseitig als Projektionsflächen dar, die jedem die Erfüllung eben der Wünsche in Aussicht stellen, die gerade am lebhaftesten sind. Sie selbst werden dadurch Konsumprodukte und Konsumenten zugleich, wobei sie als letztere »immer auf ein besseres Angebot warten«, wie die Soziologin Eva Illouz bemerkte, die vor allem das Internet dafür verantwortlich macht, daß Liebe zunehmend in konsumistischen Kategorien gesucht wird.[63] Dazu paßt, daß eine der größten deutschsprachigen Single-Börsen unter *www.neu.de* läuft: Am meisten stimuliert sogar dort, wo es eigentlich um Treue und Bindung geht, das Neue – die Verheißung, das Leben wieder von vorne zu beginnen, alles anders zu machen und noch viel vor sich zu haben.

Selbst die Hochzeit muß nicht mehr als definitive Entscheidung – und damit als Reduktion von Möglichkeiten – begriffen werden. So bietet *Wempe* der Braut an, gleich drei Eheringe auf einmal zu kaufen. Das ist kein Aufruf zur Polygamie, aber angeblich »die Lösung aller Styling-Probleme«: Da die Ringe sich in ihrer Farbe unterscheiden und aus Gelb-, Weiß- und Rotgold bestehen, kann man je nach Anlaß einen anderen anziehen, so daß es »beim Kombinieren nun keine Probleme mehr« gibt. Allein die Vorstellung, welcher Ring in welcher Situation angemessen sein könnte oder was für Rituale sich mit jedem etablieren ließen, verschönert die Aussicht auf die Ehe: Einmal mehr wird eine erfüllte Zukunft, eine Vielfalt an Identitäten, ein unbeschwertes Feld an Möglichkeiten vor Augen geführt.

Vielen jedoch genügen Wechsel zwischen definierten Identitäten nicht. Sie bemühen sich, Kreativität bei der Kombination dessen an den Tag zu legen, was sie kaufen. Über eine originelle Konsumbiographie wollen sie zu einem unverwechselbaren Leben gelangen. Alles, was nach traditionellem Statussymbol aussieht, meiden sie daher so wie Unterhaltungsliteratur, die ihre Plots allein aus Klischees entwickelt; ebenso mißtrauen sie kanonisierten Vorauswahlen. Gerade die zu Konsumbürgern mutierten Bildungsbürger, die seit David Brooks' Buch auch gerne als Bobos – als bourgeoise Bohemiens – bezeichnet werden[64], haben den Ehrgeiz, ihre Findigkeit im weiten Reich des Konsums unter Beweis zu stellen. Sie wissen, in welcher Bäckerei der Stadt sie den besten Nußzopf bekommen (der keineswegs der teuerste sein muß), kaufen aber ihr Brot oder ein Stück Schokoladentorte mit hoher Wahrscheinlichkeit anderswo – um sich selbst und ihrer Umgebung ihren differenzierten Geschmack zu demonstrieren. Auch erzählen sie zu jedem Gegenstand eine Konsumgeschichte: von seiner Entdeckung, den Umständen seines Erwerbs oder einem Erlebnis beim ersten Gebrauch. Und sie versorgen alle anderen gerne mit ›Geheimtips‹.

Etliche Branchen und Anbieter haben sich bereits darauf eingestellt, daß für manche Konsumenten der Weg zur Ware das Ziel ist, weil sie dann auf jeder Party mit Anekdoten und konsumistischen Varianten einer Odyssee aufwarten können. So machen Modedesigner gerne ein Geheimnis daraus, wo ihre Kollektionen erworben werden können: Interessenten werden im Stil einer Schnitzeljagd in Läden geschickt, bis sie endlich finden, was sie suchen. Selbst wenn die Produkte dann nicht voll überzeugen, wird das Habenwollen durch die Erlebnisse, die man unterwegs hatte, noch so gesteigert, daß man etwas kauft. Aber selbst ganze Läden lieben Versteckspiele und kopieren damit Strategien, die in der bildenden Kunst schon lange üblich sind.

So befinden sich die Shops der französischen Kette *L'Éclaireur* in Hinterhöfen; sie sind ohne Schaufenster und höchstens über ein kleines Klingelschild zu identifizieren. Auf den ersten Blick sieht auch uninteressant aus, was einem geboten wird, bis ein Verkäufer plötzlich eine Schiebetür öffnet und der eigentliche Laden sich auftut. Wer das erlebt hat, erzählt es immer wieder weiter – und merkt oft gar nicht, daß er oder sie das Geld letztlich mehr für diese Geschichte als für eine Ware ausgegeben hat.

Da Menschen sich über ihren Konsum eine originelle Identität verschaffen wollen, erhält das einzelne Objekt seine Bedeutung auch erst innerhalb einer Gesamtinszenierung. Eine dreißig Jahre alte Sonnenbrille kann Ausdruck einer modegleichgültigen Haltung, aber genauso kalkuliertes Accessoire einer Retro-Mode und damit Bekenntnis zu einer spleenig-verspielten Lebensart sein. Kleidungsstücke, die Frisur oder das Auto des Besitzers der Sonnenbrille bestimmen dann, welche Interpretation besser paßt (wobei ihre Bedeutung ebenfalls vom Zusammenhang abhängt).[65] Selbst ein Gegenstand ohne Glamour kann interessant werden, sobald er singulär inmitten einer teuren und exklusiven Dingwelt auftaucht. Er ist dann persönliche Note oder Neuentdeckung und verliert augenblicklich seine Banalität.

Kaviar hat sogar mindestens vier Wertigkeiten. Für eine wohlhabende Schicht von etabliert Konservativen ist er ein klassisches Statussymbol, mit dem selbstverständlich aufwartet, wer seinesgleichen als Gäste empfängt. Für ein ebenso konservatives, aber weniger reiches Milieu ist der Kaviar hingegen eher Wunsch- als Statussymbol – eines der Objekte, die Phantasien wecken und die als Stück vorweggenommener Zukunft, als Karrierewegweiser geschätzt werden. Ein progressiver eingestelltes Milieu dafür verachtet, obwohl fast genauso wohlhabend wie das etabliert konservative, Kaviar als einfallslos; es möchte seinem Besuch lieber mit einer Überraschung imponieren, die auch wirklich phantasievoll ist, dabei jedoch gerade ausgefallene Fiktionalisierungen fördert. In einem alternativen Milieu ist Kaviar schließlich wieder denkbar: als ironische Geste gegenüber dem Establishment, als Zitat aus einer fremden Welt, der gegenüber man sich souverän zeigt, indem man keine Angst vor ihren Symbolen hat.

Daß Dinge ironisch, als Anspielung oder Zitat verwendet werden können, macht einmal mehr bewußt, wie sehr sie als Zeichen fungieren, deren Bedeutung sich erst aus dem jeweiligen Zusammenhang erschließt.[66] Im Zuge stark individualisierter Konsumstile hat selbst Patina wieder einen Platz. Ein Erbstück wie einen Ledersessel oder eine Kommode zwischen High-Tech-Elektronik zu plazieren oder Geschirr von einem alten Bauernhof neben Designertellern und -gläsern aufzustellen, wirkt als augenzwinkernde Reminiszenz an eine Herkunft oder Dokument eines Faibles für Kontraste. Objekte aus fernen Ländern können ebenfalls wichtige Elemente innerhalb ambitionierter Konsuminszenierungen sein. Meist signalisieren sie Freiheit und zeugen von der Freude, die eigene Kultur zu überschreiten, sind also einmal mehr Stimuli für Phantasien von Abenteuer und Neubeginn. Sie treten in ihrem emotionalen Wert an die Stelle von Reiseberichten, während andere Dinge eine ähnliche Rolle einnehmen wie Historienromane oder Science-Fiction-Erzählungen. Aber selbst zu einer Literatur, die sich den Opfern, Unterdrückten und Außenseitern widmet, findet sich ein Pendant in der Sphäre des Konsums. So macht Brooks darauf aufmerksam, daß gerade Bobos sich häufig »mit Motiven eines Lebens [umgeben], das [sie] selbst nicht führen wollen«; »schuldbewußt« stünden sie zu ihren Privilegien und schmückten sich »demonstrativ mit Objekten der weniger Privilegierten«, also etwa mit Werken aus eroberten und mittlerweile untergegangenen Kulturen.[67]

Sofern Konsumenten sich um eine überraschende, unorthodoxe Auswahl bemühen und viel Zeit und Aufmerksamkeit für ihre Konsumkarriere aufwenden, tragen sie zu einer Aufwertung des Konsums bei, der über Jahrhunderte hinweg immer ein viel geringeres Ansehen als die Produktion genossen hatte.[68] Da viele nirgendwo sonst ähnlich kreativ sind wie beim Shopping, wird der Konsum selbst eine Art – sekundärer – Produktion und ist nicht länger ein passiver, allein bedürfnisorientierter Vorgang: Die Konsumgüter sind die Rohstoffe einer Wertschöpfungskette, ihr gezielter Erwerb stellt einen Raffinierungsprozeß dar.[69]

Damit verteilt sich die Last, die Defizite der Individualisierung zu kompensieren, auch auf viele Produkte und Konsumentscheidungen. Nur zur Fiktionalisierung ihres Lebens Unbegabte erwarten von einzelnen Objekten – einem T-Shirt oder Stofftier – sehr viel und interessieren sich bevorzugt für Artikel, die nur jeweils einen Traum plakativ und klischeehaft wiederträumen lassen. Schlimmstenfalls vertrauen sie auf einen Slogan wie »create your own life« – selbst wenn er auf die Verpackung einer Schuheinlage für 49 Cent gedruckt ist. Alle anderen aber wissen, daß man Dinge nicht überfordern darf und erst mit einem größer angelegten Konsumprogramm Aussicht auf eine umfassende Erweiterung der beschränkten Individualität hat.

Die Konkurrenz von Konsumgütern und Geld

Wer seine Produkte ›zweckmäßig ohne Zweck‹ erscheinen lassen will, bekommt nicht nur von einer Seite Konkurrenz. Am besten erfüllt dieses Ideal nämlich kein Mitbewerber, sondern das Geld. Es ist gerade dadurch definiert, für beliebig vieles verwendbar, aber auf keine bestimmte Verwendung festgelegt zu sein. Damit ist es der Joker par excellence. Mit Geld ist man, so der Konsumpsychologe Rolf Haubl, »im Besitz von noch nicht realisierten Möglichkeiten«. Und solange man sich »nicht für den Kauf eines bestimmten Produktes entschieden hat«, darf man »phantasieren«, sich »potentiell im Besitz der Fülle aller Produkte« fühlen.[70] Geld ist also Fiktionalisierungsmasse, was sich bereits daran zeigt, daß man, um ein ins Stocken geratenes Partygespräch zu beleben, nur reihum die Frage zu stellen braucht, welche Pläne jeder mit einem Lottogewinn oder einer anderweitig plötzlich erlangten Million umsetzen wollte. Die Antworten münden nicht selten in längere Geschichten, in denen alternative Lebensentwürfe konkretisiert werden, und manchmal gibt jemand dabei sogar genügend preis, um den anderen in neuem Licht zu erscheinen.

Allerdings ist der Fiktionswert des Geldes so indefinit, daß der jeweilige Besitzer die Anregungen für seine Phantasien anderswo beziehen muß (was diese erst recht aussagekräftig werden läßt). Dennoch: Sobald die dringlicheren Bedürfnisse befriedigt sind, ist Geld nicht mehr nur Zahlungsmittel, sondern genauso ein Stimulans wie ein aufgeladenes Markenprodukt. Ein Markenartikel muß dann sogar erst eigens so entwickelt werden, daß er die Konkurrenz gegen den Top-Joker Geld bestehen kann.

Der beste Beweis für die Faszinationskraft des Geldes ist der Kapitalismus. So besteht der Impetus des Kapitalisten darin, Geld gerade nicht auszugeben – den Joker nicht einzulösen –, sondern zu seiner eigenen Vermehrung zu nutzen. Statt noch länger Medium zu sein oder instrumentalisiert zu werden, genügt das Geld dann ganz sich selbst. Gerade indem es keinem bestimmten Zweck zugeführt wird, läßt sich seine Zweckmäßigkeit noch erhöhen. Sie macht sich als Kaufkraft, als Potenzgefühl bemerkbar: Je mehr Geld man hat, desto mehr könnte man damit machen. »Das Geld ist viel mehr Wahlmöglichkeit als Konsumwirklichkeit«, heißt es bei Norbert Bolz.[71]

Es braucht also nicht zu verwundern, daß eine kapitalistische Mentalität in einer Wohlstandsgesellschaft die Oberhand gewinnt: Sobald die Menschen ihr Geld nicht mehr benötigen, um primäre und sekundäre Bedürfnisse zu stillen, behalten sie es lieber und geben sich den Phantasien hin, die es ermöglicht. Die Vorstellung, über noch mehr Geld zu verfügen, steigert ihre Phantasien weiter, und daher werden sie aus Konsumenten zu Kapitalisten. Der Markenkult der letzten Jahrzehnte ist somit auch eine Reaktion auf die Verführungskraft des Kapitalismus; er läßt sich als Versuch deuten, den vom Kapital geweckten Machtphantasien andere Phantasien zur Seite zur stellen. Und daß schließlich doch viele Konsumenten mehr Geld ausgeben, als sie eigentlich haben, sich also verschulden oder zumindest dauernd mit Dispokrediten kämpfen, zeugt von der hohen Professionalität der Markenfirmen: Ihre Produkte überbieten, in einer Mischung aus Gebrauchs- und Fiktionswert, noch den Wert der Phantasien, die das Geld auslöst.

Anders als Geld kann ein Konsumgut jedoch auch enttäuschen. Zuerst muß man für seinen Erwerb einen Teil des Top-Jokers preisgeben und sich depotenzieren, dann erschöpfen sich vielleicht die Phantasien, die es zuerst geweckt hat. Schließlich kann ein Ding noch seinen Gebrauchswert einbüßen oder aus der Mode geraten. Das Geld, das man dafür aufgewendet hat, ist dann verloren. Es selbst hingegen wird nur in Zeiten mangelnden Angebots sinnlos oder gerät bei einer Inflation in Gefahr. Doch da beides, wenigstens in westlichen Ländern, lange zurückliegt, ist das kapitalistische Frönen erst einmal nicht in Frage gestellt.

Wie attraktiv das Geld als Selbstzweck ist, belegen zwei in den letzten Jahren häufiger gewordene – und noch häufiger diskutierte – Phänomene, die mit den Schlagworten ›Konsumverdrossenheit‹ und ›Geiz ist geil‹ zu fassen sind. So kaufen viele Menschen weniger als früher ein, selbst wenn ihre Kaufkraft nicht geringer geworden ist: Ihnen erscheint es verlockender, ihr Geld zu behalten, als es auszugeben. In Umfragen äußern sie, nur noch schwer etwas zu finden, was ihnen genügend gut gefällt, um es kaufen zu wollen.[72] Das bedeutet nicht, daß die Qualität der Waren schlechter geworden ist; vielmehr können sie doch nicht für alle mit den Verheißungen konkurrieren, die vom Geld ausgehen. Einige sparen zwar auch im Hinblick auf Zeiten, in denen sich ihre Einkommenslage verschlechtern könnte, allerdings zeigt sich angesichts von Zukunftsängsten nur um so deutlicher die Überlegenheit des Geldes als Joker: Wer es besitzt, hält sich alle Möglichkeiten offen; es verheißt mehr Zukunft als ein strahlend-cleanes, potent inszeniertes Produkt.

Andere konsumieren zwar nach wie vor, dies jedoch nur unter der Maßgabe, dabei möglichst viel zu sparen. Im Extremfall ist ihnen die Summe, die sie *nicht* ausgeben, wichtiger als das, was sie erwerben: Werben Reisebüros für Reisen, bei denen man vierzehn Tage Urlaub zum Preis von neun, sieben oder gar nur fünf Tagen bekommt, verliert mancher Interessent das Reiseziel aus den Augen. Mehr Befriedigung als jeder ferne Ort bereitet dann das Gefühl, vom Joker ›Geld‹ kaum etwas verbrauchen zu müssen, um dorthin zu fahren. Was als Schnäppchen inseriert oder etikettiert ist, wird oft ebenfalls vor allem als solches gekauft – und nicht weil man das Produkt dringend braucht oder weil es von sich aus stimulierend wäre. Selbst durch eine Payback-Karte oder Rabatt-Aktion kann ein Konsummuffel wieder zum Verbraucher werden. Im Geist bleibt er jedoch Kapitalist: Er kauft, um die Möglichkeiten konkret zu spüren, die er dank seines Geldes hat; er will seine Kaufkraft genießen. (Wie ein Konsument, der sich mit Dingen in fremde Lebenswelten einkauft, seine Fiktionalisierungen gelegentlich real werden läßt, braucht auch der Kapitalist Momente, in denen das, was er mit seinem Geld anfangen könnte, konkret erfahrbar wird.)

Der Konsumethnologe Daniel Miller stellte Ende der 1990er Jahre bei empirischen Untersuchungen fest, daß für viele Menschen der eigentliche Zweck beim Einkaufen darin besteht, etwas zu sparen.[73] Basierend auf einer Feldstudie, bei der er die Einwohner einer Straße im Norden Londons in einem Supermarkt beobachtete und zu ihren Konsumgewohnheiten befragte, konnte er zeigen, wie relativ unwichtig rational-ökonomische Gründe sind. So ist der Sparwunsch unabhängig vom Einkommensstatus. Ferner kennen die wenigsten die Preise der Waren, die sie kaufen, verschaffen sich ihr Spargefühl also nicht infolge genauer Preisvergleiche, sondern allein dadurch, daß sie einem Sonderangebotsschild Vertrauen schenken oder sich bei der Auswahl verschiedener Fabrikate eines Warentyps nicht für das teuerste entscheiden. Selbst wer sich streng an seinen Einkaufszettel hält und auf Impulskäufe verzichtet, darf, an der Kasse angelangt, stolz darüber sein, vielen Verführungen getrotzt zu haben und damit sparsam gewesen zu sein.

Wer sich zum Sparen bekannte, konnte in Millers Untersuchung jedoch kaum einmal ein konkretes Sparziel benennen. Vielmehr kam der allgemeine Wunsch zum Ausdruck, mit dem gesparten Geld mehr Möglichkeiten für die Zukunft zu haben – sich also einen Spielraum offenzuhalten oder zu vergrößern. Dabei dachten viele allerdings nicht nur an sich, sondern sahen die Sparsamkeit auch als Akt der Fürsorge gegenüber Familienmitgliedern oder Nachkommen: Auch sie hätten bessere Chancen, wenn mehr Geld übrig bleibe. Umgekehrt erwartet sich derjenige, der spart, Dankbarkeit, womit das Sparen noch positive Folgegefühle zeitigen kann: Es wird zur Grundlage sozialer Wärme.

Wie sehr Geld und auch der Nobelkonsum – der seinerseits ein Mehr an Potentialen verheißt – die Illusion befördern mögen, man habe noch viel Zukunft vor sich und könne gar den Tod aufschieben, wird durch andere Studien eindrucksvoll bestätigt: Fragt man Menschen nach ihren ökonomischen Zukunftsaussichten, so geben sie besonders hohe Erwartungen zu Protokoll, wenn das Interview sich zuerst mit dem Thema ›Tod‹ beschäftigte; steht dieselbe Frage im Zusammenhang eines Gesprächs über Musik, äußern sich hingegen die meisten viel gleichgültiger zu finanziellen Fragen.[74] Allein die Vergegenwärtigung der eigenen Sterblichkeit genügt offenbar, um dagegen mit Phantasien erfüllter Zukunft angehen zu wollen: Geld und Konsum beschwichtigen dann gleichermaßen.

In den letzten Jahren sind in der Inszenierung des Konsums

zwei gegenläufige Tendenzen zu beobachten, die dem Wunsch nach einem Surplus an Möglichkeiten genau entsprechen. Werden einerseits Markenartikel mit allgemeinen Sinnverheißungen, einer ›Zweckmäßigkeit ohne Zweck‹, aufgeladen, setzen andere Kampagnen auf Sparargumente und Billigkonsum. Gelegentlich wird sogar beides kombiniert, so wenn *H&M* einen Modedesigner wie Karl Lagerfeld engagiert, um mit einem günstigen Preis und einem auratischen Namen zugleich zu werben. In anderen Fällen ist es hingegen gerade ein hoher Preis, der einem Produkt mehr Verheißungspotential verleiht. Ihn deuten Kunden als Beleg für die Potenz, die in einem Artikel steckt. Im Extremfall – etwa bei Schmuck oder Kunst – erscheint die Ware dann sogar als Symbol des Geldes oder, noch bemerkenswerter, als dessen Veredelung.

Wie aber gelingt es Designern und Agenturen, Dingen ein Flair von Zukunft und Potenz zu verleihen? Was müssen sie leisten, damit Kunden selbst dann Geld ausgeben, wenn sie ein Produkt nicht unbedingt brauchen? Auf welche Weise machen sie etwas attraktiver als Geld? Was genau stimuliert Phantasien, und wann erhält ein Produkt einen hohen Fiktionswert? – Diese Fragen bestimmen das nächste Kapitel. Es beschäftigt sich also damit, wie eine individualistische und kapitalistische Wohlstandsgesellschaft sich ihre Dingwelt gestaltet, geht aber auch darauf ein, wie diese umgekehrt auf die Menschen einwirkt und ihre ästhetischen Standards bestimmt.

Ästhetik der Konsumkultur

Produktwandel

Als Hans Magnus Enzensberger 1960 den damals aktuellen *Neckermann*-Katalog rezensierte und feststellte, »ein Ethnologe aus dem Jahr 3000 könnte aus diesem Katalog genauere und fruchtbarere Schlüsse auf unsere Zustände ziehen als aus unserer ganzen erzählenden Literatur«[1], lag er um tausend Jahre daneben. Hätte er sich damals einen Katalog des Kaufhauses *Wertheimer* aus den Jahren vor dem Ersten Weltkrieg vorgenommen, wäre ihm gewiß aufgefallen, daß solche Publikationen schon nach wenigen Jahrzehnten nur noch mit dem Fremdblick eines Ethnologen betrachtet werden können, man bei ihnen also nicht in Jahrtausenden zu rechnen braucht.

Vergleicht man etwas ältere Kaufhauskataloge noch eigens mit neueren Erzeugnissen, fallen die Unterschiede um so besser ins Auge (weshalb bedauerlich ist, daß die Kataloge nach und nach zugunsten der Internet-Plattformen aufgegeben werden, veraltete Angebote künftig also einfach aus dem Netz verschwinden und für kulturgeschichtliche Studien nicht mehr zur Verfügung stehen). Wer etwa einen *Quelle*-Katalog von 1972 und einen von 2003 heranzieht, bekommt einen Eindruck davon, wie sich die Ansprüche an die Dinge und deren Umsetzungen innerhalb dieses Zeitraums entwickelt haben. So lassen sich keineswegs alle Unterschiede nur auf wechselnde Stilmoden zurückführen. Für viele Veränderungen sind auch technische Fortschritte verantwortlich, gibt es doch für etliche Produkte im jeweils anderen Katalog nicht einmal ein Pendant: Während mechanische Schreibmaschinen oder Plattenspieler verschwunden sind, haben sich digitale Kameras, Mikrowellen und Drucker etabliert. Anderes, etwa ein Videorecorder, hat sich innerhalb der dreißig Jahre in seiner Funktionalität so markant geändert, daß ein Vergleich unmöglich ist.

Radioapparate, Waagen, Mixer und Staubsauger jedoch gehören zu den Gebrauchsgütern, bei denen eine Gegenüberstellung lohnt. Auch hier hat sich der Gebrauchswert jedoch zum Teil erweitert. So besitzen etwa die meisten neuen (tragbaren) Radios ein Cassettendeck, oft sogar einen CD-Player sowie eine digitale Zeitanzeige. Zugleich ist ihr Preis erheblich gesunken: Das teuerste Gerät kostet bei *Quelle* 2003 – ohne Berücksichtigung der Inflationsrate! – gerade einmal so viel wie der günstigste Apparat dreißig Jahre zuvor. Dann verfügt man aber auch über Surround Sound aus sechs Lautsprechern und eine Fernbedienung, während das Gerät der 1970er Jahre nicht einmal eine Wählautomatik besaß.

Das Prinzip ›Kofferradio‹ war damals neu, und das Design hatte sich offensichtlich noch nicht darauf eingestellt, das Potential eines solchen Geräts also zu wenig zur Geltung gebracht. So sind die Lautsprecher, zum Teil auch die Funktionsleisten bei allen Modellen mit Holzdekor verkleidet: Als hätte das Radiogerät sich vor allem gut in die Schrankwand einzufügen. Dabei bot es dank seines Batteriebetriebs doch die Chance, bei einem Picknick oder Badeausflug im Freien zu unterhalten. Die meist jugendlichen Nutzer mußte jedoch allein wegen der Materialanmutung das Gefühl beschleichen, dem spießigen Elternwohnzimmer nirgendwo ganz entkommen zu können.

Bei neueren Geräten dominieren Silbermetallic und Ultramarinblau, die Oberflächen schimmern oder sind mattglänzend. Die futuristische Anmutung paßt zu den überschwenglichen Plänen jüngerer Konsumenten und hilft ihnen dabei, sich von der als eng empfundenen Wohnwelt ihrer Eltern zu emanzipieren. Das Gehäuse wölbt sich je nach Modell unterschiedlich stark: Sind die Billigversionen noch nah an der Kofferform, wirken die

Radios: Quelle-Katalog 1972 und 2003

etwas opulenter ausgestatteten Modelle wuchtig, muskulös, gar aufgepumpt. Ihr Design ist expressiv und laut, so als sollte damit der Charakter bevorzugt gehörter Musik, etwa Hip-Hop, verstärkt werden. Kann ein solches Gerät beim Breakdance geradezu den Schwung einzelner Moves aufnehmen, paßt zu den älteren Geräten noch die Geradlinigkeit des deutschen Schlagers. Das Design von Radios ist also nicht zuletzt an Stilrichtungen der Musikindustrie gekoppelt.

Wie aber sieht es in einer Branche aus, die von solchen Einflüssen unabhängig ist? Was fällt etwa bei Mixern auf, in die auch keine zusätzlichen Features eingebaut wurden, sondern die mittlerweile lediglich über leistungsstärkere Motoren verfügen? Gal-

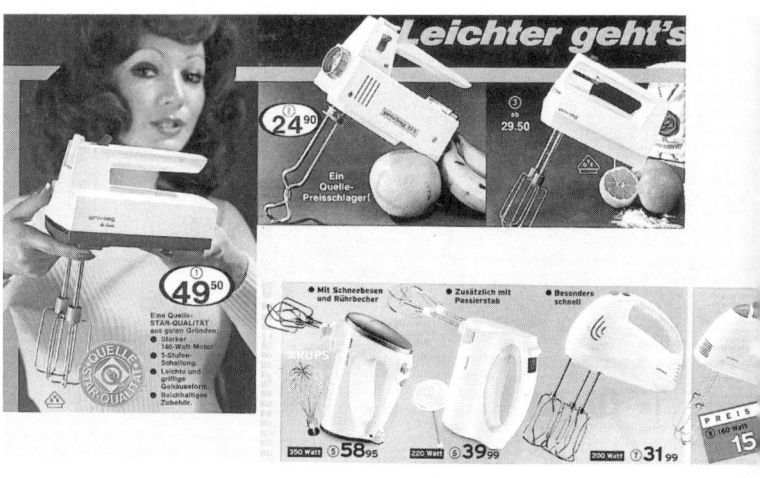

Mixer: Quelle-Katalog 1972 und 2003

ten in den 1970er Jahren 140 Watt als viel, besitzen die teureren Geräte jetzt schon 350 Watt (anders als Radios sind sie dafür auch nicht preiswerter geworden). Die weißen Plastikverkleidungen mit farblich – meist hellblau oder grau – abgesetzten Details haben sich hingegen gehalten, wobei wiederum ein Wechsel von kantigen zu bauchigen Formen ins Auge fällt. Wirkte das Design der älteren Mixer, als sei um den Motor ein Gehäuse gebaut worden, vermitteln die neuen Modelle den Eindruck einer organisch-kompakten Einheit.

Diese Veränderung hat zum Teil ergonomische Gründe, da es zumal bei stärkeren Geräten wichtig ist, daß man sie fest in der Hand halten kann und sie nicht sperrig sind. Die organischen Formen lassen sich aber vor allem nicht auf ein oder zwei geometrische Grundfiguren reduzieren, und insofern die Wölbungen und Buchtungen ihre Krümmungsstärke immer wieder ändern, bieten sie dem Auge Abwechslung. Waren die Lüftungsschlitze ehedem parallel und gleich lang, sind sie jetzt zumindest in der Länge variabel, manchmal sogar ihrerseits individuell geformt, wodurch das Gerät lebendiger und eleganter erscheint. Da das Design fein abgestimmt wirkt, aber in keiner Funktionalität aufgeht, erfüllt es die Bedingungen, auf die Kant sich mit seinem Credo einer ›Zweckmäßigkeit ohne Zweck‹ bezogen hatte. Daher nimmt man den neuen Mixer auch eher als Stück mit eigenem Wesen wahr denn das kastenartig-maschinelle Vorgängermodell. Man kann ihn geradezu wie ein Haustier empfinden: knuddelig, als kleines Kraftpaket, als gut gelaunten, verspielten Gnom.

Ähnliche Erfahrungen lassen sich mit Produkten aus anderen Bereichen machen. Vergleicht man etwa, wie sich die Staubsauger verändert haben, so trifft man mittlerweile ebenfalls statt auf klobige Maschinen auf Haustiere. Mußte man die alten Geräte noch mit beiden Armen vor sich herführen oder mühsam hinter sich herziehen und dabei Sorge tragen, die Türrahmen und Wände nicht zu verschrammen, erscheint das neue Modell ebenso emsig wie wendig. Nicht einmal ein kräftiges Rot macht den 1972er-Kasten sympathischer oder flotter, während der Silbermetallic-Ton gut dreißig Jahre später charmante Sauberkeit ausstrahlt. Zugleich symbolisiert die metallische Erscheinung, daß der Staubsauger zu einem High-Tech-Produkt avanciert ist; unter seiner Oberfläche lassen sich gewaltige Fähigkeiten und Kräf-

Staubsauger: Quelle-Katalog 1972 und 2003

te vermuten. So verbinden sich in der Anmutung des Geräts auf raffinierte Weise Freundlichkeit und Perfektion, und klar ist: Wer ein solches Modell erwirbt, hat einen höchst zuverlässigen Gefährten bei sich zu Hause.

Das Design sowie etliche Details, im Katalog einzeln erläutert, verraten aber auch, daß das Staubsaugen inzwischen eine andere Rolle in der Organisation eines durchschnittlichen Haushalts einnimmt als noch vor dreißig Jahren: Nun werden ausdrücklich die Männer angesprochen. Sie soll etwa ein »Staubsensor« beeindrucken, der die Saugleistung automatisch steuert; ferner dürfte ihnen die »elektronische Leistungsregulierung am Handgriff« gefallen. Das Staubsaugen hat sich damit jedenfalls vom Verdacht bieder-niederer Hausfrauentätigkeit emanzipiert. Zudem ist es befriedigender denn je, kann man die Ergebnisse der eigenen Arbeit doch unmittelbar sehen. Der Staub wird nämlich nicht mehr in einem Beutel, sondern in einem Klarsichtbehälter aufgefangen. Insgesamt verfügt das neue Gerät damit über erhebliche Animationskraft; mit seinen unterhaltsam-einnehmenden Features läßt es vergessen, daß das Staubsaugen einmal lästig war. (Dafür muß man auch erheblich mehr für einen Apparat zahlen als dreißig Jahre zuvor.)

Gegenüber den älteren Modellen hat sich also nicht nur der Gebrauchswert erhöht, sondern es ist auch der Versuch unternommen, den Staubsauger enger an seine Benutzer, ihre Erwartungen und emotionalen Bedürfnisse anzubinden. Natürlich veranlaßte Gewinnstreben und nicht Humanismus diese Entwicklung, und der Konsument könnte sich auch bedrängt fühlen von so viel Einfühlung in seine Psyche. Die meisten jedoch freuen sich über Dinge, die eine schnöde Tätigkeit zu einem kleinen Erlebnis werden lassen und zu denen man ein quasi-persönliches Verhältnis aufbauen kann. Dabei betrifft dies, wie das Beispiel aus dem *Quelle*-Katalog zeigt, nicht einmal nur hochklassige Markenprodukte. Und selbst ein fragwürdiges Design – warum etwa ist die Abluftöffnung dem Rad des Saugers angepaßt? – erlaubt eine Nähe zum Objekt: Es liegt weniger an der Qualität – die älteren Staubsauger sind formal durchdachter – als an den Effekten des Designs, wie sich das Verhältnis zwischen Mensch und Ding letztlich gestaltet.

Eine Neubewertung und Intimisierung dieses Verhältnisses fällt erst recht bei Produkten auf, die in die Privatsphäre gehören oder gar mit dem Körper in Berührung kommen. So hat sich die Gestaltung von Personenwaagen innerhalb von drei Jahrzehnten stark verändert. Zuerst ist hier eine zu den bisher erwähnten Produktbereichen gegenläufige Entwicklung zu bemerken. So hatten die Waagen in den 1970er Jahren abgerundete Seiten und, wenigstens teilweise, gewölbte Trittflächen, während sie sich inzwischen durch harte Ecken, klare Kanten und geometrische Formen definieren. Auch sonst ist ihr Charakter nüchterner und

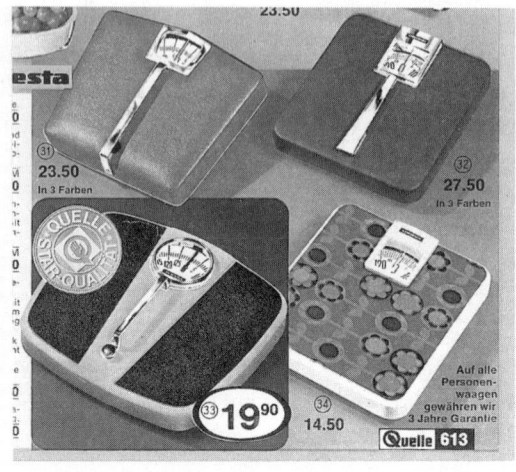

Personenwaagen: Quelle-Katalog 1972 und 2003

strenger geworden. Gab es früher fröhlich-bunte Farben und gar Blümchenmuster als Dekor, so bestehen die Waagen heute zum Teil nur noch aus Glas und einem metallischen Untergrund. Das Wiegen läßt sich also nicht länger bagatellisieren. Vielmehr hat sich daraus ein ernstes Ritual entwickelt, das bewußt zu vollziehen ist.

Am Anfang steht die Sorge, ob man nicht zu schwer ist, um sich auf eine Glasscheibe stellen zu dürfen. Schon bevor man sein Gewicht ermittelt hat, denkt man also an die Übertretungen der letzten Tage und bekommt, zumindest im Regelfall, ein schlechtes Gewissen. Zwar ist man froh, wenn die Waage dann nicht einkracht, doch wird das eigene Gewicht per LCD-Anzeige ganz offiziös und unerbittlich verkündet, so als wäre man Patient oder Proband. Ein bißchen Schummeln oder ›Interpretieren‹, wie noch bei den alten Anzeigen, ist nicht mehr möglich.

Mittlerweile messen etwas ambitionierte Fabrikate auch nicht mehr nur das bloße Gewicht, sondern ebenso Körperfett und -wasser sowie den Muskelanteil; es gibt »Diagnosewaagen« und sogar Waagen mit einer »Trendanzeige«, die die Ergebnisse vorangehender Wiegungen speichern und so Abweichungen von einem anvisierten Ziel dokumentieren. An jede Verfehlung, die sich sonst erfolgreich verdrängen ließe, wird man also wiederholt erinnert; schnelle Sühne ist ausgeschlossen.

Aus einem unkomplizierten Vorgang ist das Wiegen zu einem Problemkomplex geworden. Statt die Waage als ebenfalls leicht bauchigen Komplizen zu schätzen, muß man sie als kühlen Richter akzeptieren. In der Sprache der Konfessionen formuliert: War das Wiegen ehedem katholisch codiert, da man mit den eigenen Sünden recht gemütlich umging, ist es mittlerweile Ausdruck einer protestantischen Mentalität geworden. Schon bei einer geringen Abweichung vom Idealgewicht oder einer negativen Trendanzeige droht der Verdacht, man habe sein Leben nicht im Griff und stehe kurz vor dem Scheitern. Man wird zu genauer Buchführung und Regelmäßigkeit angehalten; ein Augenzwinkern ist nicht angebracht.

Wieso aber haben solche Waagen überhaupt eine Chance auf dem Markt? Warum soll man sich quälen, wenn es auch angenehmer geht? Die Veränderungen des Waagen-Designs spiegeln eine gesellschaftliche Entwicklung wider, in deren Zuge Fragen von Körper und Gewicht einen viel größeren Stellenwert angenommen haben. Fitness-Wellen und die Verlagerung von Moden auf die Körperoberfläche – man denke nur an Tattoos, Piercings oder Rasuren –, aber genauso die vieldiskutierten Folgen einer Supermodel-Ära weckten bei vielen ein Körperbewußtsein. Wer hätte in den 1970er Jahren, als die Waagen noch Blümchen trugen, mit einem Ausdruck wie ›Body Mass Index‹ etwas anfangen können?

Um nicht zum Opfer der eigenen Willensschwäche zu werden, braucht, wer Körperehrgeiz besitzt, jedoch eine Instanz, die möglichst oft und unbestechlich an die gesetzten Ziele erinnert. Bei manchen übernimmt diese Aufgabe ein Partner, der sich dann aber der Gefahr aussetzt, zum Objekt von Frustattacken zu werden. Besser geeignet ist eine Waage, die allein aufgrund ihres gestrengen Erscheinungsbilds als permanente Mahnung fungiert und zum persönlichen Trainer oder Fitness-Manager wird: zu dem Ort, an – auf – dem alle Fragen rund um Körper und Gesundheit vergegenwärtigt werden können. Dinge sind »Delegierte unserer Moral«, bemerkte der Wissenschaftsphilosoph Bruno Latour[2], was vor allem bedeutet: Sie erinnern an Werte. Indem ihr Design Prioritäten präsent macht, kann eine Waage den Menschen Erfolgserlebnisse oder Niederlagen bereiten und sie zu Änderungen in ihrem Alltagsverhalten herausfordern. Dabei ist die Perspektive immer schon auf die Zukunft gerichtet, erscheint die Waage doch wie eine Erzieherin auf dem Weg zu einer besseren Lebensweise; an ihr kann man sich bewußt machen, wohin man sich noch entwickeln will.

Objekte wie eine Waage stärken oder erweitern also die Identität des Individuums. Während ein Radio eher dabei hilft, einen Lifestyle auszudrücken, und ein Staubsauger dazu stimulieren kann, einer sonst ungeliebten Tätigkeit Spannung abzugewinnen, tritt sie in eine geradezu intime Beziehung zum Individuum und geht sogar doch gelegentlich hart mit ihm ins Gericht. Was herkömmlich als ihr Gebrauchswert firmiert, wird sekundär gegenüber dem pädagogisch-psychologischen Nutzen (oder Nachteil), der von der Waage ausgehen kann.

Der Vergleich der Produkte von 2003 mit dreißig Jahre älteren Vorgängerversionen offenbart Veränderungen, die für die Dingwelt allgemein zutreffen: Die Hersteller vertrauen nicht mehr darauf, daß sie einen Artikel allein deshalb losbekommen, weil er gut und preiswert ist; vielmehr sind sie der Überzeugung, damit auch die Seele des Konsumenten – die individuellen Ebenen seiner Persönlichkeit – erreichen zu müssen. Sofern das gelingt und ein Produkt wegen der Werte, die es verkörpert, oder wegen der Launen, die es fördert, gekauft wird, gehen die Besitzer aber auch eine innigere Beziehung als früher dazu ein.

Komfort

Dinge können besonderen Komfort bieten. Dabei geht es nicht darum, was sie machen, sondern wie sie es tun. In der Realisierung ihres Gebrauchswerts wird ein bestimmter Umgang mit Zeit oder Situationen vorgegeben, es artikulieren sich, wie der britische Soziologe Daniel Bell bereits in den 1970er Jahren kritisch anmerkte, verschiedene Verhaltensmuster (»patterns of morals«).[3] Am Beispiel von zwei Toastern sei dargestellt, für welche Formen von Komfort Dinge konzipiert sein können. Es treten auf: ein Fabrikat von *Bomann*, bei *Neckermann* 2005 für EUR 12,99 erhältlich, und ein Modell von *Rowlett*, von *Manufactum* zur selben Zeit zum Preis von EUR 310,- angeboten.

Bomann-Toaster, Neckermann-Katalog 2005

Die große Preisdifferenz ist ein Indikator für den Stellenwert, den das Toasten jeweils einnimmt: Wer für einen Toaster nur ein paar Euro ausgeben will, sieht darin auch lediglich ein nebensächliches Haushaltsgerät; wem er hingegen so viel wert ist wie anderen ein Polstersessel oder Kurzurlaub, dürfte nicht nur allgemein einen exquisiten Lebensstil pflegen, sondern dem Toasten auch einen bedeutsameren Platz einräumen. Zwar verfügt das teure Modell über einen zusätzlichen Schacht für Sandwiches sowie eine Sandwich-Zange, doch erklärt das den vielfach höheren Preis nicht, zumal das Billigmodell umgekehrt eine Auftau- und Aufwärm-Funktion bietet, über einen integrierten Brötchenaufsatz verfügt und auch noch die Restlaufzeit anzeigt. Es piepst sogar, wenn der Toast fertig ist.

Das letztgenannte Feature läßt erkennen, für wen das Modell gedacht ist. Es paßt zu Singles, bei denen es am Morgen hektisch zugeht. Nachdem sie das Toastbrot eingeschoben haben, duschen sie schnell oder ziehen sich an – und bekommen dennoch mit, wenn ihr Frühstück bereit ist. Statt einer fürsorglichen Mutter ruft sie das akustische Signal des Toasters rechtzeitig in die Küche zurück. Für sie ist ein solches Gerät ideal, um mehreres parallel erledigen zu können.

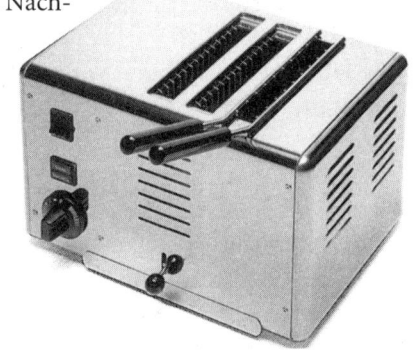

Rowlett-Toaster, Manufactum-Katalog 2005

Indem es ihr Lebenstempo anerkennt, sorgt es auch für etwas mehr Komfort.

Das Gerät von *Rowlett* würde in derselben Situation hingegen nerven: Die Schalter bieten gewissen Widerstand, wenn man sie betätigt, und auch sonst gibt sich der Apparat umständlich. Mit mehr als fünf Kilo Gewicht ist er schwer, die Kastenform läßt ihn zudem sperrig erscheinen. Dagegen zeigt das Design von *Bomann* wenig Eigenwillen; mit seinen dezenten Rundungen läßt sich dieser Toaster vielmehr unauffällig in einer Ecke der Küche abstellen.

Das teure Modell will erst einmal selbst im Mittelpunkt stehen. Es zwingt zu mehr Bewußtheit und fordert dazu auf, das Toasten zu einem Ritual zu machen. Man kann sich ausmalen, daß am Sonntagvormittag die gesamte Familie um den Toaster herumsitzt und sich genüßlich die Zeit nimmt, ihre Brote oder Sandwiches zu bereiten. Wer sich als fürsorglicher Familienvater oder Teil einer romantisch gelebten Beziehung sieht, wird bei diesem Toaster ins Träumen kommen. Er verheißt dann Entspannung oder Gemeinsamkeit und besitzt einen ›Wohlfühl-Faktor‹. Mit ihm läßt sich Gegenwart und Hektik ähnlich gut entkommen wie mit Wellness-Anwendungen in einem bewußt nicht-technischen Ambiente, in dem sonst längst verschwundene Holzzuber oder Schöpfkellen einen Kontrast zur schnellen und oft auch schrillen High-Tech-Welt schaffen. Komfort bedeutet im Fall des *Rowlett*-Toasters also nicht Arbeitserleichterung; vielmehr besteht er darin, eine Intensität, eine fiktional überhöhte Stimmung zu bereiten. Der hohe Preis ist also auch für die schönen Phantasien zu entrichten, zu denen das Gerät (anders als der preiswerte Konkurrent) anregt.

Wegen ihrer Unterschiedlichkeit könnten in einem Haushalt sogar beide Toaster vorhanden sein: der eine für die Wochentage, der andere für außergewöhnliche Anlässe und den Urlaub. Preis und Präsenz des Geräts von *Rowlett* lassen es aber auch zu einem Statussymbol werden, und da es sich nicht durch besondere Dienlichkeit auszeichnet, erfüllt es sogar genau die Kriterien, die Thorstein Veblen für den Luxuskonsum nannte: »demonstrative Verschwendung« (genauso funktionale Toaster kosten viel weniger) und »demonstrative Muße« (man gewinnt keine Zeit, sondern braucht sie, um dieses Gerät zu bedienen).[4]

Freut der Besitzer sich vor allem daran, seine Besucher mit dem exquisiten, durch den Vertreiber *Manufactum* zusätzlich geadelten Designerstück zu überraschen, dann kommt es tatsächlich als Luxus zur Geltung. Komfort hingegen ist ein stilleres Ereignis; von ihm kann die Rede sein, wenn der Besitzer es für sich oder innerhalb seiner Familie genießt, ein Gerät zu haben, das ihm erlaubt, aus einem relativ banalen Vorgang eine Zeremonie zu machen. In diesem Moment verschafft ihm das Gerät – und nicht eine davon beeindruckte Umwelt – eine Erfahrung, die er als Bereicherung seines Lebens empfindet. Generell nimmt der Komfort seit dem 19. Jahrhundert eine Zwischenstellung zwischen den Bedürfnissen und dem Luxus ein, wird also als Zugabe zum Lebensnotwendigen, aber als frei von Verschwendung und Repräsentation geschätzt.[5]

Komfort erzeugt eine Atmosphäre der Geborgenheit. Schaffen beim *Rowlett*-Toaster Stabilität und solide Materialität Vertrauen, so wird das *Bomann*-Modell durch seine Zurückhaltung zu einem loyalen Diener. Technisch komfortablen Stücken steht eine harmlose Fassade und elegante Verkleidung gut: Je besser das Gehäuse die Funktionalität verbirgt oder gar dementiert, desto größer kann das Erlebnis des Komforts sein, wird er dann doch als Überraschung erfahren. Bietet ein Gerät etwas, womit man nicht gerechnet hatte, kommt man sich begünstigt – geradezu beschenkt – vor. Allerdings darf es keinen erheblichen Mehraufwand verlangen, um diese zusätzliche Funktionalität nutzen zu können; sonst schlägt die Überraschung schnell in Belästigung um, und statt gut bedient fühlt sich der Besitzer unmäßig in Anspruch genommen. (Verräterisch ist die Vokabel ›Bedienungsanleitung‹, bedeutet sie doch, daß die Dinge nicht dienen, sondern ihrerseits bedient sein wollen, der Mensch also komfortabel für sie zu sein hat und nicht umgekehrt.)

Der Kulturphilosoph Günter Anders erkannte es bereits 1980 als Charakteristikum vieler moderner Dinge, »weniger [zu] scheinen, als sie sind«, und er bezeichnete dieses Phänomen – noch bevor das Chip-Zeitalter wirklich begonnen hatte – als »negative Protzerei«. Diese Wendung gibt zu verstehen, wie skeptisch, sogar ablehnend Anders dieser Entwicklung des Designs gegenüberstand. Er deutete die Beobachtung, daß »das Aussehen [der Dinge] nichts mehr von ihrer Bewandtnis verrät«, nicht nur als Abstraktions- und Entfremdungsprozeß, sondern sah darin vor allem eine Gefahr: Die Harmlosigkeit eines Geräts verbirgt neben den Potentialen auch die Risiken, die damit verbunden sein können. Sofern moderne Geräte »das ›Unphysiognomischste‹ [sind], was es je gegeben hat«, bagatellisieren sie sich selbst.[6]

Für einzelne Beispiele, die Anders nennt, etwa für Atomkraftwerke, trifft diese Befürchtung zu, für vieles andere, zumal für Haushaltsgeräte, erscheint sie jedoch übertrieben. Sie verkennt sogar einen wichtigen Typus von Komfort und damit von möglicher Nähebeziehung zwischen Mensch und Ding. Gerade sofern sich Dinge nicht aufdrängen und ihre Funktionalität benutzerfreundlich verdecken, kann man sie nämlich als besonders höflich und hilfsbereit empfinden.

Günter Anders hingegen geht es nicht um Höflichkeit, sondern um Ehrlichkeit. Den *Rowlett*-Toaster zöge er wohl dem *Bomann*-Modell vor, weil er ›physiognomischer‹ ist und besser erkennen läßt, was er kann. Die Unternehmensphilosophie von *Manufactum* gründet sich sogar ausdrücklich auf Diagnosen von Ding-Pessimisten wie Anders (und Rilke) und erhebt den Anspruch, der »Banalisierung der Produkte« entgegenzuwirken, zu der es nicht nur infolge einer Vernachlässigung von Material und Herstellungsverfahren, sondern ebenso durch jene Kaschierung der Funktionalitäten gekommen sei.[7] Das Ziel besteht also darin, »daß wir zu den uns alltäglich umgebenden Dingen noch eine ›freundschaftliche‹ Beziehung entwickeln, ihnen einen gewissen Respekt zollen können«.[8] Der Rückbau von Abstraktionen, eine Wiedergewinnung von Anschaulichkeit wird als die dafür notwendige Voraussetzung ausgegeben. (*Manufactum* ist eine der wenigen Marken, die von ihren Kunden doch mehr verlangt als Geld, nämlich eine kulturkritische Haltung; wer sie nicht teilt, wird angesichts der humorlosen Selbstgerechtigkeit, die die Texte in den Produktkatalogen durchdringt, das Weite suchen.)

Zur Ehrlichkeit gehört aber auch, bei der Umsetzung des Grundsatzes ›form follows function‹ gesammeltes Wissen anzuwenden. Der Gründer und langjährige Geschäftsführer von *Manufactum*, Thomas Hoof, verweist darauf, daß man einem Ding anmerke, »ob es die heutige Quintessenz lang gewachsener Kunstfertigkeiten ist oder ob es auf einem Bruch damit beruht«.[9] Statt Neues auszuprobieren, verläßt man sich also lieber auf Bewährtes und überträgt eine Sehnsucht nach Klassischem, wie sie aus der Kunst- und Kulturgeschichte bekannt ist, auf die Welt der Gebrauchsgüter. Daher vertreibt man auch nur einen Toaster mit echtem Glimmer, nicht verunreinigt durch chemische Klebstoffe und angeblich unverwüstlich. Als besonders durchdacht wird ferner gerühmt, daß man die Schlitze einzeln beheizen kann.

Ein Strandkorb an der Ostsee oder ein Schweizer Taschenmesser mit zahlreichen Features auf engem Raum gehören ebenfalls zu den Dingen, die als klassisch-vollendet empfunden werden können. An ihnen ist jedes Element elaboriert und optimiert, und man genießt nicht nur die angenehme Funktionalität, sondern ein Gefühl von Sicherheit und Beständigkeit: Was man nutzt, braucht sich nicht zu ändern und hat sich vermutlich auch schon lange nicht mehr geändert; es vermittelt dann, ähnlich wie ehedem, Patina, Dauer und Eingebundenheit in größere Traditionen. Begrenzungen, denen das Individuum unterworfen ist, werden gelindert oder sogar momentan gänzlich transzendiert.

Dinge hingegen, die, statt nur Erfahrung zu bewahren, technischen Fortschritt kumulieren, erscheinen oft ziemlich unfertig: Die Produzenten verlegen sich lieber auf Finessen und Neuheiten und vernachlässigen darüber das Zusammenspiel der Elemente oder auch Form- und Materialeigenschaften. Das jeweilige Modell repräsentiert dann nur ein Zwischenstadium, Vorgänger und Nachfolger unterscheiden sich davon erheblich. So wären Features des *Bomann*-Toasters (wie das akustische Signal) vor Jahren oder Jahrzehnten noch gar nicht möglich gewesen. Sie setzen das gesammelte Know-how zahlreicher Generationen von Ingenieuren und Wissenschaftlern voraus. Dies gilt aber für die gesamte Technik: Bis etwa Chips entwickelt werden konnten, bedurfte es einer kontinuierlichen Forschungstradition, die im 17. Jahrhundert bei Leibniz und Descartes begann. In den meisten Produkten stecken also mehrere Jahrhunderte an Arbeitsleistung, wobei im Fall des Toasters nicht nur das Piepsen, sondern auch die Digitalanzeige, LED-Lämpchen oder die Form des Gehäuses eigene Entwicklungsprozesse voraussetzen. Die Interessen und Bedürfnisse früherer Generationen wirken dabei noch fort, denn hätten sie andere Prioritäten gesetzt, gäbe es heute in Teilen eine andere Technik. In jedem Gerät materialisiert sich somit eine mehr oder weniger lange Geschichte der Werte.

Um zu begreifen, wie weit selbst simple Geräte heutzutage von dem entfernt sind, was ein einzelner vollbringen könnte, braucht man sich nur auf ein Gedankenspiel einzulassen und in die Rolle eines Robinson Crusoe zu begeben, der für sich allein versuchte, sein Leben mit etwas mehr Komfort zu versehen, als es im Naturzustand besitzt. Schnell würde dann klar, wie ohnmächtig der einzelne ist, der nicht auf Mithilfe und spezielle Erfahrungen anderer und schon gar nicht auf Vorleistungen früherer Generationen zurückgreifen kann. Ein Leben

reiche nicht aus, um ohne Vorwissen auch nur einfache Metall-
gegenstände oder ein paar Kleidungsstoffe zu fertigen. Alles andere wäre ohnehin utopisch.

Selbst wenn man sich kaum einmal vergegenwärtigt, wieviel
an vergangener Forschungsarbeit und Erfindergeist in einem
Gerät aufgehoben sind, ahnt man doch die Überlegenheit, die
eine solche Kumulation mit sich bringt. (Machte man sich dieses Phänomen eigens bewußt, bereitete schon das Aufreißen einer fein gestalteten Verpackung, die sodann im Mülleimer lan-
det, erhebliche Skrupel.) Nur weil darin die Arbeit vieler
anderer Menschen fortwirkt, kann ein Produkt – als verding-
lichte Arbeitskraft – komfortabel sein. Auch technischer Komfort transzendiert somit Individualität, und er kann ebenfalls
nur Befriedigung und Entlastung gewähren, weil er viel mehr
darstellt als die Leistung eines Individuums.

Dennoch macht er zugleich dessen relative Ohnmacht bewußt. Der einzelne ist umgeben von Dingen, von denen er nicht
einmal weiß, wie sie hergestellt wurden – und was genau an Wissen und Erfahrung dazu erforderlich war. Die Freude darüber,
eine Erleichterung zu erfahren, kann also jederzeit in das Unbehagen umschlagen, in einer einschüchternd fremden Umwelt zu
leben. Auch in der Tradition der Dingkritik, die das Unpersönliche technisch-industriell gefertigter Produkte beklagt, stört man
sich nicht nur am Anonymen und Massenhaften der modernen
Gerätschaften; vielmehr speist sie sich ebenso aus der Angst, das
Individuum stehe zunehmend übermächtigen Fabrikaten einsam gegenüber.

Schon früh in der Kumulationsgeschichte der modernen
Dingkultur taucht dieser Vorwurf auf, nämlich 1755 in Jean-
Jacques Rousseaus Traktat *Über den Ursprung der Ungleichheit
zwischen den Menschen*. Hier trauert der Philosoph einer Früh-
zeit menschlicher Zivilisation nach, als die Menschen »nur Werke herstellten, die einer allein machen konnte und (…) die nicht
die Zusammenarbeit mehrerer Hände erforderten«; damals wä-

ren sie noch »so frei, gesund, gut und glücklich [gewesen], wie sie es ihrer Natur nach sein konnten«.[10] Um zu dieser These zu gelangen, brauchte Rousseau allerdings einen naiv idealisierten, geradezu paradiesischen Begriff von Natur, ist das Individuum doch in Wirklichkeit schon kaum in der Lage, sich allein gegen extreme Witterungen und den Wandel der Jahreszeiten zu schützen; erst recht ist zweifelhaft, wie sich ein freies und gesundes Leben führen läßt, wenn nicht ein Minimum an Komfort – und damit Entlastung dank der Arbeit anderer – vorhanden ist.

Dennoch fand Rousseaus Utopie einer Welt glücklicher Robinsons während der gesamten Industrialisierung viele Sympathisanten; zugleich konkretisierten sich mit dem Fortschreiten der Produktionstechniken und dem Komfortzuwachs die Vorbehalte gegenüber einer sich perfektionierenden – dem Individuum überlegenen – Dingwelt. Es war wiederum Günter Anders, der dann fast genau zweihundert Jahre nach Rousseau einen wichtigen Begriff in die Debatte einbrachte. So diagnostizierte er für den modernen Menschen eine »Scham vor der ›beschämend‹ hohen Qualität der selbstgemachten Dinge«, die er als »prometheische Scham« titulierte.[11] (Prometheus gilt dem griechischen Mythos zufolge als Urheber der technischen Zivilisation, da er den Menschen gegen den Willen der Götter das Feuer brachte.) An der Genese der Dinge, die sie umgeben, kaum beteiligt, staunten die Menschen – so Anders – ehrfürchtig, was die Geräte alles könnten und wie sie produziert seien. Als Konsequenz dieser Unterlegenheitsgefühle habe der Mensch den Wunsch entwickelt, sich selbst zu verdinglichen und seine eigene Natur zu negieren. Anstatt sich der ihn beschämenden Dinge zu entledigen, wird er, »je weniger er seinen Machwerken gewachsen ist, um so pausenloser, um so unermüdlicher, um so gieriger, um so panischer (…) das Beamtenvolk seiner Geräte, seiner Untergeräte und Unteruntergeräte [vermehren]«.[12]

Doch wer Gier oder Panik attestiert, setzt voraus, daß die Menschen unter dem technischen Komfort leiden. Schon die

Klassifizierung des Dingbezugs als Scham impliziert eine lange Kette peinigender, demütigender Erlebnisse. Sie dokumentiert zu finden, dürfte jedoch schwer sein. Vielmehr nehmen die meisten Menschen einen einmal erreichten Standard an Komfort selbstverständlich, geradezu gelangweilt hin, wundern sich also nicht und werden schon gar nicht davon beschämt. Daß Anders einen Museumsbesucher beobachtete, der vor einem »hochkomplizierten« Apparat »seine Augen [senkte] und verstummte«, dürfte also eher eine Ausnahme als das Paradigma des modernen Dingverhältnisses darstellen.[13]

Anders' These braucht dennoch nicht als unsinnig abgetan zu werden. Selbst wenn die Rede von der ›prometheischen Scham‹ eine Dramatisierung bedeutet, ist zu beobachten, wie der Mensch sich und seinesgleichen an Dingen und ihren Qualitäten mißt. Die Produkte einer Kumulation verändern die Ansprüche an jegliche Erscheinung, also auch an Natur und Körper. Treten Geräte so klassisch-elaboriert auf wie der *Rowlett*-Toaster oder sind sie so dezent-freundlich wie das Modell von *Bomann*, dann werden Spuren von Alter und Erschöpfung schnell überall als häßlich empfunden. Dies um so mehr, als mittlerweile selbst billige Massenprodukte mit einer makellosen Oberfläche strahlen und es nicht mehr nur Meisterstücke des Kunsthandwerks sind, die aus der Dingwelt herausstechen.

Da Komfort heutzutage meist darin besteht, Funktionalitäten zu verbergen, wird auch von Organischem und Psychischem ein unaufdringlich-störungsfreier Charakter erwartet. Günter Anders erkannte in einem Phänomen wie dem Make-up das Symptom einer »Selbstverdinglichung« des Menschen, gespeist aus dem neuartigen Konkurrenzverhältnis zu den Dingen: Erst wenn – zumal – Frauen »ihr organisches Vorleben verleugnen«, würden sie (wieder) attraktiv; ihre Fingernägel müßten daher »den gleichen toten und polierten Ding-›finish‹ aufweisen« wie technische Geräte, und »der gleiche Standard gilt für Haare, Beine, den Gesichtsausdruck«.[14] Insofern regulieren komfortable

Dinge nicht nur die Zeiterfahrung, das Sozialleben und die Selbsterfahrung des Individuums, sondern haben weiterreichende Wirkung: Sie repräsentieren Ideale, denen viele nicht entsprechen können. Perfektion und Effizienz werden zum allgemeinen Maßstab.

Virginität

Viele Effekte in Warenästhetik und Werbung strahlen nicht nur Perfektion und Makellosigkeit aus, sondern verleihen den heutigen Dingen geradezu Virginität, eine jungfräuliche Erscheinung. Da ein Glanz der Unschuld bisher aber höchstens Menschen attestiert wurde, soll die Übertragung dieser Kategorie auf die Welt der Dinge zugleich Anders' These umkehren: Dann wären die Produkte clean und glatt geworden, um uralte Ideale zu verwirklichen, die der Mensch an sich selbst oft vergeblich zu erfüllen suchte. Und dann stünde vor seiner nachträglichen Selbstverdinglichung der Wunsch, in den Dingen ein besseres Ab- und Gegenbild seiner selbst vorzufinden. Dafür spricht, daß in Utopien vergangener Jahrhunderte bereits Dinge auftauchen, die sich hinsichtlich ästhetischer Perfektion mit heutigen Standards messen lassen. Phantasien eines besseren Lebens galten nicht nur politischer Freiheit oder privatem Wohlstand, sondern ebenso Stoffen, die »viel glänzender« sein sollten als die bisher bekannten, Papier, das »weich und biegsam« wie keines zuvor ist, »verschiedenen keramischen Massen«, die »reichhaltiger« als die der Chinesen sein sollten, Getränken, die »möglichst leicht« vom Körper aufgenommen werden, oder Geräten, die sich »reibungsloser« bewegen als herkömmliche Modelle.

Diese und etliche weitere Beispiele finden sich in Francis Bacons Utopie *Nova Atlantis* (1627), einem Grundbuch komfortablen Lebens.[15] Sie alle drücken den Wunsch nach Materialien aus, die keinen Widerstand leisten, sondern geschmeidig, anpassungsfähig, glatt und harmonisch sind. Jeglicher Makel sowie Abnutzung und Zerfall sind ihnen fremd – und damit erscheinen sie nicht nur neu, sondern unberührt und, in ästhetischem Sinn, ›unschuldig‹. Bezogen auf die Dingwelt bedeutet Virginität eine Reinheit, ein Glänzen oder, noch eher, ein Schimmern, wie es typisch für mattierte Oberflächen vieler Metalle oder Kunststoffe ist. Das wirkt behutsam und sanft, ist aber nicht bloß ohne Aggression nach außen, sondern umgekehrt auch nur möglich, solange keine heftige Fremdeinwirkung stattfindet. Virgines ruht in sich selbst.

Ein beispielhaft virgines Produkt ist der Walkman *Bean* von *Sony* aus dem Jahr 2005. Seine Form verführt dazu, ihn behutsam in die Hand zu nehmen und mit dem Daumen über die Oberfläche zu streichen, die an glatt-schimmernde, junge Haut erinnert. Die Rundungen lassen sich je nach Neigung als weiblich-weich oder als männlich-muskulös interpretieren. Doch gerade weil die Form keine eindeutige sexuelle Konnotation besitzt, kann sie ihre Unschuld bewahren. Sie determiniert noch nichts. Begreift man sie als Bohnenkern, ist sie erst recht anfänglich: Aus ihr wird sich noch Großes entwickeln, keimhaft ist ein ganzes Leben in ihr enthalten.

Sony: Walkman Bean, 2005

Eigenschaften, die zwischen zwei Polen liegen, sorgen auch sonst für einen Eindruck von Virginität. (Man könnte deshalb, in Anlehnung an Aristoteles, eine ästhetische Mesotes-Lehre postulieren.) Ein Design, das zwischen geometrischen und organischen Formen vermittelt oder letztere mit einer technoiden – metallisch-silbernen – Oberfläche versieht, strahlt einen ausgeglichenen Charakter aus. Damit wirkt es sicher und autonom, verkörpert aber zugleich eine Ambivalenz, die das jeweilige Produkt anpassungsfähig werden läßt. Deshalb entspricht die Virginität auch dem Ideal einer ›Zweckmäßigkeit ohne Zweck‹.

Noch ausgiebiger als im Design wird in der Werbung darauf hingearbeitet, Produkte virgin und damit unbelastet-allverheißend erscheinen zu lassen. Manche Effekte lassen sich sogar einfach per Mausklick erzielen. Dank eines Lichtblitzes soll der Betrachter das abgebildete Produkt etwa als besonders frisch und strahlend im Gedächtnis behalten. Dabei ist meist unklar, ob die Lichtstrahlen ein Reflex auf glatter Oberfläche sind oder vom Produkt selbst ausgehen und eine ihm immanente Energie abge-

Lichtblitze (Lippenstift-Werbung, Ananassaft-Tetrapak)

ben. Da jedoch in beiden Fällen Reinheit und Neuheit – und damit zwei Haupteigenschaften der Virginität – assoziiert werden, brauchen sich die Graphikdesigner auch um keine eindeutig-plausible Inszenierung zu bemühen.

Andere Effekte sind kaum subtiler. So belebt ein Lichtkranz um das beworbene Produkt die alte Tradition der Heiligenscheine wieder. Die Auflösung der Konturen weckt eine sinnliche Erwartung: Müßte sich das Gerät – etwa ein Stabmixer von *Braun* – nicht weich anfühlen, aber auch vor Energie vibrieren? Doch wäre der Nimbus nur halb so eindrucksvoll, paßte nicht auch das Design dazu. Der mattierte Weißton der Gummioberfläche

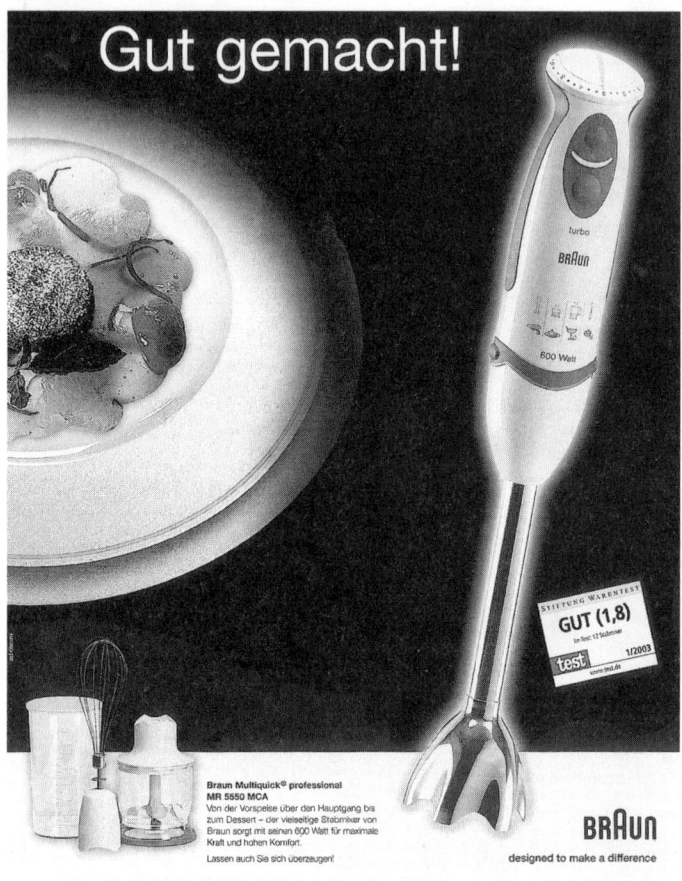

Braun: Werbeanzeige für Stabmixer, 2004

und erst recht das Grün der Funktionssymbole, eine Kopie der Farbigkeit von Operationsräumen, geben dem Gerät ein medizinisch-aseptisches Flair. Die weiße Aura erscheint damit als Ausstrahlung seiner vollkommenen Reinheit. Wer es bedient, darf sich wie ein Spezialist fühlen, der eine anspruchsvolle Tätigkeit ausführt, die völlige Cleanheit beansprucht. Die Aufwertung des Rührens zu einer parachirurgischen Aktivität verschafft also eine zusätzliche Motivation und verleiht einer sonst alltäglichen Tätigkeit (ähnlich wie im Fall des Staubsaugers) einen erhebenden Eventcharakter.

Daß Reinheit aber vor allem die Hoffnung weckt, noch ›unschuldig‹ zu sein, daß sie also Anfänglichkeit und Zukunftspotentiale, ja unbegrenzte Möglichkeiten verheißt, dürfte ihre Beliebtheit in Design und Werbung besser erklären als die Angst vor Schmutz und Ansteckung, die sonst gerne als Grund für den Boom des Cleanen genannt wird.[16] So stark die Affekte gegenüber Ekligem oder Unhygienischem sein mögen, so wenig eignen sie sich zur Begründung der virginen Anmutung eines Stabmixers oder eines Walkman. Selbst bei Kosmetik, wo Reinheit geradezu alternativlos und ohne Scheu vor Übertreibung in Szene gesetzt wird, geht es oft eher um Perfektion als um klinische Sauberkeit.

Manche Produkte signalisieren dies schon im Namen, so eine Creme von *Chanel*, die *Précision* heißt und als »Éclat originel«, als ein echter Glanz angepriesen wird. Entsprechend wird sie in der Anzeige auch dargestellt: Kaum ist der Deckel abgenommen, kommt strahlendes Licht aus dem – natürlich mattierten – Döschen, grell genug, um alles zu überblenden, auf das es trifft. Selbst durch den Boden des Cremenapfs dringt noch so viel Licht, daß er keinerlei Schatten wirft. Er scheint zu schweben und ebenso leicht wie energiereich zu sein. Das verschafft ihm die Autorität völliger Unabhängigkeit und ein Flair von Virginität: Wer diese Creme – oder ein vergleichbares Produkt – benutzt, wird wieder zu einer ›tabula rasa‹ und darf das Gefühl haben, frisch und unbeschwert in das Leben zu starten. Für sein Geld bekommt man hier zusätzlich zur Hautpflege Jugend, Zeit und Zukunft.

Doch werden die Menschen damit auch auf ihre eigenen Ideale festgelegt. Der Text der Annonce spricht mehrfach von

Chanel: Werbeanzeige für Hautcreme, 2003

Feinheit sowie Perfektion, so als sei die Körperoberfläche eines Menschen nicht anders zu beurteilen als die Materialität eines Dings. Generell taucht in Kosmetik-Werbung gerne die Vokabel ›mattiert‹ auf, dann aber als Beschreibung der Haut und nicht als Eigenschaft einer metallischen Oberfläche. Dies fällt um so mehr auf, wenn man die Models in Werbeanzeigen betrachtet. Zu sehen sind fast nur Frauen, für die die Gesetze des Materiellen nicht zu gelten scheinen: Sie sind nicht ›materia‹ und ›mater‹, nicht über Fruchtbarkeit oder Fleisch definiert, sondern bestehen aus makellos-neuen Oberflächen. Sie wirken technoid und perfektionieren damit ein Ideal, das so alt sein mag wie die Existenz von Metallschmuck, dank dessen Materialität es auch früher schon gelang, den Glanz der Augen, das Strahlen gepflegter weißer Zähne und das Schimmern von Fingernägeln oder unbehaarter, glatter Haut hervorzuheben. Nun sind es Schönheitschirurgie, diverse andere Hightech-Errungenschaften und nicht zuletzt digitale Bildprogramme, die in der Werbung gemeinsam vollenden, was ehedem mit ein paar Silber- oder Kupferringen begonnen hatte: Die Frau wird zu einer glänzend-stromlinienförmigen Erscheinung und ist so virgin, daß kaum noch denkbar ist, sie könnte menstruieren. Begehren weckt sie gerade dadurch, daß sie jung und zeitlos wirkt, weder einem Zyklus noch dem Altern unterworfen, in sorgloser Unfruchtbarkeit.[17]

So ist es nicht das Produkt, sondern der Mensch selbst, der – für sich und andere – zur Verheißung ewigen Anfangs wird. Sein nackter Körper ist nicht unschuldig im Sinne des Ursprünglichen oder Natürlichen, sondern als technoides und gestyltes Produkt, das alles Widrige transzendiert hat und sich immer neu – unverbraucht – oder zumindest erneuerbar gibt. Die zeitgenössische Unschuld äußert sich als perfektionierte Attraktivität, als Vision von Unabnutzbarkeit.

Erkennt man darin die Mentalität des Kapitalismus wieder, die sich von Bildern makelloser Jugend zu Phantasien unbegrenzter Möglichkeiten und also auch unendlicher Renditen anregen läßt, könnte man zugleich eine linke Konsumkritik bestätigen und sogar noch präzisieren. Aus marxistischer Perspektive legte etwa Wolfgang Fritz Haug in der *Kritik der Warenästhetik* (1971) dar, wie das Sein der Waren das Bewußtsein – und im weiteren das Aussehen – der Konsumenten formatiert. Haug beschränkte sich dabei jedoch auf eine Analyse der Erotisierung der Produkte; ihn beschäftigte ihre Ausstattung mit Reizen, die das sexuelle Empfinden stimulieren und schließlich auch verändern. Dabei diagnostizierte er ebenfalls eine »Rückkoppelung«, da die Waren zuerst »ihre ästhetische Sprache beim Liebeswerben des Menschen [entlehnen]«; dann aber »kehrt das Verhältnis sich um, und die Menschen entlehnen ihren ästhetischen Ausdruck bei den Waren«.[18]

Das aber bedeutet nicht einfach eine Verdoppelung herkömmlichen Liebeswerbens. Sofern nämlich Produkte (und erst recht ihre Inszenierungen) menschliche Eigenschaften perfektioniert bieten, schrauben sie die Erwartungen nach oben und erzeugen eine Konkurrenz, die die Menschen unter Druck setzt. Haug legte dar, wie etwa das Geruchsdesign zu einer Sensibilisierung geführt hat, in deren Folge Menschen schneller und häufiger als früher einen anderen Körper – und dessen natürliche Gerüche – als eklig wahrnehmen. Daher konnten sich Deodorante und Intimsprays durchsetzen, deren Verwendung jedoch nochmals empfindlicher macht. Eine neue Produktklasse ist also Motor einer »Modellierung der Sinnlichkeit«; sie belegt nach Haug, »wie blinde Mechanismen des Profitstrebens (…) die Sinnlichkeit der Menschen umzüchten«.[19]

Dieselben Mechanismen werden in allen Lebensbereichen wirksam, und wenn man Haug ernst nimmt, kommen sie auch nicht nur »blind« zum Einsatz. Vielmehr unterstellt er, daß von den Produzenten »ein durch Waren möglicherweise ›befriedigbares‹ (…) Segment (…) aus einem Bedürfniskomplex herausgeschnitten« wird, um gezielt Produkte zu entwickeln, »deren Erscheinung und Zeichensprache in den ausgewählten Bedürfnisausschnitt eingepaßt sind wie Schlüssel in ein Schloß«. So überbieten und ersetzen die Dinge nach und nach andere Menschen. Nur wer es schafft, den gestiegenen Anforderungen zu genügen und sich selbst zu perfektionieren, bleibt im Spiel. Allerdings ist dann wohl unvermeidbar, sich wie eine Ware zu inszenieren.

Auch wenn Haug sich nur mit dem Einfluß der Warenästhetik auf die Sinne befaßte, erkannte er doch schon die weiterreichenden Formatierungschancen, die sich für Produkte bieten, welche zu Marken werden. Immerhin können sie Wünsche befriedigen, die sich auf das atmosphärische, intellektuelle oder spirituelle Erleben beziehen; sie versprechen »Bedürfnisse phantastischer Art« zu erfüllen und werden schließlich – so die noch etwas unbeholfene Wendung aus der Vorzeit des Markenkults – zu einem »reinen ›Bedeutungsding‹«.[20]

Mittlerweile sind viele Produkte solche ›Bedeutungsdinge‹ und beeinflussen weit mehr als nur die Körperwahrnehmung. Gerade Kosmetika erlösen ihre Nutzer mit Virginitäts-Verheißungen von der Sorge, zu beschränkt zu sein, und sie verleihen ihnen das Gefühl, die eigene Persönlichkeit jederzeit neu definieren zu können. Wie jung solche Versprechungen sind, wird deutlich, sobald man die Aussagen heutiger Kosmetik-Werbung mit denen vergleicht, die noch zur Entstehungszeit von Haugs Buch üblich waren. Ging es damals darum, dank einer Creme oder eines Deos anderen besser zu gefallen und peinliche Situationen zu vermeiden, steht mittlerweile die Selbstsorge der Konsumenten im Zentrum. Statt die positive Wirkung eines Produkts auf andere anzupreisen, wird lieber davon gesprochen, was man sich selbst damit Gutes tut. Der Erfolg von Claims wie »Weil ich es mir wert bin« (*L'Oréal*) oder »So fühl' ich mich wohl in meiner Haut« (*Nivea*) ist symptomatisch für diese kopernikanische Wende – nicht nur – der Kosmetik-Industrie.

Wer seinen Körper mit den richtigen Tinkturen behandelt, arbeitet also an der Perfektion seiner gesamten Persönlichkeit. Kosmetik steht für Rituale der Selbstbesinnung, und so sehr sie scheinbar nur eine Veränderung der Oberfläche bewirkt, so sehr wird diese als ›pars pro toto‹ für den ganzen Menschen interpretiert. Statt sich mit Cremes oder Schminke nur an ihre Umgebung zu adressieren und für die Außenwelt zu öffnen, benutzen viele die Kosmetik dazu, nach innen zu wirken. Sie wird zur Mas-

ke im doppelten Sinn: nicht nur als bemalte Außenfläche, sondern auch als zweite Haut mit Schutzfunktion. Ein Moisturizer
von *Clinique* heißt daher *Superdefense* und soll die Haut, die
»niemals für die Welt von heute bestimmt« gewesen sei, vor »modernen Streßfaktoren« schützen, damit das »Abwehrsystem«
sich »den modernen Herausforderungen stellen« kann. *Declaré*
bietet eine Creme mit »City- & Outdoor-Protection«, *Kanebo*
ein Shampoo mit »damage care«, womit das Virginitäts-Verspre-
chen abgerundet wird: Die von allen Seiten bedrohte Unschuld
kann bewahrt werden; wer clean ist, schirmt sich von sämtlichen
Gefahren ab und bewahrt sich für die Zukunft auf.[21]

Mit perfekter Haut und mattiertem Selbstbewußtsein läßt
sich so überzeugend auftreten, daß die Umwelt beinahe mit
›prometheischer Scham‹ reagieren müßte. Und dann steigert
das, was man sich selbst wert ist, zugleich den Wert für andere:
Diese können ihrerseits zu phantasieren beginnen und davon
träumen, was alles möglich ist. So sehr die Kosmetikindustrie
für eine Anhebung der Standards sinnlicher Wahrnehmung
und damit für einen ästhetischen Streß verantwortlich zu machen ist, so sehr wird dieser dadurch ausgeglichen, daß sich
neue Fiktionsräume eröffnen und die Utopie eines Lebens
ohne Widerstand etwas näher rückt. Deshalb entwickelt sich
auch das Habenwollen, für das weder Haug noch Anders eine
Erklärung anbieten können (außer daß sie es als Indiz von Ma-
nipulationen ausgeben). Bei ihnen erscheinen die Menschen
einseitig als Opfer einer Verschwörung von Kapitalisten oder
Fortschrittsfetischisten – so als liefe das, was auf den Märkten
geschieht, gänzlich an den Interessen der Konsumenten vorbei.
Ihnen entgeht, daß dort alte Ideale und Phantasien erfüllten
Lebens inszeniert werden und daß Geld nicht nur den Besitzer
wechselt, weil es unlauter entlockt wird, sondern weil es, obwohl selbst bereits stimulierend, gegen etwas eingetauscht wird,
das noch besser stimuliert – das aber zugleich ästhetische Ver-
bindlichkeiten schafft und den Menschen daher dazu nötigt,

selbst ebenfalls stimulierend zu werden. In der Konkurrenz um maximale Möglichkeitsverheißung ist der Mensch neben Geld und Waren also der dritte Kandidat und nähert sich so seinerseits einer jokerhaften Existenz an.

Zeitumkehr

Manche Kosmetika versprechen sogar mehr als Virginität. Mit ihnen läßt sich wieder jung werden. Falten verschwinden, und die Anzeichen des Alters lösen sich auf. Daß auch das ein uralter Traum ist, der im Zeitalter der Individualisierung nur eine zusätzliche Intensität erfahren hat, belegen genügend kulturgeschichtliche Zeugnisse. Bekannt ist etwa Lucas Cranachs 1546 entstandenes Gemälde *Der Jungbrunnen*, auf dem alte Frauen, die vor Gebrechlichkeit kaum noch gehen können, von ihren Männern in Schubkarren zu einem Bassin gefahren werden. Nachdem sie darin gebadet haben, entsteigen sie als jungfräulich-glatte Mädchen. Das Regime der Zeit ist besiegt.

Lucas Cranach: Der Jungbrunnen, 1546

Cranachs Anti-Vanitas-Gemälde griff Mythen auf, die bereits seit der Antike in Umlauf waren, aber nach der Entdeckung Amerikas neue Nahrung erhielten. So gab es Berichte von einem Ort auf dem bis dahin unbekannten Kontinent, der Wasser mit verjüngender Wirkung spenden sollte. Auch aus anderen Ländern brachten Heimkehrer immer wieder Geschichten von wundersamen Rejuvenalisierungsereignissen. Einige davon sind in Johann Heinrich Zedlers *Universal-Lexicon*, dem mit 68 Bänden umfangreichsten Nachschlagewerk des 18. Jahrhunderts, gesammelt und kommentiert. Unter dem Lemma »Verjüngung der Menschen« wird zwar durchaus Skepsis gegenüber den einzelnen Fällen formuliert, aber ebenso bemerkt, daß »doch auch gewisser massen immer noch etwas daran seyn« könnte.[22] Breit diskutiert werden dann Tips, die dabei helfen sollen, wieder glatte Haut, neue Zähne und dunkle Haare zu bekommen.

Wer heute in einen Drogeriemarkt geht, muß davon Abschied nehmen, den Menschen früherer Jahrhunderte spöttisch-überlegen Aberglauben oder Naivität vorzuhalten, sind doch auf zahllosen Produkten und Präparaten so spektakuläre Verjüngungsversprechen aufgedruckt, daß sie mit denen anderer Epochen mühelos konkurrieren können. *Molton Brown* versieht seine Shampoos und Bademittel mit Adjektiven wie »energising«, »rejuvenating«, »invigorating«, »vitalising« oder »stress-relieving«, während *Aveda* ein »restructuring shampoo« im Programm hat; das Shower Gel von *Axe* verspricht »re-load« oder auch »anti-hangover«.

Eine andere, von mehreren Marken propagierte Losung lautet »time defense«. Es gibt demnach keine alten Menschen, sondern man unterscheidet sich höchstens darin, wie lang man bereits jung ist. Wer jedoch das scheinbar Unmögliche verspricht, muß sich auch mit großen Autoritäten verbünden, um nicht unglaubwürdig zu erscheinen. So treten gerade Kosmetik-Labels häufig sehr wissenschaftlich auf. Sie wollen den Eindruck vermitteln, neueste Forschung habe ungeahnte Fortschritte erzielt. Allein die Namen der Produkte wirken dann wie frisch aus dem Labor. So nennt *Nivea* eine Creme *Q10plus* und wirbt damit, daß sich darin das »hauteigene Q10« sowie ein »Anti-Falten Energy Depot« vereinen. Doch da beide Termini in der Werbung nicht weiter erklärt werden, geraten sie zu einer bloßen Imposanz-Geste.

Eine überzeugendere Inszenierung stammt von *Adidas*. Ein Shower Gel, dessen Behälter Elemente des Turnschuh-Designs aufnimmt und das mit »Energisant« und »body recharge« beschriftet ist, gibt sich auch sonst wie eine Batterie, mit deren Hilfe sich der Körper wieder aufladen läßt. So ist der Verschluß wie der Schalter eines technischen Geräts gestaltet und mit »on« und »off« markiert: Wenn man ›anschaltet‹, kommt das Gel aus der Flasche; der Energie- kreislauf ist in Bewegung gesetzt. Selbst das Sound-Design paßt dazu, da der Schalter beim Drehen knackt, was das Gefühl, eine Funktion auszulösen, nochmals verstärkt. Damit die Aufladmetaphorik paßt, muß der Nutzer sich oder seinen Körper jedoch wiederum ›verdinglichen‹. Noch deutlicher ist das bei einer Produktreihe von *Clinique*, die »repairwear« heißt. Dann erscheint der Mensch als eine Maschine, die nicht mehr gut läuft, aber gerichtet werden kann. So ernüchternd diese Vorstellung sein mag, so verführerisch ist sie zugleich, da sie den Konsumenten davon freispricht, irreversibel zu altern. Statt der Zeit unterworfen zu sein, kann man grundsätzlich immer wieder neu anfangen.

Die Kosmetik-Industrie stützt sich hierbei auf ein Weltbild, das seit der Romantik und zumal innerhalb der Kulturkritik verbreitet ist, aber auch vielen Geschichtsphilosophien des 19. und 20. Jahrhunderts zugrunde liegt. Werden dabei, je nach Standpunkt, Paradies, Antike oder Mittelalter als idealer Ursprung ver-

klärt, so konstatiert man für die Gegenwart dessen Verlust und
damit Entfremdung, Entartung und Defizienz. Für die Zukunft
aber stellt man eine Rückkehr zu jenem glücklichen Anfang in
Aussicht. In der Konsumgesellschaft ist die Jugend – die Virginität – der Ursprung, das Altern sein Verlust und die Kosmetik das
Mittel seiner Wiedergewinnung. Kulturkritik und Kosmetikwer-
bung sind somit gleichermaßen von der Idee einer Umkehr der
Zeit beherrscht: Falten im Gesicht können genauso verschwinden wie soziale Verwerfungen.

Werbung für Anti-Aging-Produkte macht die Hoffnung auf
eine Zeitumkehr besonders anschaulich. Ein Cremenapf von *Biotherm* etwa scheint von einem Energiefeld umgeben, das die Ver-
jüngungssubstanz um sich herum aufbaut. Sie wirkt als Schleu-
der, die alle Spuren des Alters ausscheidet, sieht aber auch wie
eine Spirale aus, in deren Strudel immer wieder von neuem Jugend und Frische zu erreichen sind. Solch surreale Effekte, die
mit digitalen Mitteln Eigenschaften wie Power und Jugendlichkeit ins Phantastische übertreiben, erfreuen sich seit einigen Jahren großer Beliebtheit. Dabei sprechen für den Surrealismus sogar zwei Gründe. Steigert er einerseits die Profilierung von
Produkten, fördert also, ähnlich wie Material für Reizwort-
geschichten, Phantasien, so enthebt er das Beworbene andererseits dem Risiko, auf einen Gebrauchswert reduziert und verpflichtet zu werden. Sollten trotz Anwendung der Creme nicht
alle Falten weggeschleudert werden, besteht dennoch kein Re-
greßanspruch, war es doch nur ein ›special effect‹, der solche Erwartungen überhaupt weckte.

Bei Produkten, die eine Verjüngungsleistung in Aussicht stellen, geht es aber nicht nur um die Suggestion, es lasse sich wieder
an einen Ort zurückkehren, an dem man bereits einmal war.
Noch verführerischer ist vielmehr die Vorstellung, daß die Zeit
nicht nur eine Richtung kennt. Dann darf man wünschen, es ließe sich ungeschehen machen, was unangenehme Folgen zeitigte.
Die Imagination von Paradiesen der Folgenlosigkeit treibt die

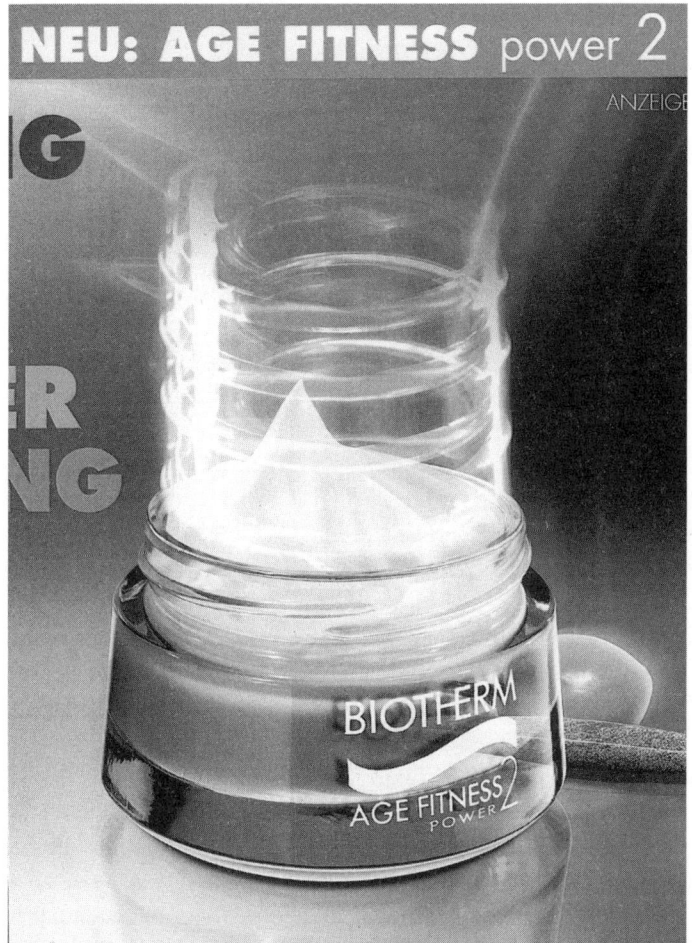

Biotherm: Werbeanzeige für Anti-Aging-Creme, 2005

heutige Konsumkultur also ebenfalls an. So will man beim Essen nicht mehr Nahrhaftes zu sich nehmen, sondern sucht ›Genuß ohne Reue‹. Entsprechend sind die Speisen auf den Verpackungen oder in Kochbüchern unscharf-überbelichtet abgebildet:

Statt Kalorien scheint man mit ihnen vor allem Leichtigkeit und gute Laune zu sich zu nehmen. Auch sonst lösen Unschärfen Gebrauchswerte in Stimmungen auf und fördern Träume, in denen es keine Grenzen und keine irreversiblen Folgen gibt.[23]

Sind die Grundbedürfnisse gedeckt, dient die Konsumkultur also einer Optimierung der Sorglosigkeit. Man sucht nach Angeboten, die einen Rausch ohne Kater versprechen, die ein Abenteuer in Aussicht stellen, aber gegen jedes Risiko versichern, die Spiritualität verheißen, aber ohne Kirche auskommen, die Sex erlauben, aber vor Schwangerschaft schützen. Etwas ist um so begehrter, je intensiver die Erlebnisse sind, die es gewährt, je weniger es dadurch aber schon etwas von der Zukunft vorwegnimmt oder sie gar determiniert. Selbst nach einem Höhepunkt alles noch vor sich zu haben, ist die Erwartung, die in einer hochentwickelten Konsumgesellschaft immer wieder geweckt wird. Die Sorge, in Event-Loops zu geraten, ist geringer als die Angst, etwas Irreversibles zu tun – und künftig dessen Folgen spüren zu müssen. Empfände man das Leben nicht grundsätzlich als positiv, gäbe es diesen Wunsch nach fortwährendem Neubeginn wohl kaum; dann wäre man froh, etwas erreicht und hinter sich gebracht zu haben.

Das Schweizer Uhren-Label *Rado* bewirbt ein Modell damit, sein Design sei von der Unendlichkeit (endlessness) der Spirale inspiriert: »always recurring, forever meaningful«. Dem Käufer wird also, noch direkter als von *Biotherm*, eine ewige Wiederkehr des Besonderen versprochen. Die Uhr soll nicht länger an die Vergänglichkeit erinnern und Vanitas-Symbol sein. Vielmehr gilt: Nichts ist endgültig vorbei, die Zeit ein beliebig formbarer Partner. Andere Uhren-Labels versuchen ebenfalls, negative Assoziationen des Zeitlichen durch Verheißungen von unbegrenzt-unbeschwerter Zukunft zu ersetzen. *Chopard* wirbt für eine Uhr mit dem Slogan »A look that spells adventure«; die Uhr selbst spiegelt sich in einer Unterlage aus fluider Substanz, dies die ikonographische Lösung für den Traum von einer Welt, die auch in Zukunft rein und beweglich sein wird.

Chopard-Werbeanzeige, 2003

Schließlich mündet der Wunsch, daß alles möglich und virgin bleibe, aber nicht nur in Wiederholungen des Folgenlosen; vielmehr begünstigen Verjüngungsphantasien auch eine Infantilisierung. Wer alles meidet, was die eigene Zukunft bereits prägen

Clinique: Werbeanzeige für Lippenstift, 2004

könnte, wird ungebunden und ohne Kinder leben und entweder viel sparen oder sein Geld für Produkte ausgeben, die Unschuld ausstrahlen. Er wird nicht stolz darauf sein, Verantwortung übernommen zu haben, sondern sich brüsten, ohne Verpflichtungen zu sein. Der vom Kapitalismus forcierte Wunsch, die Möglichkeiten zu vermehren, führt also zur Weigerung, erwachsen zu werden. Indem man sich zum Joker macht, droht man aber auch so läppisch zu werden wie die Figuren auf den entsprechenden Spielkarten. Da aber derjenige den Kapitalismus am besten repräsentiert, der noch am meisten vor sich hat, ist dieser in seinem Wesen selbst kindisch.

Die Ästhetik einer kapitalistischen Wohlstandsgesellschaft ist daher auch nicht nur virgin, sondern ebenso niedlich und verspielt, bunt und gut gelaunt. In der Kosmetik-Werbung wird etwa mit Cremes oder einem Lippenstift ›gemalt‹: Statt die Substanzen in ihrer Anwendung zu zeigen, werden sie lieber für lustvoll-zweckfreie Klecksereien verwendet oder einfach verschmiert. Zu sehen sind dann ebenso spontan wie locker wirkende Gebilde, nicht selten Paraphrasen abstrakter Malerei. So farbenfroh und flott, wie diese Bilder sind, sollen sie grenzenlose Freiheit ausdrücken. Zugleich wird einmal mehr eine ›Zweckmäßigkeit ohne Zweck‹ zelebriert und der Anschein von Formen entwickelt, die sich autonom entwickeln können: die weder von anderem behindert werden noch selbst begrenzend wirken.

In der Unverbindlichkeit des ›freien Spiels‹ aus Formen und Farben, diesem Credo der Folgenlosigkeit, löst sich alles in Wohlgefallen auf. Aber auch mit verwandten Effekten wird eine fließend-leichte Welt suggeriert. So zeigt man Pflegesubstanzen gerne in sanft mäandernden Schlieren und ins Schwerelose erhoben. Oft ist die Bewegung dann nicht flott und schleudernd, sondern erscheint in geheimnisvoller Zeitlupe und fortwährender Metamorphose. Man könnte glauben, der Stoff befinde sich zwischen den bekannten Aggregatszuständen, sei also für beliebig viel tauglich. Das stimuliert die Phantasie, die dem entsprechenden Artikel einmal mehr so große Variabilität zugesteht wie einem Joker. Allerdings paßt das Produktdesign oft nicht zu solch surrealer Verheißung. So ist die Flasche einer *Nivea*-Cremelotion, deren Inhalt elegant in Szene gesetzt wird, in Symmetrie erstarrt. Die Creme ist auf ihr als schwerer Tropfen abgebildet, der, statt sich nach oben zu entwinden, nach

Nivea: Werbeanzeige für Cremelotion (Ausschnitt), 2005

unten fällt. Von einer Umkehrung der irdisch-alltäglichen Verhältnisse ist hier also keine Rede mehr.

Bei anderen Produkten hingegen gehen die Designer konsequenter vor und passen die Gestalt den in der Werbung üblich gewordenen Effekten an. Sie geben angestammte Formen preis und präsentieren ihre Produkte unregelmäßig, nicht selten gänzlich asymmetrisch. Vor allem bei Parfums ist eine große Experimentierfreude zu beobachten, und mancher Flacon bricht mit der traditionellen Fläschchenform. Vielmehr soll eine extravagante Form Assoziationen auslösen, die dem jeweiligen Duft metaphorisch entsprechen. Aber ebenso bei Showergels und anderen Kosmetika halten Symmetriebrüche Einzug. Neben dem Ziel, Eye-Catcher zu designen und sich möglichst klar von anderen Anbietern abzuheben, wird auch hier der Wunsch einer fluiden Welt verfolgt, in der sich alles jederzeit ohne Mühe verwandeln kann. Nur was sich auf keinen Nenner bringen läßt, ist, so glaubt man, nicht langweilig und öffnet Raum für Phantasien.

Der Schutzheilige heutiger Marketingchefs, Werbegraphiker und Produktdesigner müßte also Ovid sein, der den Phänomenen der Verwandlung bekanntlich ein ganzes Epos, seine *Metamorphosen* (8 n. Chr.) widmete. Dessen Ouvertüre schildert die Entstehung der Welt aus dem Chaos, und imaginiert wird eine Dynamik, in der die Dinge ihre Formen noch fortwährend veränderten (»nulli sua forma manebat«) und auch gegensätzliche Qualitäten in sich banden: »In ein und dem nämlichen Körper/ Kämpften das Kalte und Warme, es rangen das Trockne und Feuchte, / Weiches stritt mit dem Harten ...« (»corpore in uno/ Frigida pugnabant calidis, umentia siccis, / Mollia cum duris ...«).[24] Erst später wurde alles stabiler, wobei sich die Götter sowie besonders begabte Menschen die Fähigkeit zur Verwandlung erhielten. Zeus oder Athene erschienen in immer wieder anderer Gestalt, und erst recht fiel es den Wassergottheiten leicht, die Wandlungsfähigkeit ihres Elements zu nutzen.

Die heutige Konsumkultur entwickelt zahllose Paraphrasen auf alte Mythen, und wer die Ikonographie zeitgenössischer Werbung betrachtet, wird entdecken, wie gerne gerade mit Elementen, die offene Formen bieten, gearbeitet wird. Schlieren und Spritzer, Strudel und Schäume bilden den Hinter- oder Untergrund, aber auch Wolken, Wellen und Tropfen werden wieder und wieder eingesetzt, um sowohl Dynamik als auch Reinheit zu signalisieren – um aber vor allem eine Aura von

Davidoff: Parfum-Werbeanzeige, 2002

Möglichkeit und damit Projektionsflächen für diverse Phantasien zu schaffen. Daß Wasser in seinen verschiedenen Aggregatszuständen ein so häufiges Sujet der Werbung ist, entspricht auch den Ergebnissen einer Untersuchung, wonach mit keinem anderen Motiv so stark die Vorstellung verbunden wird, man könne sein Leben von Grund auf erneuern.[25] Seit Cranach hat sich nicht viel geändert.

In vielen Anzeigen sieht man auch nicht nur edle Produkte, sondern ebenso Menschen von Wasser oder anderen fluiden Substanzen umgeben. Sie genießen das Abtauchen in die Spielarten eines Elements, das ihnen eine Reinigung von Determinationen verspricht: Sie können die Augen schließen, sich umspülen lassen und alles vergessen, was sie sonst bedrängt. Ihr lebenswirkliches Pendant besitzen solche Inszenierungen in der Wellness-Kultur. Auch sie organisiert sich wesentlich um Bade-Rituale herum und lebt vom Wasser in seinen verschiedenen Aggregatszuständen. Statt mit der Autorität hochentwickelter Wissenschaft zu agieren, setzt man hier jedoch auf die Magie der ›alten‹ Stoffe und Praktiken, wozu die oft fremdsprachigen und fernöstlichen Namen der Anwendungen zusätzlich beitragen. Mit dem soften Exotismus, den Ayuropa oder Qi Gong ausstrahlen, weckt man bei den Kunden das romantische Gefühl, sie könnten alles Westliche, Moderne, Alltägliche hinter sich lassen und in eine märchenähnliche, reine Welt, eine Art juvenaler Urheimat zurückkehren.

Wer sich nach verjüngender Fluidität sehnt, folgt aber auch einer Metapher, um seinen Wunsch nach einer maximalen ›Zweckmäßigkeit ohne Zweck‹ und damit letztlich nach viel Geld zu artikulieren: ›Flüssig zu sein‹ bedeutet, sich keine Einschränkungen auferlegen zu müssen, sondern – gerade dank seiner finanziellen Ressourcen – in Optionen baden zu können.[26] Auch an die *Chopard*-Werbung ist hier nochmals zu erinnern: Die Spiegelung der Uhr in fluider Substanz soll die Hoffnung nähren, man erwerbe mit der Uhr nicht nur ein Gerät zum Messen von Zeit, sondern ein Surplus an Möglichkeiten, erlebe die Gleichung ›Zeit = Geld‹ also in ihrer erfülltesten Form. Statt darauf hinzuweisen, wie spät es schon ist und was man alles verpaßt hat, läßt diese Uhr die Zeit als Reichtum erfahren, als gestaltbarflüssige Substanz, als schönstes Äquivalent zu dem Geld, das man dafür ausgeben muß.

Potenz

Daß fließend-unregelmäßige Formen als Stilmittel einer Ästhetik der Möglichkeiten neben Jugend ebenso Potenz verheißen, wird auch bei einigen Markenlogos ersichtlich. *Sony-Walkman* etwa abstrahierte so weitgehend von der Form des ›W‹, bis ein vermeintlich zufällig hingegossenes Gebilde entstand. Gerade weil Kontingenz für ein traditionell auf Fixierung und Wiedererkennbarkeit angelegtes Logo paradox ist, bleibt eine asymmetrische, amöbenhafte Form aber doch, weniger in den Details als in ihrem Charakter, im Gedächtnis. Auch wenn niemand das Logo genau nachzeichnen könnte (anders als das von geometrisch-symmetrisch repräsentierten Marken wie *Mercedes* oder *McDonald's*), ist sein Stimmungsgehalt einprägsam. Wie es sich von links nach rechts schlängelt und dabei immer voluminöser und stärker wird, scheint es auf dem Weg in eine noch imposantere Zukunft zu sein. Ob der einzelne

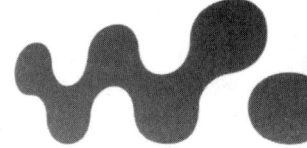

Logo Sony-Walkman

Fleck rechts im nächsten Schritt integriert wird oder ob sich andere Einzelteile aus der W-Form herauslösen, ist dabei unbestimmt.

Die Variabilität des Logos spiegelt aber vor allem den Charakter der Produkte: Ein Walkman, kombiniert mit einem MP3-Player, eröffnet unendliche Möglichkeiten. So läßt sich nicht nur jede Musik damit hören, sondern auch so viel speichern, daß die Lebenszeit nicht genügt, um alles abzuspielen. Für den Soziologen Richard Sennett liegt der »phänomenale kommerzielle Reiz« solcher Geräte darin, daß sie »mehr biete[n], als man jemals nutzen kann«. Doch entsteht bei den Konsumenten deshalb nicht das Gefühl, sie müßten Geld für etwas ausgeben, das sie gar nicht brauchen; vielmehr sind sie froh, daß die Optionen nie versiegen werden. Die allgemeinen Fähigkeiten des Geräts sind ihnen vielleicht sogar wichtiger als der Gebrauchswert, den es für sie besitzt. Damit werden sie, so Sennett, zu »Potenz-Konsumenten«, die »eine Erweiterung ihrer Möglichkeiten« kaufen. Die »überragende Potenz« fungiere dann, wie auch bei Computern, als »gigantische Prothese«.[27] Oder in den Worten von Norbert Bolz: »Je moderner ein Produkt, desto unausgeschöpfter sein Potential, desto virtueller die Befriedigung, die es gewährt.«[28]

Die »negative Protzerei«, die Günter Anders ein Vierteljahrhundert vor Sennetts Bemerkungen konstatierte, ist mittlerweile also noch dominanter geworden. Dabei wäre ein ›physiognomisch‹ sprechendes Aussehen heute oft gar nicht mehr möglich, was auch den Vorwurf einer Verbergung des ›wahren‹ Charakters der jeweiligen Geräte ins Leere laufen läßt: Wie sollte ein Walkman oder iPod gestaltet sein, damit ihm seine Potentiale anzusehen wären? Tatsächlich sind die Hersteller in gewisser Verlegenheit, wie sie ein Produkt, das primär aus Möglichkeiten besteht, designen sollen. Haben sie einerseits große gestalterische Freiheiten, wollen sie andererseits keine Zielgruppen verprellen, was jedoch passiert, sobald das Design zu flippig, zu konventionell oder zu ausgefallen ist.

Gerne orientiert man sich dann am Design anderer Produkttypen, nicht zuletzt um die symbolischen Werte abzurufen, die damit verbunden sind. So sieht das Modell eines MP3-Walkman, das *Sony* 2005 auf den Markt brachte, wie ein Feuerzeug aus und erinnert ferner an das Design eines (allerdings herkömmlichen) Parfum-Flacons. Beide Assoziationen eignen sich dazu, den Potenz-Charakter des Geräts zu versinnbildlichen. Immerhin enthält ein Feuerzeug Energien, mit denen sich ungeahnte Kräfte anfachen lassen; seine klein-harmlose Gestalt verrät nicht, was damit alles passieren kann. Insofern ist ein Feuerzeug sogar Inbild eines Produkts der Möglichkeiten. Mit einem Flacon aber verbindet einen MP3-Walkman die Fähigkeit, blitzartig und unerwartet Atmosphären zu ändern: Die Wahl einer bestimmten Musik kann die Stimmung genauso wie ein Duft verwandeln.

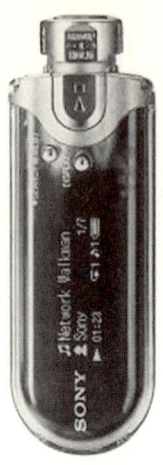

Wer auf solche Design-Metaphern verzichtet, begibt sich hingegen in die Gefahr, daß die Suggestion einer Allroundnützlichkeit unverbindlich wirkt und die Konsumenten keine Phantasien damit verbinden können. Ein Beispiel dafür war *Gizmondo*, eine Kombination von Handy, Spielkonsole, Navigationssystem, Kamera und Fernseher, im Jahr 2005 mit dem Slogan »I can do anything« auf den Markt gebracht. Das Design erinnerte an einen schlechten Science-Fiction-Film, bei dem die Technik-Ausstatter zwar

Sony: Network-Walkman, 2005

geheimnisvoll eine Multifunktionalität zelebrieren, der Interessent jedoch nur hilflos rätseln kann, wozu die Knöpfe und Schalter im einzelnen dienen. Liefert das Design nicht zumindest ein paar konkrete Assoziationen, droht aus einem Alles ein Nichts, der Apparat also sinnlos zu werden. Entsprechend war *Gizmondo* bereits wenige Monate nach der Markteinführung pleite.

Gizmondo, 2005

Sofern das Design keine metaphorische Qualität besitzt, können alternativ zumindest Namen oder Elemente der Verpackung Assoziationen zu anderen Bereichen stiften und dazu beitragen, daß eine Eigenschaft eines Produkts repräsentiert oder dieses mit symbolischem Mehrwert versehen wird. So geben sich Duschpflege-Serien seit einiger Zeit gerne als Joghurt-Varianten oder wie Vitamin-Produkte.[29] Das verspricht eine intensive Kraftentfaltung, wirkt das Mittel doch offenbar nicht nur äußerlich, sondern dringt in den Körper wie eine Nahrung ein. Wer nicht bereits über Konsumerfahrungen verfügt, könnte aufgrund der Beschreibung sogar unsicher werden, wann etwas eßbar ist und wann es nur mit dem Verführungspotential wohlschmeckender und gesunder Speisen spielt. Doch geht es bei einem solchen Crossover-Design nicht bloß um Inkorporationssuggestionen sowie eine raffinierte Addition positiver Charaktermerkmale; vielmehr steht dahinter wiederum der Wunsch, Produkte sollten besonders potent, phantasieanregend grenzüberschreitend, fließend in ihren Funktionen und Fähigkeiten sein.

Statt nur viele und breit gestreute Eigenschaften anzuhäufen, verfallen Werber aber auch auf den Trick, einem Produkt ausdrücklich entgegengesetzte Qualitäten zu attestieren. Damit wollen sie die Logik des Alltags durch Magie ersetzen, jede eindeutige Festlegung aufheben und keine Projektion ausschließen. Schon Roland Barthes hatte in solchen Paradoxien, wonach ein Kleidungsstück »sanft und stolz, streng und zärtlich, korrekt und lässig« sein soll, eine »Sehnsucht«, nämlich den »Traum von Totalität« erkannt, »dem zufolge jedes menschliche Wesen alles zugleich sein könnte und nicht zu wählen, das heißt keinen einzigen Charakterzug von sich zu weisen brauchte«.[30] In jeder Paradoxie scheint somit eine Omnipotenzphantasie auf.

In seinem 2002 erschienenen Roman *Der letzte Schrei* (*The Savage Girl*), der im Milieu der Trendforschung spielt, beschreibt Alex Shakar diese Marketingstrategie ausführlich und prägte sogar einen eigenen Begriff dafür. So bezeichnet er jenes Sowohl-als-Auch als »Paradessenz« – als paradoxe Essenz – und schreibt etwa über Kaffee: »Die Paradessenz von Kaffee lautet Anregung und Entspannung. Jede erfolgreiche Anzeigenkampagne für Kaffee wird (...) diese beiden einander ausschließenden Zustände zugleich versprechen.«[31] Als Paradessenz des Tourismus nennt Shakar Abenteuer und Erholung, als die von Turnschuhen Bodenhaftung und die Möglichkeit, Luftsprünge zu machen. Aber auch beim Image-Styling von Stars werden oft systematisch einander widersprechende Eigenschaften zusammengeführt. So vereint David Beckham den robust-coolen Sportler und sensiblen Familienvater in sich.

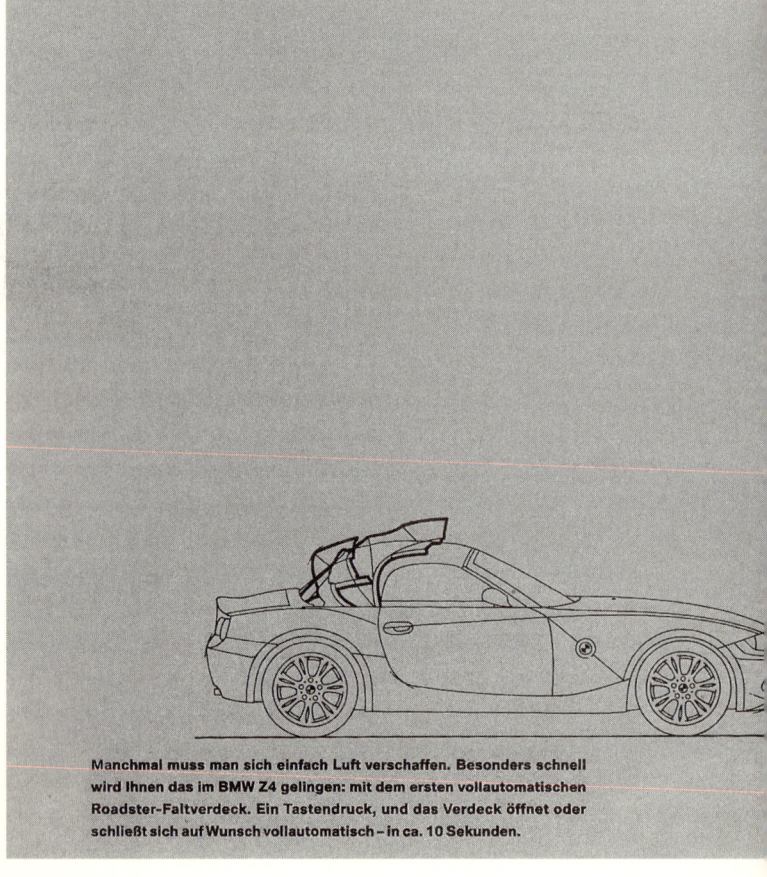

Manchmal muss man sich einfach Luft verschaffen. Besonders schnell wird Ihnen das im BMW Z4 gelingen: mit dem ersten vollautomatischen Roadster-Faltverdeck. Ein Tastendruck, und das Verdeck öffnet oder schließt sich auf Wunsch vollautomatisch – in ca. 10 Sekunden.

In Produkt-Prospekten zumal etwas edlerer Marken braucht man nicht lange zu suchen, bis man auf das erste Sowohl-als-Auch stößt. So beschwört etwa *BMW* begleitend zu einem Foto, das einen Wolkenhimmel mit »gewaltigen Himmelsszenarien« zeigt, gleichermaßen Sommerhitze und Gewitter. Das Auto, so die Botschaft, paßt zu allen Wetterlagen – aber nicht nur das: Mit ihm wird überhaupt erst ein Kontrast an Erlebnissen möglich. In das Wolkenbild kann jeder die Situationen hineinträumen, denen er gerne einmal ausgesetzt wäre. Die gemütliche Fahrt ins Blaue – mit Freundin oder Familie – ist genauso denkbar wie die Abenteuerreise mit dem Jugendfreund; die Idee einer Spritztour läßt sich ebenso mit dem Foto in Verbindung bringen wie der Wunsch nach einer Urlaubsreise, die ans Ende der Welt führt. Schließlich kann man sogar etwas Geheimnisvolles darin finden: Sonnenstrahlen, die durch die Wolken stoßen, wecken spirituelle Assoziationen, was durch einen metallic-silbernen Streifen bestärkt wird, den das Wolkenfoto auf der rechten Seite begrenzt; auch die Grafik links davon ist auf metallic-silbernem Grund plaziert. Himmel und Auto werden so zum parasakralen Diptychon. Das Wolkenbild gerät zum atmosphärischen Verstärker des Fahrzeugs, zum allverheißen-

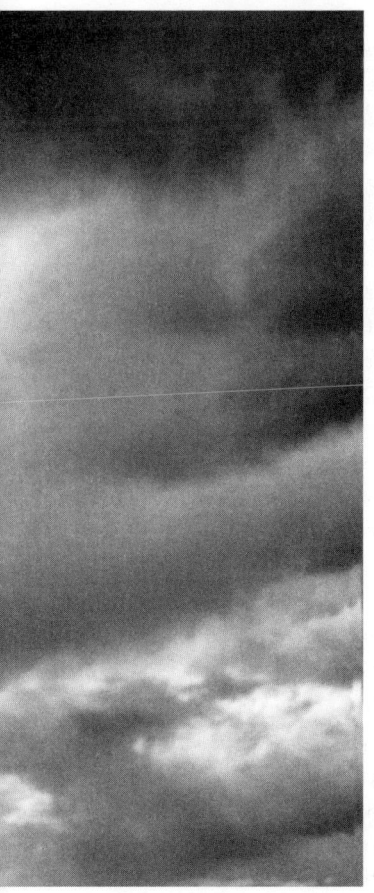

BMW: Produktkatalog für Z 4, 2004

den Markendouble, das, in Paraphrase des Slogans von Konkurrent *Toyota*, wieder einmal verspricht: Alles ist möglich.

Auch Schmuck wird gerne vor wabernden Hintergründen
und mit bühnenartigen Lichteffekten präsentiert. Statt in ein
konretes Ambiente setzt man einen Ring oder Armreif lieber in
einen indefiniten Schlierenraum. Er darf sich spiegeln, ohne
deshalb jedoch eindeutig auf einem Glastisch oder vor einem
Spiegel zu liegen. Formoffen-fluide Atmosphären betonen die
Eignung des Schmucks als Kapitalanlage. Sie suggerieren, daß
man damit ähnlich flexibel ist wie mit Geld, das Ideal einer
›Zweckmäßigkeit ohne Zweck‹ also nicht preiszugeben
braucht. Wer Schmuck kauft, darf sein Vermögen – so die ge-
wünschte Botschaft – behalten: Es ändert nur seine Repräsen-
tanz, ist nicht mehr eine abstrakte Ziffer auf einem Konto, sondern funkelt oder glänzt, hat also noch einen ästhetischen Wert
hinzubekommen.

Neben dem Schmuck verspricht die Kunst ähnliche Jokerqua-
litäten wie Geld. Sie ist auch der einzige Bereich, der seit rund
zweihundert Jahren nicht mehr über einen Gebrauchswert, sondern ausdrücklich als ›Zweckmäßigkeit ohne Zweck‹ bestimmt
wird. In kunstphilosophischen Texten finden sich seit dem späten 18. Jahrhundert bevorzugt Adjektive wie ›unerschöpflich‹,
›vieldeutig‹ und ›unergründlich‹, um die besonderen Eigenschaften der Kunst – ihre Indeterminiertheit – zu beschreiben. Sie
wird zu etwas Unendlichem aufgeladen, das – in den Worten
Friedrich Schillers – so verfaßt sei, »daß verschiedene Menschen
(…), ja, daß derselbe Mensch in verschiedenen Zeiten von derselben Sache ganz verschieden gerührt werden kann«.[32]

Dieselbe Anpassungsfähigkeit wünschen sich heute viele Hersteller für ihre Produkte. Grant McCracken bezeichnete es sogar
als zentrale Herausforderung für das Marketing, daß ein Produkt für verschiedene Zielgruppen jeweils etwas anderes bedeuten kann (»How can a product mean several things to several
segments?«).[33] Weitete sich ein Markenartikel ebenso zu einem

Cartier: Werbeanzeige für Armband, 2004

Joker wie das Kunstwerk in den Darstellungen idealistischer Autonomietheoretiker, dann bräuchten Marketingmanager nicht länger die Sorge haben, den Konsumenten könnte ihr Geld mehr Potenz verleihen als das, was sich dafür kaufen läßt. Und sie dürften sich darüber freuen, daß sie mit einem Produkt ganz unterschiedliche Interessen zu befriedigen vermögen. Zudem könnten sie guten Mutes sein, daß ihre Produkte den Konsumenten zur Selbstentfaltung verhelfen, hatte Schiller doch auch schon behauptet, ein Kunstwerk erlaube es jedem, »aus sich selbst zu machen, was er will«.[34]

Er begründete dies damit, daß die Schönheit eine »schmelzende« und eine »energische« Dimension besitzt, den Rezipienten also einerseits entspannt und von Einseitigkeiten befreit, ihn aber zugleich wieder auflädt.[35] Die Eigenschaftsideale heutigen Marketings finden sich somit bereits im späten 18. Jahrhundert und werden zudem in derselben Paradessenz formuliert, die mittlerweile zur Beschreibung von Kaffee (und anderen Artikeln) dient. 1817 steht in einem Lexikon schon die Definition, daß in den schönen Künsten »die höchste Ruhe und Bewegung sich verbinden, und alle streitenden Gegensätze vereinen«.[36] Die Kunst läßt sich daher als Prototyp und idealer Repräsentant aller Güter begreifen, die ›zweckmäßig ohne Zweck‹ sein sollen, ihren Besitzern ein Maximum an Möglichkeiten verheißen und zudem verschiedenen Menschen jeweils andere Bedürfnisse erfüllen. In der Kunst hat sich erstmals die Ästhetik des Kapitalismus ausgebildet, die mittlerweile die gesamte Konsumkultur bestimmt.[37]

Kritiker der Konsumkultur mögen dagegen einwenden, daß Kunst aber ›wirklich‹ geheimnisvoll und unerschöpflich sei, Markenprodukte hingegen nur Fakes, ja Metaphysik-Kulissen ohne Substanz darstellten. Doch übersehen sie dabei, daß Kunst nur deshalb echter wirkt, weil sie schon etliche Generationen länger als Heilsinstanz fungiert als selbst die ältesten und renommiertesten Markenartikel. Außerdem besitzt sie einen Glaubwürdigkeitsvorsprung, weil nicht nur eine Marketingabteilung und Werbeagentur für das Image verantwortlich zeichnet, sondern ganze Heerscharen von Philosophen, Kunsterziehern und Galeristen am Eigenschaftsprofil der Kunst mitgearbeitet haben, nachdem diese erst einmal besondere Aufmerksamkeit erfahren hatte. Dennoch ist das Bild, das dadurch entstanden ist, genauso von Sehnsüchten und oft auch kommerziellen Interessen geleitet wie das Image einer edlen Marke.

Sobald sich die Markenkultur weiter etabliert hat und es etwa auch selbstverständlich geworden ist, daß Schriftsteller oder Kulturphilosophen – ohne Marketingauftrag – so über einzelne Markenerlebnisse schreiben, wie sie ehedem über Kunsterlebnisse schrieben, wird die Nähe zwischen beidem offensichtlicher werden und ihr Eingeständnis auch nicht mehr provokant anmuten. Dann wird es vermutlich sogar als der größte Erfolg der Kunst in der Moderne angesehen werden, das Modell einer Warenästhetik und eines ›Corporate Design‹ entwickelt zu haben, das einer kapitalistischen Marktwirtschaft den Fortbestand garantiert, selbst wenn alle Grundbedürfnisse längst befriedigt sind und statt Gebrauchswerten lieber Fiktionen und Optionen konsumiert werden.

Ein nüchterner Rückblick auf die Kunst der Moderne wird auch erkennen lassen, daß man sich in ihr zum Teil derselben Effekte bediente wie später in der Werbung. Schon die Erfolge der Landschaftsmalerei im 19. Jahrhundert waren einem Bedürfnis nach Projektionsflächen geschuldet: Weite Himmel, Meereswellen, zerklüftete Bergrücken – das waren Sujets, in die sich jeder Rezipient hineinträumen konnte. Die *BMW*-Werbung ist seit Turner und Blechen vielfach vorweggenommen, mit dem einzigen Unterschied, daß der einstige Rezipient von vornherein wußte, nur träumen zu können, während der Konsument die fixe Idee nicht los wird, das Geträumte durch einen Kaufakt doch Realität werden lassen zu dürfen.

In anderen Richtungen moderner Kunst drücken sich ebenfalls Wünsche aus, die für die heutige Konsumgesellschaft relevant sind. Die Karriere der Abstraktion verdankt sich etwa der Erwartung, dort würden schöpferische Energien besonders präsent, ja es würden nicht nur vorhandene Dinge abgemalt, sondern kreativ neue Formwelten entwickelt. Grelle Farbakkorde, aber erst recht gestische Pinselstriche und große Formate vermitteln den Eindruck gebündelter Kraft. Dabei bleibt völlig offen, wofür diese aufgewendet wird. Der Betrachter darf deshalb die Hoffnung hegen, er könne sie für seine eigenen Zwecke nutzen, sie sich aneignen und damit seinerseits kreativ werden.

Scheinbar heterogene Motive und Effekte der Waren- und Werbeästhetik hängen also eng miteinander zusammen. Komfort, Virginität, Zeitumkehr und Potenz entspringen alle dem Wunsch einer doppelten Erlösung, nämlich danach, daß das Individuum seine Beschränktheit hinter sich läßt, weil es Dinge besitzt, die ihm die Überwindung des Endlichen bereits vorgemacht haben. Daß die Menschen ein Habenwollen kultivieren, das in einer jokerhaften ›Zweckmäßigkeit ohne Zweck‹ aufgeht, wird in einer späteren Zeit vielleicht einmal als Charakteristikum der ersten hochentwickelten Konsumgesellschaft angesehen werden. Sollte man dann analysieren, wie es gelang, solche Dinge herzustellen und ein derartiges Habenwollen zu provozieren, wird man aber auch die große Bedeutung der Wissenschaften erkennen, die für die Epoche ebenso prägend sind wie Individualismus und Kapitalismus. Um ihre Rolle innerhalb der Konsumkultur geht es im nächsten Kapitel.

Wissenschaftliche Grundlagen
der Konsumkultur

Schattenwissenschaft

Der Kalte Krieg brachte einen eigenen Farbkreis hervor. In seiner östlichen Hälfte waren die gedeckten, erdnahen Töne angeordnet, viele Nuancen von Grau, Braun, Beige, Ocker; im Westteil hingegen dominierten reine und grelle Farben: Rot-, Gelb-, Pink- und Blautöne. Wer damals oder auch noch in den ersten Jahren nach Öffnung des Eisernen Vorhangs über die Systemgrenze fuhr, nahm wohl kaum etwas so stark wahr wie die jeweils andere Farbigkeit. Es schien, als blühten selbst die Blumen im Westen etwas bunter als im Osten, dessen Landschaften sich dafür in den dezenten Farben Cézannes darboten. Neben den Farben waren es, auf den zweiten Blick, ebenso Materialeigenschaften und Designs, die sich erheblich unterschieden und einmal überraschend, strahlend, leicht, auf der anderen Seite bieder und pragmatisch waren. Man hätte sogar spekulieren können, ob hier nicht der uralte, mythische Dualismus von Himmel und Erde neu in Szene gesetzt wurde, der westliche Materialismus sich also geschmeidig und schwerelos ins Ideelle und Ewig-Junge erhob, während der östliche nie den Boden des Gebrauchswerts verließ.

Jedenfalls wurde wohl nie zuvor so markant erfahrbar, daß Wirtschaftssysteme Auswirkungen auf die Ästhetik besitzen. Zwar hatte auch der Sozialismus aufgrund seines teleologischen Geschichtsbilds den Anspruch, sich »jener Zeit zu nähern, in der der Mensch (...) beginnt, seine Umwelt nach den Gesetzen der Schönheit zu gestalten« – so der Staatsrat der DDR in den späten 1960er Jahren[1] –, doch kam man dabei offensichtlich nicht so gut voran wie der Westen mit seiner Wettbewerbswirtschaft. Die marktorientierte Ästhetik entfaltete schließlich eine so starke Verführungskraft, daß die Menschen im Osten ungeduldig wurden. Die Verheißungen eines kommunistischen Glückszustands nach dem Ende der Geschichte waren für sie zu abstrakt und fern gegenüber den Verheißungen der von Marktwirtschaft durchtrainierten Produkte, die in Perfektion erstrahlten und alle Zukunft vor sich zu haben schienen. Der Sieg des westlichen Systems war, wie nicht nur der Philosoph Gernot Böhme mutmaßte, »auch ein Sieg des Designs«: »Wo es um Motivationen, Wünsche und Begehrlichkeiten geht, zählt nicht an erster Stelle, was der Kapitalismus leistet, sondern welchen Glanz er verbreitet.«[2]

Diesen Glanz zu erzeugen, die eigenen Waren also anzupreisen und ästhetisch aufzumotzen, ist in einer Konkurrenzwirtschaft das oberste Gebot. Nur ein Produkt, das in der Überfülle von Warenhausregalen und Werbeprospekten auffällt und seine kurze Chance dazu nutzt, als Erfüllung eines Wunschs zu erscheinen, wird auch Markterfolg haben können. Wenn jedoch alle Hersteller auf die Warenästhetik setzen und um Aufmerksamkeit buhlen, sind immer wieder neue und noch bessere Strategien gefordert, um nicht doch unterzugehen. So entsteht das Bedürfnis, die Konsumenten und ihr Verhalten genauer kennenzulernen: Was könnten sie noch brauchen? Wann sind sie bereit, Geld auszugeben? Welche Motive verleiten sie zu einem Kauf?

Der Produktion und dem Handel gehen seit einigen Jahrzehnten also Forschung und Wissenschaft voraus. Ohne Übertreibung läßt sich feststellen, daß heute sogar weniger in den Universitäten als in den Unternehmen interdisziplinär agiert wird. Dabei herrscht ein Methodenpluralismus, der selbst Wissenschaftstheoretiker vom Schlage Paul Feyerabends überraschen müßte: Natur-, Sozial- und Geisteswissenschaften werden gleichermaßen zu Rate gezogen, wenn es darum geht, Absatzchancen zu erhöhen und Konsumgüter auf eine Zielgruppe oder einen bestimmten Kontext zuzuschneiden. Sie geben Nahrungsmittelherstellern, Automobilkonzernen, Kosmetikfirmen und Computerbauern Antworten darauf, wann man mit Formen des Kindchenschemas operieren kann, in welchen Fällen eher ein minimalistisch-unterkühltes Design ankommt und wo sich mit einem Retro-Look punkten läßt. Welche Assoziationen einzelne Farben oder Fakturen, Sounds oder Gerüche auslösen, wie ein Material oder ein Produktname konnotiert ist – das und vieles mehr wird fortwährend und von diversen Disziplinen untersucht.

Die Konsumgesellschaft ist damit zu einem wichtigen Motor der Erforschung des Menschen geworden. Marktforschung ist die neue Version der Anthropologie. Als Wilhelm Vershofen, der Gründer der *Gesellschaft für Konsumforschung*, dies am Ende der 1950er Jahre als mutmaßlich erster behauptete, mochte es noch mehr Wunsch als Wirklichkeit gewesen sein.[3] So machte man sich in der Marktforschung anfänglich nämlich nur Ergebnisse der Wissenschaften zunutze oder übertrug einzelne Methoden auf die eigenen Interessen. Mittlerweile jedoch sind die Aufgaben und Ziele der Marktforscher ihrerseits zu einer Triebfeder neuer Ansätze und Techniken geworden: Was zuerst zum besseren Verständnis des Kaufverhaltens entwickelt wurde, setzt auch für andere Bereiche Standards. Zum Beispiel lieferten Diskussionsrunden, in denen Probanden von Psychologen zu ihren Erfahrungen mit einem Produkt oder einem Warentyp befragt wurden, grundlegende Erkenntnisse über gruppendynamische Prozesse. Mittlerweile setzt man diese Erkenntnisse ebenso in der Pädagogik, bei der Planung von Talkshows oder für das Training von Führungskräften ein.[4]

Wer eigens untersucht, was verschiedene Kunden ›wirklich‹ wollen, welchen Leitbildern sie folgen oder was sie emotional am meisten bewegt, wird schließlich auch eher Produkte anbieten, die nicht nur gerne gekauft werden, sondern zu denen sich eine enge, geradezu intime Beziehung aufbauen läßt. Es folgt also aus dem seit mehreren Generationen kumulierten Wissen über das Denken, Fühlen und Wünschen der Konsumenten, wenn viele Dinge heute stimulieren und zur Identitätsbildung sowie zu Fiktionalisierungen beitragen.

Ohne Aufrüstung der Marktforschung hätte sich die Dingwelt viel geringer verändert; die Bemühungen wären mutmaßlich auf Gebrauchswertsteigerungen oder Effizienzzuwächse bei der Produktion, also auf attraktivere Preis-Leistungs-Verhältnisse konzentriert geblieben. So aber gibt es kaum eine Produktklasse, die nicht zumindest in ihrem Image, oft aber auch in Design und Eigenschaftsprofil gleichsam neu erfunden wurde. Nur wenige Waren – etwa Herrensocken oder Glühbirnen – sind über Jahrzehnte hinweg (weitgehend) gleichgeblieben, wobei nicht auszuschließen ist, daß Markenlabels auch noch die letzten Bekleidungsstücke entdecken, um sie mit symbolischem Mehrwert zu versehen, oder daß selbst monofunktionale und zudem genormte Alltagsgegenstände auf einmal eine zusätzliche Bedeutung erhalten. Wer hätte vor dreißig Jahren vorhergesehen, welche Ausdifferenzierung Kaffeemaschinen oder Turnschuhe erfahren würden und daß Küchenmesser oder T-Shirts einmal über ihren Gebrauchswert hinaus wichtig werden?

Die Methoden der Markt- und Konsumentenforschung sind vielfältig und gehorchen wechselnden Moden. Findige Institute und – selbsternannte – Berater kommen alle paar Jahre mit neuen und vermeintlich unschlagbar guten Konzepten; den Verantwortlichen in den Firmen werden in Büchern, Expertisen und Newslettern fortwährend Techniken offeriert, mit denen sie den Erfolg ihrer Produkte vorab testen oder nachträglich verbessern können. Wer nicht viel Erfahrung oder zumindest ein wenig Ahnung von Wissenschaftstheorie besitzt, wird sich schwer tun, seriöse von schlechter fundierten Anbietern zu unterscheiden. Letztere finden allein deshalb immer wieder Opfer, weil auf dem Feld der Marktforschung wenig Transparenz besteht. Daran aber sind die Unternehmen zum größten Teil selbst schuld. Da sie das

Wissen, das sie über Konsumenten zusammentragen, zur Wahrung ihres erhofften Vorsprungs exklusiv nutzen wollen, geben sie oft nicht einmal preis, mit welchen Partnern – und Methoden – sie arbeiten. Flops werden also ebensowenig wie besonders gute Ergebnisse bekannt, so daß sich schlechtere Anbieter, im Unterschied zu vielen anderen Märkten, oft lange halten können.

Die Geheimhaltungspolitik, die dem Geist aufgeklärter Wissenschaft widerspricht, in der jeder von den Fortschritten anderer profitieren und zugleich deren Ergebnisse überprüfen sollte, macht auch Aussagen darüber schwer, in welchem Umfang sich Unternehmen einzelner Techniken bedienen. Erst recht herrscht bei allen Beteiligten – bei Unternehmen genauso wie bei externen Instituten und Beratern – Stillschweigen darüber, welche konkreten Konsequenzen ein Forschungsergebnis für eine Produktentwicklung, ein Image-Relaunch oder eine Werbekampagne hatte. Beispiele werden meist nur anonymisiert und allgemein veröffentlicht, oder sie kursieren anekdotenhaft verkürzt und nicht nachprüfbar in Publikationen, die sich der Schattenwissenschaft im Dienst der Wirtschaft widmen.

So heißt es in einem US-amerikanischen Lehrbuch über *Consumer Behavior*, »basierend auf seinen Ergebnissen« (»based on his findings«) habe der Psychologe Ernest Dichter, einer der Begründer der Motivforschung, in den 1950er Jahren *ESSO* den Slogan »Pack den Tiger in den Tank!« (»Put a Tiger in Your Tank!«) vorgeschlagen, assoziierten viele Menschen doch in den Tiefen ihres Bewußtseins mit Automobilen vor allem Kraft (»power«).[5] Weder aber wird erklärt, worin genau die Ergebnisse bestanden, noch gibt das Lehrbuch – obwohl an Methodendarstellung interessiert – Auskunft darüber, wie sie erzielt wurden und welcher Art die Zusammenarbeit zwischen Dichter und *ESSO* war. Konsultiert man weitere Literatur, findet man keinen Hinweis mehr auf den Psychologen, sondern die Heldengeschichte eines jungen Texters der Agentur *McCann-Erickson*, der den Slogan 1959 innerhalb weniger Minuten ersonnen haben soll.[6] Doch mußte er offenbar gar nicht so kreativ sein, da der Tiger – so eine wieder andere Quelle – bereits seit den 1920er Jahren als Markenfigur in der *ESSO*-Werbung aufgetaucht war.[7]

Ähnlich verwirrend und vage bleiben auch andere Fälle. Wendet man sich an die Unternehmen selbst, bleiben die Anfragen entweder unbeantwortet oder provozieren nur weitere Varianten einer Vernebelungstaktik. Mails werden so lange weitergeleitet, bis sich niemand mehr dafür zuständig fühlt. Und interviewt man Personen, die als Hochschullehrer oder Freiberufler wissenschaftlich für Firmen arbeiten, gehört der Verweis auf ihre Schweigepflicht zu den festen Ritualen. Wer selbst im Dienst von Unternehmen tätig war, weiß, daß entsprechende Vereinbarungen zu unterschreiben sind. In extremen Fällen wird sogar geprüft, ob der Berater nicht über Fähigkeiten wie ein fotografisches Gedächtnis verfügt: Immerhin bestünde die Gefahr, daß geheimgehaltene Designstudien vorzeitig bekannt würden.

Die vielen Geheimnisse sind aber nicht nur Ausdruck einer Konkurrenzangst, sondern ebenso Teil der Auratisierung der gesamten Konsumwelt. In Branchen wie der Automobilindustrie wird das Versteckspiel mit neuen Modellen eigens zelebriert, um die Neugier zu steigern und die Phantasien anzuheizen. Und selbst wenn Designer mittlerweile teilweise Star-Status besitzen, gehört es zu den Usancen der Vermarktung, die Herkunft der Produkte – die Prozesse ihrer Genese – möglichst im Dunkeln zu lassen. Damit der Konsument das ihm Präsentierte als perfekt erfährt, darf nicht offensichtlich werden, was alles dazu beigetragen hat: Es könnte dann zu zufällig oder auch nach zu viel Arbeit aussehen. Statt die Konsumenten darüber staunen zu lassen, wie viele Kompetenzen zusammenwirken mußten, bis ein Produkt Serienreife erzielte, faszinieren die Hersteller also lieber mit Unnahbarkeit.

Von der Soziologie zur Psychologie

Am ehesten erfährt eine breitere Öffentlichkeit auf den Zeitungs-
seiten mit vermischten Meldungen oder in Lifestyle-Magazinen
ein wenig von den Forschungen, die den Konsumenten und ihren
Gewohnheiten gelten. Doch sind dort nicht etwa analytische oder
gar investigative Berichte zu finden; vielmehr werden die Ergebnisse von Umfragen, Studien oder Experimenten als Stoff für Par-
ty-Smalltalk aufbereitet. »*Citroën*-Fahrer wählen vorwiegend
SPD« heißt es dann etwa, und weiter wird mitgeteilt, daß *Fiat*-,
Nissan- oder *Opel*-Kunden eher links orientiert sind, *Mercedes*-,
Audi-, *Toyota*- und *BMW*-Fahrer hingegen rechts. Wer *Peugeot*
oder *Renault* den Vorzug gibt, unterstützt offenbar signifikant
häufig *Die Grünen*, ein *Skoda*-Besitzer hingegen macht über-
durchschnittlich oft bei der *FDP* sein Kreuz.[8] Bezöge man solche
Ergebnisse auf anderswo veröffentlichte Untersuchungen, käme
man darauf, daß die *FDP* viele Anhänger unter den im Zeichen
der Jungfrau Geborenen haben dürfte, ist für diese doch angeblich ein *Skoda* das passendste Auto. Schützen oder Fische könnten
hingegen, wegen ihrer Sympathien für *Renault*, häufiger zu den
Grünen tendieren.[9] Zugleich jedoch sind *Renault*-Fahrer, so will
es eine wiederum andere Studie wissen, weniger leistungsfähig
und durchsetzungsstark als etwa Kunden von *BMW* oder *Audi*
(eine Marke, die bei Widdern gut ankommt).[10]

Die Erforschung eines Zusammenhangs zwischen Charakter-
merkmalen und dem Fahren bestimmter Automarken dient
aber nur scheinbar der Unterhaltung; vielmehr wurde die letztgenannte Studie an der Fakultät für Psychologie der Ruhr-Uni-
versität Bochum erarbeitet. Wie andere Psychologen ihren Probanden aufgrund einer Deutung von Farbklecksen Diagnosen
stellen, werden hier also Konsumentscheidungen als Spiegel des
Persönlichkeitsbilds interpretiert. Leitend ist dabei die Prämisse,
daß »Verbraucher (…) die Marken bevorzugen, die in ihrem

Ausdruck oder Image konsistent mit ihrem Selbstkonzept sind«. Markenartikel werden ausdrücklich als »zweites Gesicht des Selbst« aufgefaßt, »da man an ihnen das Bild, das eine Person von sich hat, ablesen kann«.[11]

Hätte man früher nur aus dem höheren Preis eines *Mercedes* geschlossen, daß seine Käufer wohlhabender und daher im Durchschnitt leistungsfähiger sind als die Käufer preiswerterer Modelle, ja hätte man das Auto hier primär als Statussymbol interpretiert und daraus indirekt Folgerungen auf einen Persönlichkeitstyp gezogen, unterstellt man heute eine engere und direkte Beziehung. Da Markenimages (wie erläutert[12]) in Analogie zu Personen entwickelt werden, ordnen Konsumenten ihnen auch mühelos Charaktereigenschaften wie Leistungsfähigkeit, Aggressivität oder Sensibilität zu.

Als die Bochumer Psychologen 280 Fach- und Führungskräfte zuerst um eine Selbsteinschätzung in siebzehn Persönlichkeitsbereichen baten und anschließend nach ihrer Automarke fragten, konnten sie tatsächlich nachweisen, daß zumindest diejenigen, die ihr Auto als Ausdruck ihres Lebensgefühls oder ihrer Persönlichkeit begriffen, sich auch je nach Persönlichkeitsprofil für andere Marken entschieden. So fahren Personen, die sich für flexibel und führungsmotiviert halten, häufiger *Mercedes* als *VW*. Daraus zogen die Forscher den dann in vielen Zeitungen veröffentlichten Schluß, daß *Mercedes*-Kunden flexibler und führungsmotivierter *sind* als die Kunden von *VW*, unterstellten also eine Identität zwischen Selbsteinschätzung und tatsächlichen Eigenschaften. Damit schien mit der Studie auch ein Weg gefunden zu sein, menschliche Charaktere sichtbarer zu machen: Sage mir, was du fährst, und ich sage dir, wer du bist.

Ging es also vermeintlich darum, das Konsumverhalten als Indikator für die jeweilige Persönlichkeit zu nehmen, dürften die eigentlichen Adressaten der Studie Unternehmen der Automobilindustrie gewesen sein, die wissen wollen, wer sich mit welchen Automarken identifiziert, um das Marketing besser auf die jeweiligen Kunden abstimmen zu können: Eine Marke, die von Personen mit einem Faible für Führungsqualitäten bevorzugt wird, kann man eventuell dadurch attraktiver machen, daß man in Werbespots verstärkt Manager oder leicht aggressive Siegertypen auftreten läßt. (Ob die Interessenten dann wirklich über Führungsstärke verfügen, spielt keine Rolle.) Vielleicht fühlen sich die Markenentwickler durch die Ergebnisse der Studie sogar ermutigt, bei einer neuen Produktversion ein dynamischeres oder forscheres Design auszuprobieren. So bietet ihnen die Wissenschaft ein Feedback, was das Image einer Marke anbelangt, aber auch Anhaltspunkte für dessen weitere Ausgestaltung.

Bemerkenswert an der Studie ist auch, daß bei der Zuordnung von Konsumenten zu Automarken zwar die berufliche Orientierung, das Arbeitsverhalten, soziale Kompetenzen und die psychische Konstitution berücksichtigt wurden, nicht aber die Herkunft, der Bildungsgrad, die Familienverhältnisse oder das Alter. Man unterstellte somit, daß klassische soziologische Parameter bei der Wahl der Automarke keine nennenswerte Rolle spielen, psychologische Faktoren hingegen sehr bedeutsam sind. Tatsächlich hat die Psychologie schon seit den 1970er Jahren die Soziologie nach und nach als Leitdisziplin der Konsumentenforschung abgelöst. Solange Konsumgüter noch maßgeblich als Statussymbole dienten, es also klare Zusammenhänge zwischen der Einkommenssituation, dem sozialen Stand und dem Konsumverhalten gab, hatten die Hersteller vor allem ein Interesse an der Bestimmung von Zielgruppen. Sie wollten wissen, wie groß der Kundenkreis für ein Produkt sein würde, wobei sie darauf hoffen durften, daß es sich auch eine sozial leicht niedrigere Schicht als Statussymbol aneignen würde (»trickle down effect«), was zumindest kurzfristig vermehrten Absatz bringen mochte – bis die höhere Schicht sich mit der Wahl neuer Statussymbole als Zielgruppe verabschiedete.

Zur Steigerung des Habenwollens reichte es für die Unternehmen und Händler aber auf Dauer nicht, sich nach soziodemographischen Konsumentendaten zu richten, leiten die meisten Menschen ihr Selbstverständnis mittlerweile doch nicht nur aus ihrem Beruf oder ihrem Familienstand ab. Um die vielfältigen Kauf-Motivationen zu durchschauen, braucht es also Erkenntnisse über weitere, weniger äußerliche Faktoren. In den USA begann man schon seit den späten 1950er Jahren, in Europa erst ein gutes Jahrzehnt später mit der Erprobung zusätzlicher Kategorien für eine Marktsegmentierung. Die meisten Marktforschungsinstitute, aber auch große Unternehmen, Werbeagenturen oder Trendforscher entwickelten Typologien, nach denen sie die Konsumenten einteilten. Sie berücksichtigten, ob jemand optimistisch oder pessimistisch, eher ich- oder gruppenorientiert, stärker intro- oder extrovertiert lebt. Fast alle Schemata jedoch begnügen sich bis heute damit, die Menschen aufgrund von zwei oder drei psychologischen Grundoppositionen zu typisieren.[13]

In Deutschland versprechen seither selbst soziologisch operierende Institute wie die *Sinus Sociovison GmbH*, die seit 1982 »Sinus-Milieus« ermittelt und damit ein einflußreiches Instrument der Marktforschung geschaffen hat, eine umfassende »Lebensweltforschung«. Auf der Website wird ausdrücklich betont, man weiche »von der traditionellen Einteilung in soziale Schichten (…) maßgeblich ab«. Und weiter: »Unsere Analyse umfaßt die grundlegenden Wertorientierungen, die den Lebensstil und die Planung eines Lebens bestimmen, ebenso wie die Alltagseinstellungen, Wunschvorstellungen, Ängste und Zukunftserwartungen.«[14]

Doch wird das Modell sozialer Hierarchie nicht ganz preisgegeben. Statt die Menschen allerdings nur in Unter-, Mittel- und Oberschicht einzuteilen, beurteilt man auch, ob jemand zu traditionellen Werten steht, der Modernisierung gegenüber aufgeschlossen ist oder eher postmodern-pluralistisch lebt. Soziale Lage und Grundorientierung bilden somit die x- und die y-Achse eines Koordinatensystems. In dem so eröffneten Feld plazierten die Sinus-Soziologen für Deutschland zuerst acht Milieus;

Sinus-Milieus

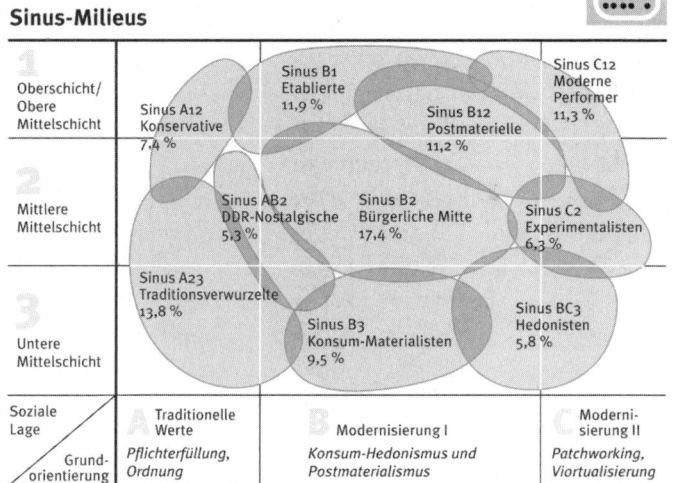

Sinus-Milieus, 2005

mittlerweile (seit 2001) sind daraus, auch infolge der Wiedervereinigung, zehn geworden. Gibt es am einen Ende ein traditionsverwurzeltes Arbeitermilieu meist älterer Jahrgänge, so stehen am anderen Ende wohlhabende und überwiegend junge Multioptionalisten.

Um die Menschen der jeweiligen Milieus zu charakterisieren, wird sowohl ihr Freizeitverhalten als auch ihr Rollenverständnis erfaßt. Ferner versucht man, typische Aussagen zu identifizieren (für ein traditionell-bürgerliches Milieu z. B. Sätze wie »Jeder ist seines Glückes Schmied« oder »Wer rastet, der rostet«), Lese- und Fernsehvorlieben festzustellen, den Wohnungsstil zu beschreiben und das Verhältnis gegenüber Geld zu definieren. Aus all diesen Faktoren lassen sich psychische Dispositionen ableiten und Aussagen über den Emotionshaushalt der Angehörigen eines Milieus treffen: Wer sich scheut, Schulden zu machen, wird auch sonst eher risikovermeidend agieren, seine Konsumausgaben genau kontrollieren und kaum zu Impulskäufen neigen. Wer hingegen experimentell aufgelegt ist, fühlt sich von Neuem angesprochen und stellt dafür rationale Erwägungen hintan.

So wenig die Sinus-Milieus Angaben über einzelne Personen machen, so genau sollen sich damit alle wichtigen Mentalitäten und Gefühlslagen der konsumfähigen Bevölkerung erkennen und Gruppen Gleichgesinnter zu jeweils einem Milieu zusammenfassen lassen. Die Kartoffelgraphiken im Koordinatensystem suggerieren eine differenziert-exakte Definition der einzelnen Milieus, so als sei jede kleine Ausbuchtung Folge wissenschaftlicher Erkenntnis; Überschneidungen zwischen den Blasen lassen vermuten, man könne sogar genau bestimmen, wie viele Merkmale für zwei oder drei Milieus zutreffen. Das ist jedoch nicht der Fall. Außerdem darf nicht vergessen werden, daß unter Zugrundelegung anderer Kriterien auch andere gesellschaftliche Zusammenhänge in den Blick gerieten. Ebenso wäre denkbar, gröber oder viel feiner zu unterscheiden: Von zehn Milieus zu sprechen, ist für Unternehmen nur praktikabler, als wenn man drei oder dreißig Gruppen definierte.

Auch in anderen Ländern unterscheiden Institute üblicherweise zwischen fünf und zehn Konsumentengruppen. Häufig genutzt werden etwa *VALS* (Values and Life-Style) in den USA, die *RISC*-Typologie des Pariser *International Research Institute on Social Change* mit dem ACE-Programm, das repräsentative Aussagen für ganz Europa zu machen beansprucht (ACE = Anticipating Change in Europe), oder *TGI* (Target Group Index), ein in den USA beheimatetes Institut, das sogar globale Marktforschung betreibt. In Deutschland dürften neben *Sinus Sociovision* das Institut *Sigma* sowie die *Gesellschaft für Konsumforschung* den größten Einfluß ausüben. Dabei beziehen sich die erst in jüngerer Zeit entwickelten Modelle noch eindeutiger auf psychologische als auf klassisch soziologische Faktoren. So werden die seit 1995 übergreifend für die europäischen Länder entwickelten »Euro-Socio-Styles« der *Gesellschaft für Konsumforschung* da-

Landkarte der acht Euro-Socio-Styles®

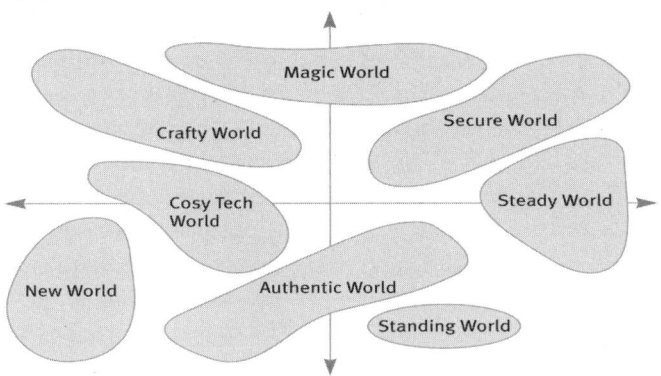

Crafty World

Junge, dynamische und opportunistische Leute einfacher Herkunft auf der Suche nach Erfolg und materieller Unabhängigkeit

Cosy Tech World

Aktive moderne Paare mittleren Alters mit meist überdurchschnittlicher Haushaltsausstattung, die auf der Suche nach persönlicher Entfaltung sind

New World

Hedonistische tolerante Intellektuelle mit gehobenen Lebensstandard auf der Suche nach persönlicher Harmonie und sozialem Engagement

Magic World

Intuitive junge materialistische Leute mit Kindern und geringen Einkommen, die einem Platz an der Sonne hinterherjagen und ihrem guten Stern vertrauen

Authentic World

Rationale, moralische Cocooner-Familien mit guten Einkommen, die engagiert und auf der Suche nach einem harmonischen und ausgeglichenen Leben sind

Secure World

Konformistische, hedonistische Familien aus einfachen Kreisen, die sich abkapseln, von einem einfacheren Leben träumen und sich den tratitionellen Rollen verbunden fühlen

Steady World

Traditionsorientierte, konformistische Senioren mit mittlerem Lebensstandard, die ihren Ruhestand voll und ganz ausschöpfen

Standing World

Kultivierte, pflichtbewußte und vermögende Staatsbürger, die ihren Überzeugungen treu bleiben und an Traditionen ausgerichtet sind

Gesellschaft für Konsumforschung: Euro-Socio-Styles, 2005

nach unterteilt, wie stark jemand nach Wandel oder Beständigkeit strebt und ob ein eher realitätsbezogener und bodenständiger oder aber ein primär an Fiktionen orientierter Lebensstil gepflegt wird. Während der durch Einkommen und Beruf definierte Status (anders als noch bei *Sinus Sociovision*) keine primäre Rolle mehr spielt, wird der Wunsch, die eigene Identität zu transzendieren und sich Möglichkeitsräume zu verschaffen, nun also bereits als Grundkoordinate anerkannt. (Ein früheres Modell der Euro-Socio-Styles unterschied noch fünfzehn Milieus danach, wie ich- oder gesellschaftsorientiert und wie gegenwarts- oder vergangenheitsbezogen jemand lebte.)

Die genauen Kriterien, nach denen die Forscher der verschiedenen Institute vorgehen, sind nirgendwo offengelegt, weshalb es auch unmöglich ist, nachzuvollziehen, dank welcher Methoden sie auf ihre Einteilungen kommen und wie viele Faktoren sie wirklich berücksichtigen.[15] Hier zeigt sich nochmals die Kehrseite der an Geheimhaltung gebundenen Schattenwissenschaft: Mangelnde Überprüfbarkeit weckt Mißtrauen und führt die Institute zudem in die Versuchung, aus Kostengründen den Forschungsaufwand relativ gering zu halten oder sehr lange mit einmal erhobenen Daten zu arbeiten, statt sie häufiger zu erneuern und zu überprüfen. Da viele Daten über Interviews – oft nur am Telefon oder via Internet – gewonnen werden, sind jedenfalls Zweifel an ihrer Aussagekraft angebracht. Fotos von Wohnungseinrichtungen, die für *Sinus Sociovision* ebenfalls als Grundlage für Milieu-Klassifikationen dienen, werden sogar – wovon man sich bei wenigen publizierten Beispielen überzeugen kann[16] – ohne Angabe von Kriterien zugeordnet, was dem selbsterklärten Anspruch einer »›Wohnwelten‹-Forschung« krass widerspricht: Welche Schlüsse aus einem Interieur gezogen werden, hängt von den Vorbegriffen – Vorurteilen – des einzelnen Soziologen ab, der meist nicht einmal speziell dafür ausgebildet sein dürfte, Formsprachen und andere ästhetische Merkmale zu analysieren.

Dennoch ist der Nutzen einer Milieu-Studie für Unternehmen oder auch den Handel nicht zu bestreiten. Gerade weil »sie sich nicht auf isoliert zählbare Merkmale beschränkt«, kann sie Alltagswelten beschreiben und relativ umfassende Angaben über verschiedene »Konsumstile« machen.[17] Um die Chancen für ein Produkt zu erhöhen, brauchen Hersteller es dann nur einem Milieu anzupassen: Wenn sie wissen, was in den Wohnungen ihrer Zielgruppe steht, welchen Formgeschmack deren Angehörige haben oder welche Werte für sie besonders wichtig sind, können sie das Design, aber auch die Inhalte der Werbung darauf abstimmen. Nicht wenige Marketing-Manager haben also die aktuellen Sinus-Milieu-Graphiken als Poster in ihrem Arbeitszimmer aufgehängt: Das vermittelt ihnen einen Zugang zu den schwer durchschaubaren Verhältnissen auf den Märkten.

Je mehr mit Milieu-Studien gearbeitet wird, desto eher bewahrheiten sich aber auch ihre Definitionen. So tauchen in den erhobenen Daten – etwa in jenen Fotos von Wohnzimmern – zunehmend Produkte auf, die bereits mit Hilfe von Milieu-Studien entwickelt und einem speziellen Milieu zugeordnet wurden. Die Arbeit der Soziologen wird damit nicht nur erleichtert, sondern zum Muster einer ›self-fulfilling prophecy‹: Die Gesellschaft paßt sich ihren Einteilungen an. Da es kaum noch Waren gibt, die nicht irgendwelchen Typologien folgen, hat sich der Kunde jedesmal zu entscheiden, welcher Mentalität, welchem Lebensstil und welchen Werten er den Vorzug gibt. Selbst wenn keine Produktvariante genau paßt, muß er sich auf etwas festlegen. Studien, die Menschen typologisieren, besitzen somit nicht nur deskriptiven Charakter, sondern üben normierenden Einfluß aus. Da sich in Deutschland in den letzten Jahrzehnten auch viele Medienunternehmen (und selbst die katholische Kirche) der Sinus-Milieus bedienten, wäre es eine Untersuchung wert, ob deren Klassifikationen nicht schon ähnlich gliedernd auf die Gesellschaft einwirken wie ehedem berufliche oder soziale Hierarchien.

Zumindest läßt sich schon einmal die Hypothese aufstellen, daß dadurch – auf den ersten Blick paradox – linke und alternative Lebensstile gefördert worden sein dürften. Das liegt weniger daran, daß man den Soziologen, die die Milieus definieren, selbst eher linksintellektuelle Affinitäten unterstellen kann; vielmehr hat es mit der Struktur ihrer Aufgabe zu tun. Da es in einer konkurrenzgeprägten Wirtschaft wichtig ist, möglichst als erster einen neuen Konsumententyp – und damit eine Marktnische –

zu entdecken, müssen die Marktforscher nämlich Absetzbewegungen von vermeintlichen Mainstreams frühzeitig aufspüren und schon kleine Signale von Kritik, Widerstand und Emanzipation aufnehmen. Jedes Anzeichen einer neuen Protestbewegung, einer Anti-, Gegen- oder Subkultur, zum Teil von Trendscouts, den geheimen Agenten der Marktforschung, zuerst gemeldet, wird sogleich daraufhin untersucht, ob es nicht die Genese eines neuen Milieus verkünden und in marktgängige Produkte umgesetzt werden könnte. Wer konservativ denkt und weitgehend zufrieden ist, bietet der Marktforschung hingegen weniger Profilierungschancen.

Ein besonderes Augenmerk auf links-alternative Szenen kennzeichnet gerade die Sinus-Milieustudien von Anfang an, bildete ihren Ursprung doch eine Untersuchung der Mentalitäten politisch linksgerichteter Studenten.[18] Von den zehn Milieus, die *Sinus Sociovision* gegenwärtig unterscheidet, sind immerhin vier eindeutig dieser Seite des politischen Spektrums zuzuordnen: Postmaterialisten, Hedonisten, Experimentalisten und Moderne Performer. (Bei der ersten Sinus-Studie 1982 waren lediglich zwei von damals acht Milieus, nämlich Hedonisten und Alternative, als Vertreter eines Anti-Mainstream ausgewiesen.) Heißt es über die Postmaterialisten, sie seien als »aufgeklärtes Nach-68er-Milieu« »auf die Entfaltung ihrer individuellen Bedürfnisse und Neigungen« konzentriert und dabei »umwelt- und gesundheitsbewußt«, wird den Hedonisten eine »Verweigerung von Konventionen und Verhaltenserwartungen der Leistungsgesellschaft« sowie »Spaß an der Provokation der ›Spießer‹ und der Identifikation mit ›krassen‹ Szenen, Clubs und Fangemeinden« attestiert. Die Experimentalisten seien »tolerant und offen gegenüber unterschiedlichsten Lebensstilen, Szenen und Kulturen«; »Zwänge, Routinen und Rollenvorgaben« lehnten sie ab. Der Konsumstil der Modernen Performer schließlich integriert »Einflüsse aus anderen Kulturen und Szenen«; »›Multikulti‹ ist die Devise«.[19]

Es gibt somit keinen aufmerksameren Verstärker linker und alternativer Lebensgefühle als die heutige Marktwirtschaft. So wurde jede Protestbewegung seit 1968 insofern begrüßt, als sie Ansprüche formulierte, die nur mit neuen oder modifizierten Produkten erfüllbar waren: Ohne das Aufkommen ökologischer Sensibilität hätte es weder einen Markt für Biojoghurt noch für Energiesparprodukte gegeben; der Feminismus führte dazu, daß Automodelle entwickelt wurden, die sich an selbstbewußte Frauen richten. Um eine Expansion und Differenzierung des Konsumgüterangebots zu erreichen, brauchen sich Produktentwickler und Marketingtechniker also nur an den Themen zu orientieren, die kritische, unangepaßte Köpfe aufbringen. Gerade Linke wie ›68er‹ sind daher, so der Historiker Stephan Malinowski, »Pfadfinder der modernsten Stufe der Marktwirtschaft«; sie stellen Wirtschaftshelden wider Willen, eine »unfreiwillige Avantgarde« der heutigen Konsumkultur dar.[20]

Aber da links-alternative Lifestyles in Produkten münden, fungiert der Markt auch als ihr Medium, dem es zu verdanken ist, wenn neue Ideen und Ansprüche sich breiter durchsetzen. Daher machen die Links-Alternativen nicht nur zu einem erheblichen Teile die Märkte, sondern werden umgekehrt auch erst von diesen gemacht. Indem die Verbraucher am Supermarktregal und in der Werbung mit zusätzlichen Wahlmöglichkeiten konfrontiert werden, konstituieren sich neue Denk- und Lebensweisen; erst so werden für viele Menschen Werte präsent und zu einer realistischen Option. Politische Sensibilität formiert sich also über den Konsum; das Sein bestimmt doch das Bewußtsein. Obwohl diese Formulierung zum linken Glaubensbekenntnis gehört, werden Autoren wie der US-amerikanische Historiker Thomas Frank, der detailliert erforschte, wie stark Werbung und Warenästhetik für die Ausprägung linker Identitäten verantwortlich waren und sind, von den Betroffenen nur ungern wahrgenommen.[21]

Kann man unterstellen, daß sich einzelne Milieus infolge der Definitionen der Marktforscher klarer ausprägen oder überhaupt erst ihre Identität finden, so wird der Einfluß von Konsumenten-Typologien bei Produkten noch offensichtlicher. Hat ein Unternehmen verschiedene Modelle eines Warentyps im Sortiment, geht es üblicherweise darum, möglichst viele Milieus zu erreichen. Gerade Firmen, die Marktführer sind oder werden wollen, schneiden ihre Angebote dann gemäß den Kriterien einer Milieu-Studie zu. Daß etwa *Hewlett Packard* mit den Modellen von *Sinus Sociovision* arbeitet[22], ist bei einzelnen Produkten und noch leichter am Vokabular zu erkennen, in dem sie beschrieben werden. So stattet das Unternehmen verschiedene Handheld-Geräte mit jeweils leicht anderen Eigenschaften aus und wählt eigens darauf abgestimmte Argumente.[23]

Heißt es von einem Modell, es sei »flach und elegant mit einer breiten Palette an benutzerfreundlichen Funktionen«, ja, man könne mit ihm »in Verbindung bleiben und ausgezeichnet unterhalten werden«, dann soll das die Hedonisten erreichen, die nicht nur (als linkeres Milieu) darüber definiert werden, Spaß an der Provokation zu haben, sondern denen die Soziologen generell ein Interesse an »Fun und Action, Unterhaltung und Bewegung« zusprechen.[24] Sie wollen sich nicht lange mit Bedienungsanleitungen befassen, sondern lieber ein smartes Stück ihr eigen nennen. Wird ein anderes Modell hingegen als »Komplettausstattung mit exzellenter Leistung und attraktivem Preis-Leistungs-Verhältnis« vorgestellt, versucht *Hewlett Packard* die Konsum-Materialisten zu erreichen, die »Anschluß an die Konsum-Standards der breiten Mitte halten« wollen, gerade weil sie materiell nicht gut gestellt sind. Daß sie zu einem günstigen Preis alle wichtigen Features bekommen, also auf nichts verzichten müssen, obwohl sie weniger zahlen (können) als andere, wird sie zu einem Kauf motivieren. (Tatsächlich ist das so beworbene Gerät eines der preisgünstigeren und sieht von außen zudem genauso wie ein teureres Modell aus, das mehr Funktionen besitzt.) Ein weiteres Milieu, nämlich die Etablierten, die sich durch »Erfolgs-Ethik, Machbarkeitsdenken und ausgeprägte Exklusivitätsansprüche« auszeichnen, wird

dafür folgende Produktbeschreibung überzeugen: »Leistungs-
starkes Messaging-Gerät für weltweiten Einsatz mit modernster
Wireless-Technologie.« Ihnen in den Ansprüchen verwandt sind
die Modernen Performer – dies nicht zuletzt eine »junge, unkon-
ventionelle Leistungselite«, die sich durch »intensives Leben
beruflich und privat, Multi-Optionalität, Flexibilität und Multi-
media-Begeisterung« auszeichnet. In einem Werbetext für ein
Handheld-Gerät wird darauf sogar wörtlich Bezug genommen,
attestiert man ihnen doch »Leistungsstärke und Flexibilität für
jede geschäftliche Herausforderung«. Bleiben als weitere Zielgruppe die Experimentalisten, die gerne ein »Leben in Wider-
sprüchen« führen und sich als »Lifestyle-Avantgarde« begreifen.
Sie reizt vermutlich die einem Modell mitgegebene – paradessente – Versprechung, es stehe gleichermaßen »für harte Arbeit und
gute Unterhaltung«.

Für andere Milieus, etwa die Konservativen, die DDR-Nostal-
gischen oder die Postmaterialisten finden sich zwar keine passenden Produktbeschreibungen, doch dürften dies auch keine wichtigen Zielgruppen für Handheld-Geräte sein. Vielmehr genügt
es, die fünf erwähnten Milieus abzudecken, um kaum jemanden
unerreicht zu lassen, der sich für ein solches Gerät interessieren
könnte.

Das Beispiel vermittelt auch eine Vorstellung davon, wie einfach und effektiv sich Milieu-Studien anwenden lassen. So geben
ihre Beschreibungen nicht nur Vokabeln für Werbetexte vor; indem mögliche Zielgruppen in ihrem jeweiligen Lebensstil dargestellt sind, stehen dem Marketing vielmehr auch zusätzliche
Anhaltspunkte zur Verfügung: Wer einen Werbespot entwickeln
will, bekommt eine Vorstellung, wie die darin auftretenden Menschen gekleidet sein sollten oder in was für Räumen die Szene
spielen könnte. Man erfährt, auf welche Werte sich ein Spot aus-
richten ließe oder welche Chancen sich für ein Co-Branding eröffnen, bei dem für zwei milieuverwandte Produkte verschiedener Bereiche Werbung gemacht wird.

Für den Konsumenten hingegen besteht infolge der jeweils auf Milieus zugeschnittenen Produkte Rollenzwang. Zwar kann er sich Produkt für Produkt neu entscheiden, doch werden seine Tagesform, psychische Disposition oder politische Grundeinstellung bei jedem Einkauf sichtbar. Dieselben Persönlichkeits-Tests und zahllosen Variationen der Frage »Und welcher Typ sind Sie?«, mit denen Frauen- und Lifestylezeitschriften schon seit Jahrzehnten aufwarten, lassen sich also auch vor Supermarktregalen, in Modeläden und Drogeriemärkten durchspielen. Eigentlich wäre es längst möglich, einem Kunden an der Kasse nicht nur den Rechnungsbon vorzulegen, sondern zugleich ein Psychogramm oder eine Milieuanalyse auszudrucken. Dann erführe er, ob er sich risikofreudig oder treu verhält, extrovertiert oder schüchtern ist, zukunftsorientiert oder vergangenheitsbasiert handelt, lieber *Die Grünen* oder aber die *FDP* wählen soll. Vielleicht stünde sogar ein Gratis-Tip mit auf dem Zettel, womit jeder Einkauf in einer kleinen Lebensberatung münden könnte.

Der Wettkampf um das Unbewußte

Das Interesse an den Konsumenten reicht aber über die Erforschung von Werten und Vorlieben hinaus. Vielmehr gilt es ebenso dem Unbewußten. Grundlage dafür ist die Annahme, viele Entscheidungen seien nicht Folge rational-reflektierter Denkprozesse, sondern hingen von Faktoren ab, deren Stellenwert nicht eigens bewußt werde. Anders als bei einer soziologisch orientierten Meinungs- und Marktforschung genügt es dann nicht, Probanden in Interviews nach ihren Kauf-Motiven oder den Gründen für eine Markenbindung zu befragen. Wer auf das Unbewußte setzt, unterstellt den Konsumenten vielmehr, sie wüßten selbst nicht genau, warum sie etwas wollen. Der Reiz solcher Überlegungen liegt auf der Hand: Könnte man die Konsumenten besser durchschauen, als diese sich selbst verstehen, wäre man in der Lage, subtiler auf sie einzuwirken. Sie würden kaufen, ohne zu wissen, was sie dazu bringt. Man hätte Zugriff auf verborgene Instanzen, die das Habenwollen auslösen.

Im Jahr 1957 wurde die breitere Öffentlichkeit erstmals auf das Interesse der Wirtschaft am Unbewußten aufmerksam. Damals erschien, zuerst in den USA, dann in vielen weiteren westlichen Ländern, das Buch *The Hidden Persuaders* (*Die geheimen Verführer*) des Journalisten Vance Packard. Am Untertitel der deutschen Übersetzung (1958) sind Thema und Stoßrichtung des Autors bereits klar zu erkennen: »Der Griff nach dem Unbewußten in jedermann.« Packard wollte zeigen, daß die Konsumenten durch eine damals neue Disziplin, die Motivforschung, bis in ihr Innerstes durchleuchtet und daraufhin manipuliert werden. Indem Firmen sich tiefenpsychologischer Forschungen bedienen, versuchen sie die wahren Gründe ausfindig zu machen, warum jemand etwas kauft – und können die Menschen vielleicht sogar dazu bringen, ein Produkt zu erwerben, das sie eigentlich ablehnen.

Packards Buch enthält zahlreiche Beispiele für den Erfolg, den Produkte infolge eines tiefenpsychologisch begleiteten Marketing verzeichnen konnten. So erwähnt er eine »psychiatrische Leituntersuchung«, die zu dem Ergebnis führte, daß viele Menschen sich Haushaltsgefriertruhen, anders als üblicherweise angegeben, nicht etwa nur aus praktischen Gründen anschafften, sondern weil sie damit die Gewähr zu kaufen hofften, »daß immer Nahrung im Hause ist«. Der Erwerb einer Kühltruhe verhieß also Sicherheit, was gerade nach den instabilen und angstreichen Jahren des Zweiten Weltkriegs ein starkes Bedürfnis darstellte. Eine Werbekampagne, die den »Eichhörnchen-Faktor« eigens einbezog, konnte die Menschen also eher zu einem Kauf motivieren als eine Kampagne, die rein wirtschaftlich argumentierte.[25]

Packards Beispiele zeugen von einer damals noch weniger strengen Geheimhaltungspolitik vieler Unternehmen. Er hob sogar hervor, daß er bei seinen Recherchen zwar »häufig gegen eine undurchdringliche Mauer« des Schweigens gestoßen sei, allerdings, vor allem von seiten der Forschungsinstitute, auch immer wieder Gesprächspartner gefunden habe, die »offen und eingehend über ihre Arbeitsergebnisse und über ihre Verfahrensweisen« gesprochen hätten.[26] Doch nicht zuletzt die Ängste und Manipulations-Vorwürfe, die Packards Bestseller auslöste, dürften zu einem Umdenken geführt haben und ein Grund dafür gewesen sein, daß die von Unternehmen veranlaßten Forschungen mittlerweile als Schattenwissenschaft, fernab von Offenheit und Öffentlichkeit, betrieben werden.

Dabei beunruhigten Packards Leser weniger die Versuche der Tiefenpsychologen, die ›wahren‹ Motive und Wünsche der Konsumenten zu eruieren, als vielmehr einige Methoden von Unternehmen und Werbeagenturen, die es ausnutzten, daß Einflüsse unbemerkt bleiben, aber dennoch das Kaufverhalten verändern können. So machte Packard auf die Technik aufmerksam, Filme mit kurzen Einschüben zu versehen, so daß »während des regulären Filmablaufs plötzlich Werbedias für Eiscreme auf der Leinwand erscheinen«; da sie nur für »Sekundenbruchteile« zu sehen seien, würden sie nicht bewußt wahrgenommen, führten aber zu »einem klaren und anderweitig nicht erklärbaren Aufschwung im Eiscremeverkauf«.[27] Bis heute verzichtet kaum eine konsumkritische Publikation auf solche Beispiele, die jedoch kaum einmal konkret belegt werden. Allerdings geben Experten auf Nachfrage zumindest allgemein zu, daß – nach wie vor – mit Techniken des ›Masking‹ gearbeitet wird. Gehirnforscher können auch nachweisen, daß ein Bild, das für ungefähr 30 Millisekunden zu sehen ist, bereits unbewußt gespeichert wird und dazu beiträgt, die Einschätzung des im Umfeld davon bewußt Wahrgenommenen zu verändern.[28] Werden also etwa in den Filmbericht über eine Person Einzelbilder eingefügt, die entweder ein Monster oder einen Sonnenuntergang zeigen, läßt sich die Sympathie des Publikums in eine jeweils andere Richtung lenken. (Hingegen ist es wirkungslos, kurze Botschaften einzublenden, die in keinem Zusammenhang mit dem sonst Gezeigten stehen. Das gerne reportierte Gerücht, *Coca-Cola* habe in Filme den Slogan »Trinkt *Coca-Cola*!« einspielen lassen, ist also entweder nur eine Erfindung oder aber ein wenig wirksamer Versuch subliminaler Werbung.)

Packard unterschied nicht zwischen Techniken der Manipulation und Forschungen, die darauf gerichtet sind, Entscheidungsprozesse jenseits rational-bewußter Begründung nachzuvollziehen. Ob eine Werbung den unbewußt bleibenden Empfindungen vieler Konsumenten angepaßt oder ob das Unbewußte gezielt beeinflußt wird, schien für ihn dasselbe zu sein. Er setzte pauschal auf die Faszinationskraft des Unbewußten und machte sich den investigativen Charakter zunutze, den alles annimmt, was ein ›an sich‹ verborgenes Phänomen zum Thema hat. Daß er den Raum für Verschwörungsphantasien nicht eingrenzte, verdankte seinem Buch zwar seinen weltweiten Erfolg, machte es aber auch reißerisch.

Dasselbe ist heutzutage einigen Forschern und Instituten vorzuhalten, die gegenüber Unternehmen damit werben, Zugänge zum Unbewußten zu bahnen. Dessen Rolle stellen sie möglichst groß dar, spekulieren also auf die Befürchtung der Verantwortlichen, den wichtigsten Erfolgsfaktor bisher vernachlässigt zu haben. Immerhin bietet sich so die Chance, leichter an Aufträge zu kommen. Das Unbewußte eignet sich also nicht nur für Verschwörungstheorien, sondern läßt sich auch zum Popanz aufblasen, der viel Geld für Experimente und Expertisen locker macht.

Andererseits sind die Verfahren und Ergebnisse verschiedener Disziplinen, die sich dem Unbewußten widmen, eindrucksvoll genug, um nicht den gegenteiligen Fehler zu begehen und seine Bedeutung zu bagatellisieren. In dem halben Jahrhundert seit Vance Packards Buch hat sich zwar an den Sujets der Motivforschung wenig geändert (noch immer geht es darum, warum Konsumenten Kühltruhen ›wirklich‹ kaufen), doch kamen etliche neue Methoden hinzu, die zu differenzierteren oder auch besser fundierten Ergebnissen führen als in den 1950er Jahren. Was Packard relativ früh – darin liegt das Verdienst seines Buchs – als Trend identifizierte, ist mittlerweile also ein nicht mehr verzichtbarer Bestandteil der Produktentwicklung und -vermarktung.

Damit hat sich auch ein Bild vom Menschen durchgesetzt, wonach dieser selbst kaum weiß, wie ihm geschieht: Gesteuert ist er von Programmen, die unbewußt bleiben und nicht gezielt kontrolliert werden können. Für Gerald Zaltman, einen der einflußreichsten und innovativsten Motivforscher, bestehen zwei große Trugschlüsse des Marketing darin, Konsumenten – und Menschen im allgemeinen – ein wohlbegründetes, konsequentes Denken zu unterstellen und ferner zu erwarten, sie könnten ihr Verhalten auf Nachfrage schlüssig erklären. Im Gegenteil, so seine Überzeugung, die er mit den meisten Konsumforschern teilt, findet ein Entscheidungsprozeß »relativ automatisch statt; er ergibt sich aus Gewohnheiten oder anderen unbewußten Faktoren und ist stark von sozialen und physischen Zusammenhängen des Konsumenten beeinflußt« (»the selection process is relatively automatic, stems from habits and other unconscious forces, and is greatly influenced by the consumer's social and physical context«).[29] So ohnmächtig sich der einzelne daher fühlen mag, so ausdrücklich suggeriert dieses Menschenbild zugleich Machbarkeit: Wer das Unbewußte erkennt, hat ungeahnte Möglichkeiten, Menschen zu beglücken, ihre heimlichen Sehnsüchte zu stillen oder, genauso heimlich, neues Begehren zu bereiten.

Geradezu provokant erscheint demgegenüber eine These von James Twitchell, Professor sowohl für Englische Literatur als auch für Werbung, der bündig feststellt, Konsumenten seien sehr wohl rational und wüßten ganz genau, daß ihnen oft mehr am Zischgeräusch beim Braten als am gebratenen Steak selbst, mehr an den symbolischen Bedeutungen als am Gebrauchswert gelegen sei (»Consumers are rational. They are often fully aware that they are more interested in (...) sizzle than steak, meaning than material ...«».[30] Die vermeintlich verborgenen Motive des Konsums sind demnach ziemlich offenbar – zumindest nach einigen Jahrzehnten, in denen die Konsumkultur vornehmlich damit auffiel, Gebrauchswerte um Fiktionswerte zu ergänzen und Angebote zur Identifikation oder Stimulation zu kreieren. Die meisten Konsumenten haben schon zu oft gelesen, was sie im Geheimen wirklich suchen, um sich nicht vieles von dem, was einmal unbewußt gewesen sein mag, vergegenwärtigt zu haben. Nicht nur Bücher wie Packards investigativer Bericht, sondern viele kleine Meldungen in Tageszeitungen, Artikel in Lifestyle-, Frauen- oder Modemagazinen, Features im Fernsehen sowie Sachbücher von Konsumforschern, Agenturchefs, Unternehmensberatern und Psychologen sorgen für ein hohes Maß an Aufklärung. So geheim die Reichweite und Methoden vieler Forschungen bleiben mögen, so bekannt ist andererseits, daß Läden, die gegen den Uhrzeigersinn angelegt sind und der Rechts-Orientierung der meisten Kunden entgegenkommen, mehr Umsatz machen[31] oder daß *Coca-Cola* nur dann besser schmeckt als *Pepsi*, wenn es auch darauf steht (sonst ist es genau umgekehrt).[32]

In den angelsächsischen Ländern gibt es ein eigenes Genre an Publikationen, die den Konsumenten erklären, warum sie etwas tun und auf welche Weisen ihre Empfindungen gelenkt werden. Dieses Genre ist nicht nur populär, weil es zur Mündigkeit der Verbraucher beiträgt, sondern weil es auch für zahlreiche größere und kleinere Einsichten sorgt. Da darin viele Phänomene zur Sprache kommen, die sonst unbewußt oder zumindest unbeachtet bleiben, fühlen die Leser sich um ein Stück Selbsterkenntnis bereichert. Die vielen Konsumaufklärer erfüllen damit eine Rolle, die traditionell der Literatur übertragen war. So ist es ein Topos, ein Buch – in ihm enthaltene Beschreibungen – mit den Worten zu loben, darin sei etwas formuliert, was man oft empfunden, sich bisher aber nie klar gemacht habe. Konnte ein Schriftsteller schon immer ins Bewußtsein heben, was andernfalls nicht zum Thema geworden wäre, so gibt es mittlerweile zahlreiche andere Professionen, die sich dasselbe vorgenommen haben: Genauso aufmerksam wie ein Autor, der als erster die Wirkung eines Geräuschs beschreibt, ist der Wahrnehmungspsychologe oder Hirnforscher, der nämliches Geräusch mit wissenschaftlichen Methoden untersucht. Nur wird der Forscher sich ungern damit begnügen, seine Ergebnisse zu publizieren; vielmehr verdient er sein Geld lieber damit, Produzenten Hinweise zu geben, wie das Sound-Design eines Produkts verändert werden müßte, um sich besser zu verkaufen.

Der Philosoph Richard Rorty stellte einmal Dichter und Ingenieure auf dieselbe Stufe, da er ihnen beiden am ehesten zutraute, Errungenschaften auf den Weg zu bringen und so der utilitaristischen Maxime zu dienen, das größtmögliche Glück für die größtmögliche Zahl an Menschen zu erreichen (»we shall turn (…) to the poets and the engineers, the people who produce startling new projects for achieving the greatest happiness of the greatest number«).[33] Was zuerst als bizarre Zusammenstellung anmuten mag, wird vor dem Hintergrund der Konkurrenz um das Unbewußte plausibel: Verändern die ›Dichter‹ und mit ihnen alle, die Unbemerktes entdecken, in Worte fassen und bekanntmachen, das Selbstverständnis der Menschen, tragen die ›Ingenieure‹, die die neuen Erkenntnisse über bisher Unbewußtes in Produkte implementieren, zur Verbesserung der Lebensqualität bei.

Von der Psychologie zur Neurologie

Unter den Disziplinen, die sich dem Unbewußten widmen, hat die Gehirnforschung in den letzten Jahren am meisten Aufmerksamkeit gefunden. Sie ist gegenwärtig die aussichtsreichste Kandidatin für eine Ablösung der Psychologie als Leitwissenschaft der Marktforschung. Ihren Vertretern gelingt es immer wieder,

Ergebnisse selbst bei einem breiteren Publikum zu Aha-Erlebnissen werden zu lassen. Darüber hinaus besitzen sie die Autorität der Naturwissenschaften. Was aus ihrem Mund kommt, gilt daher als gesicherter denn die Aussagen eines Soziologen oder Kulturwissenschaftlers.

Das Feld des Konsums hat die Gehirnforschung mit Neuromarketing erobert. Anders als der Begriff vermuten läßt, geht es dabei nicht nur darum, wie man Produkte dank neurobiologischer Erkenntnisse besser präsentieren kann; vielmehr setzen die Ambitionen schon früher, nämlich bei der Untersuchung von Reaktionen auf Formsprachen oder Materialeigenschaften an. Viele Unternehmen sind dazu übergegangen, im Vorfeld einer Produktentwicklung oder eines Marken-Relaunch verschiedene Alternativen daraufhin zu testen, welche Empfindungen sie auslösen.

Am häufigsten wird dabei die funktionelle Magnetresonanztomographie (fMRT) eingesetzt, die indirekt über Stoffwechselaktivitäten des Gehirns neuronale Ereignisse erfaßt. Parameter wie der Sauerstoffgehalt im Blut lassen Rückschlüsse darauf zu, welche Hirnpartien jeweils besonders aktiviert sind. Diese sind auch genau zu bestimmen, doch da die Aktivitäten nur über einen Indikator registriert werden, ist oft nicht eindeutig, welcher Reiz eine Reaktion ausgelöst hat. Es kann zu Ungenauigkeiten von mehreren Sekunden kommen. Diesem Nachteil unterliegt ein anderes Verfahren nicht. Das Elektro-Enzephalogramm (EEG) mißt Spannungsänderungen als direkte Konsequenz neuronaler Ereignisse, die sich damit auf Millisekunden genau feststellen lassen. Dennoch ist diese Methode oft weniger geeignet als eine fMRT, da mit ihr lediglich Aktivitäten in den äußeren Bereichen des Gehirns gemessen werden können. Vor allem aber sind die jeweils aktivierten Hirnpartien nur schwer zu lokalisieren, weshalb man zwar sagen kann, wann ein Reiz Neuronen stimuliert hat, nicht jedoch deren genauen Ort – und damit ihre mutmaßliche Funktion – anzugeben vermag.[34]

Allerdings gehört es ohnehin zu den Schwierigkeiten der Gehirnforschung, nur selten präzise Aussagen über die Aufgaben eines bestimmten Gehirnareals treffen zu können. Seriöse Forscher wie Peter Walla, Gründer des Instituts *Neuroconsult* in Wien und Dozent an der dortigen Universität, räumen ein, daß sich erst im Zuge zahlreicher Experimente nach und nach eingrenzen und innerhalb der ›scientific community‹ klären läßt, wofür eine bestimmte Partie des Gehirns verantwortlich ist, wo also einzelne Handlungen oder Emotionen ›ihren Sitz haben‹.[35] Etliche andere Anbieter von Neuromarketing machen sich hingegen die Unwissenheit ihrer Auftraggeber zunutze und tun so, als sei fraglos erwiesen, was an jeder Stelle des Gehirns passiert. Im schlimmsten Fall reduzieren sie die erwähnten Verfahren darauf, eindrucksvolle, meist dramatisch bunte Bilder von Gehirnschnitten zu erzeugen, die den Eindruck erwecken, etwas bisher Unerschlossenes sei auf einmal in aller Klarheit sichtbar geworden.

Wer über ein Ethos als Forscher – und zudem über genügend Geld – verfügt, wird hingegen sogar mehrere Meßmethoden kombinieren und zur Präzisierung von Aussagen zusätzliche physiologische Daten wie Muskelaktivitäten registrieren. *Neuroconsult* bietet etwa auch ein ›emoscope‹ an, bei dem die Stärke des Lidschlußreflexes gemessen wird, die direkt mit dem jeweiligen emotionalen Zustand zusammenhängt: Je geringer der Schreckreflex auf einen Reiz hin ausfällt, desto positiver wird er wahrgenommen. So lassen sich Gefühle präziser quantifizieren als über – viel teurere – Messungen im Gehirn. Man braucht dann auch nur ein paar Elektroden, während sich die Probanden für eine fMRT in einer lästigen und artifiziellen Situation befinden, müssen sie doch in einer engen Röhre liegen. Je künstlicher die Versuchsanordnung ist, desto mehr wächst aber auch die Gefahr, daß die Probanden sich anders als in der Alltagswirklichkeit benehmen, die Ergebnisse also an Aussagekraft verlieren.

Ein Dilemma des Gehirnforschers besteht zudem darin, daß er zwar gerne das Verhalten von Probanden in einer Gesamtsituation testen würde, andererseits aber mit wohldosierten Reizmengen arbeiten muß, um Reaktionen des Gehirns halbwegs klar zuordnen zu können. Interessiert ihn etwa, wann Dopamin, ein Neurotransmitter, ausgeschüttet wird, der ein Belohnungsgefühl weckt, reicht es ihm nicht, nur zu wissen, welches Produkt dafür verantwortlich ist. Vielmehr will er möglichst genau bestimmen, ob der Geruch, die Farbe oder eher das Zusammenspiel von Form und Material den Probanden in eine euphorische Stimmung versetzt. Statt eine Produktverpackung in der Wahrnehmungskonkurrenz auf einem Supermarktregal zu testen, muß man sich bei einem neurophysiologischen Experiment also darauf beschränken, den Probanden die Verpackung isoliert zu zeigen. Meist ist selbst das noch ›zu viel‹, und man beschränkt sich darauf, emotionale Reaktionen in bezug auf einzelne Größen wie Farbe, Form oder Material zu untersuchen.

Der Forscher oder bereits die Entwickler zerlegen ein Produkt daher in isolierte Wirkfaktoren; sie verfolgen das Ziel, die ausgehenden Signale einzeln zu berücksichtigen, um sie schließlich in ihrer Interaktion zu steuern. Dieses sogenannte ›Cue-Management‹ hat die klassische Aufgabe des Designers verändert, der nun die Wirkung eines Produkts auf jeden Sinn eigens zu gestalten hat. Anstatt einfach die Verpackung für ein Duschgel zu entwerfen, hat er nach und nach die optischen, akustischen, haptischen und olfaktorischen Reize zu designen – jeweils in Abstimmung mit Forschungserkenntnissen über die Anmutung verschiedener Alternativen. Das fertige Produkt setzt sich somit aus vielen aufeinander bezogenen Einzelsignalen zusammen, wobei zudem eine Choreographie mitgeplant ist. So erzeugt vielleicht zuerst eine grelle Farbe oder eine schrille Form Aufmerksamkeit, worauf ein bestimmtes haptisches Erlebnis – etwa eine überraschend weiche Oberfläche – die Neugier des Kunden steigert, der dann an dem Produkt ›herumprobiert‹ und schließlich durch das befriedigende Geräusch einer Funktionstaste zum Kauf animiert wird.

Um ein Habenwollen zu wecken, brauchen die verschiedenen Sinnesreize nur unterschwellig ein Wohlgefühl zu bereiten. Deshalb bringt es auch zu wenig, Probanden zu befragen, wie sie verschiedene Produktvarianten einschätzen, da sie dann üblicherweise nur über das sprechen, was ihnen markant auffällt. Sie rufen Kategorien ab, die ihnen vertraut sind, oder äußern sich zu Faktoren, von denen sie gelernt haben, daß sie wichtig seien, also etwa zu einem Logo, das sie für den Kern eines Markendesigns halten. Methoden der Gehirnforschung offenbaren jedoch auch die Reaktion auf subtilere Reize – und sie belegen, daß zwischen verbal geäußerten Geschmackspräferenzen und dem neurophysiologisch nachweisbaren Empfinden Differenzen bestehen. Wer Rot als seine Lieblingsfarbe angibt, wird im Gehirn vielleicht dennoch von Blau stärker stimuliert; das Auftreten dieser Farbe löst somit – dem Konsumenten selbst nicht bewußt – einen heftigeren Kaufimpuls aus.

Mittlerweile werden viele Produkte nach den Prinzipien des ›Cue-Management‹ entwickelt. Bei einfachen Produkten ist ein solcher Aufwand hingegen oft unrentabel, da die Verfahren des Neuromarketing ziemlich kostspielig sind, man sich deshalb auch meist auf 15 bis 30 Probanden beschränken muß. Noch aufwendiger als die Experimente sind aber die Techniken, mit denen ihre Ergebnisse umgesetzt werden. Läßt sich etwa feststellen, daß die Fahrer einer Automarke ein bestimmtes Motorengeräusch besonders angenehm finden, dann sind Ingenieure gefragt, um genau dieses Geräusch im Fahrzeugraum zu erzeugen. So sind Marken wie *BMW* dazu übergegangen, mit Mikrochips zu arbeiten, von denen aus das Motorengeräusch eingespielt wird, sobald der Fahrer das Gaspedal drückt. Er bekommt also nicht nur eine Rückmeldung auf seine Handlung, sondern fühlt sich in seiner »Freude am Fahren« bestätigt, deretwegen er ja auch *BMW*-Kunde wurde. Bei *Porsche* sind angeblich sogar mehr

als 80 Sound-Designer nur damit beschäftigt, das Motorengeräusch sowie den Ton, den das Schließen einer Tür auslöst, zu
perfektionieren.[36]

Zu einer weiteren Aufgabe ist gerade bei Automobilen auch
das Geruchsdesign geworden. Die Zugabe hormoneller Duft-
stoffe oder die synthetische Entwicklung von Substanzen, die
wie Babys riechen, gehört schon zu den Standards. Vor allem
soll der Neuwagen so angenehm riechen, daß der Käufer ein Ver-
lustgefühl erleidet, wenn der Geruch sich nach einigen Wochen
oder Monaten verflüchtigt: Aus Sehnsucht danach reift der Ent-
schluß, beim nächsten Mal unbedingt wieder ein Auto derselben
Marke zu kaufen.

Etliche Unternehmen lassen inzwischen sogar einen eigenen
Marken-Geruch designen. Sie wollen sich nicht nur optisch
durch ein Logo oder ein Farbkonzept sowie akustisch durch
einen Sound von Konkurrenten abheben, sondern setzen darauf, daß ein unverwechselbarer Geruch die Wiedererkennung
und die Markentreue steigert. Dabei braucht den Kunden der
jeweilige Geruch wiederum nicht eigens bewußt zu werden: Er
wirkt dennoch. *Samsung*, *Sony* oder *Starbucks* haben ihre Läden
bereits mit einer einheitlichen Duftnote versehen. Ganz offen-
siv trat 2005 die Kette der *Westin Hotels* mit ihrem Geruchs-
Marketing an die Öffentlichkeit: Werbeanzeigen war eigens ein
Duftstreifen – wie sonst bei Parfümwerbung – beigegeben, der
die neue olfaktorische Corporate Identity bekannt machen sollte. Ein Jahr lang sei an der Entwicklung des Dufts, von Weißem
Tee abgeleitet, gearbeitet worden. Immerhin müsse er von Männern und Frauen und auch von den Angehörigen verschiedener
Ethnien gleichermaßen als angenehm empfunden werden. Ferner wollte man damit eine paradessente Wirkung erzeugen, soll
der Geruch doch entspannend und stimulierend gleichermaßen wirken.[37]

Die Ergebnisse der Neurobiologen wären also nicht so wertvoll,
könnten weitere Wissenschaften sie nicht auch umsetzen. Vor al-

lem die Chemie hat große Bedeutung erlangt; ihr kommt es primär zu, immer wieder neue Stoffe und Materialeigenschaften zu entwickeln. Auf diese Weise wird die Welt der Konsumgüter nach und nach den geheimsten Wünschen der Verbraucher angepaßt, wobei diese sich kaum klar machen, was sich innerhalb weniger Jahrzehnte alles verändert hat. Daher wundern sie sich auch fast nie, wie umfassend sie verwöhnt werden; höchstens wenn etwas nicht klappt oder sie mit Vergleichsstücken früherer Zeiten konfrontiert sind, spüren sie die Dimension des Komforts, der sie umgibt, und ahnen die Kumulationsleistungen, die durch ›Cue-Management‹ nochmals erheblich gesteigert werden.

Die Gehirnforschung ist mittlerweile so weit entwickelt, daß sich dank der Summe ihrer Ergebnisse die Menschen auch einmal mehr in Typen einteilen lassen. So macht sie den soziologisch und psychologisch begründeten Milieu-Studien ganz direkt Konkurrenz und liefert zugleich eine aktuelle Variante zu den Modellen antiker Medizin, die aus einer Erforschung der verschiedenen Körpersäfte zur Lehre von den vier Temperamenten gelangt war. Diesmal sind es drei von Neurotransmittern betriebene Emotions-Systeme, mit denen Mentalitätsunterschiede erklärt werden sollen. Die *Gruppe Nymphenburg*, ein größeres Beratungsunternehmen, hat eine sogenannte ›Limbic Map‹ entwickelt, die diese Systeme darstellt und damit eine Verortung einzelner Konsumstile erlaubt.

Die Systeme verfolgen konkurrierende, gelegentlich sogar komplementäre Ziele, ist das eine doch darauf ausgerichtet, einen Zustand der Balance – Sicherheiten und Bindungen – zu schaffen, während ein zweites nach Stimulanz strebt und gerade Abwechslung, sogar Abenteuer sucht; beim dritten System geht es um Macht, Überlegenheit und Autonomie.[38] Bemühen sich die Menschen gleichermaßen um Balance, Stimulanz und Dominanz, ist dennoch jeweils ein System stärker oder schwächer als die anderen ausgeprägt. So werden insgesamt sechs ›Limbic Types‹ – sozusagen Gehirnkreiszeichen – unterschie-

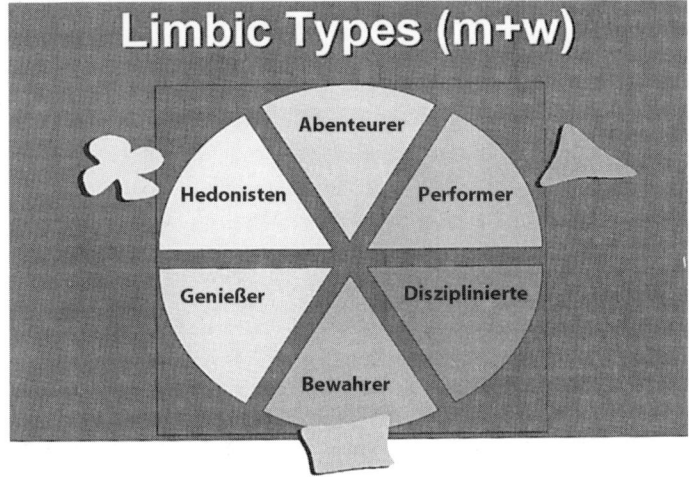

Gruppe Nymphenburg: Limbic Types, 2003

den. Wer das Bedürfnis nach Balance besonders stark ausgebildet hat, ist ein Bewahrer, bei dem das Streßhormon Cortisol leicht erhöht ist; auch Noradrenalin, das eine unspezifische Erregung bewirkt, läßt sich meist in höherer Konzentration nachweisen. Der Wunsch nach Stabilität und Sicherheit erwächst also gerade aus einem Hang zur Unruhe.[39] In ähnlicher Weise besitzen die anderen Typen – Genießer, Hedonisten, Abenteurer, Performer, Disziplinierte – eine eigene Mischung an Neurotransmittern. Daß ein Bewahrer lieber eine traditionelle Marke kauft, ein Hedonist oder Abenteurer hingegen Neues bevorzugt, wird also nicht mit der sozialen Herkunft, dem Bildungsstand oder dem Einkommen, sondern aus neurobiologischen Grundlagen erklärt: Der Hormonspiegel soll die Motivationen der Konsumenten verraten.

Wer diesem Modell folgt, hat darauf zu achten, daß seine Produkte wenigstens *einem* ›Limbic Type‹ entsprechen und dessen emotionale Bedürfnisse bedienen. Allerdings gibt es viel mehr

Bewahrer als Performer, und auch geschlechtsspezifische Unterschiede sind zu berücksichtigen: Ein Produkt, das sich an Frauen richtet und in Design oder Werbung auf Performer abgestimmt ist, wird kaum einen großen Markt erobern können, sind doch die meisten Performer männlich, während nur rund 2% der Frauen Testosteronüberschüsse aufweisen.[40]

Die ›Limbic Map‹ bestätigt Hersteller und Agenturen aber auch in ihrer Vorliebe für Paradessenzen. Einem Produkt gegensätzliche Eigenschaften zu attestieren, bietet nicht nur die Chance, verschiedene ›Limbic Types‹ zu berücksichtigen, sondern spiegelt die häufig kontroversen Ausrichtungen der verschiedenen Emotions-Systeme wider: Bei wem nicht zwei Seelen in einer Brust, aber drei Gefühlslagen in einem Kopf miteinander kämpfen, der ist froh, wenn ein Produkt mehr als nur einen der Gefühls-Kontrahenten zu befriedigen verspricht. Einschränkungen und Kompromisse, sonst unausweichlich, scheinen dann endlich einmal unnötig. Die Paradessenz stellt also eine Erweiterung des Möglichkeitsraums in Aussicht und erlaubt es, die eigene Identität umfassender als in anderen Situationen zur Geltung zu bringen. Die Urheber der ›Limbic Map‹ bezeichnen solche paradessenten Produkte daher als »Gehirnverführer«. Und wie Shakar erwähnen sie Kaffee als Beispiel, da er »fast den ganzen Raum der Limbic Map ab[deckt]«, also sowohl Entspannung (Balance) als auch Belebung (Stimulanz) bewirkt sowie ferner als Aufputschmittel fungiert (was zu Dominanz führt).[41]

Einzelne Kaffee-Marken, die mit der ›Limbic Map‹ arbeiten, teilen ihre Produktpalette aber lieber nach den Emotions-Systemen auf. So bietet *Melitta* genau drei Typen von Filterkaffee, »Die Anregenden«, »Die Entspannenden« und »Die Besonderen«. Für erstere wird mit dem »Feuer Brasiliens«, der »Würze Ostafrikas« und dem »Temperament Mittelamerikas« geworben, es wird also mit dem Flair ferner Länder gespielt und ein alltagsferner Genuß – »Inspiration« – in Aussicht gestellt. Sind damit die Abenteurer und Hedonisten angesprochen, bei denen das Stimulanz-System stärker ausgeprägt ist, macht die zweite Gruppe bereits mit dem Produktnamen »Harmonie« die Bewahrer und Genießer, also die Balance-Sucher auf sich aufmerksam. Für sie ist der Kaffee »naturmild« und »schonend geröstet«; die einzelnen Bestandteile sind »sorgfältig aufeinander abgestimmt«. Fast jede Vokabel der Produktbeschreibung besitzt eine klare Signalwirkung und besänftigt ähnlich wie, mutmaßlich, der Kaffee selbst. Bleibt der dritte Typus, der besondere Kaffee »für den Kenner«. Wer ihn trinkt, darf sich anderen Kaffeekonsumenten überlegen fühlen. Doch wird das Dominanzbedürfnis noch weiter bedient: »Kraftvoll«, »vollmundig« und »extra stark« sind hier die auffälligen Adjektive, und vor allem dürfte es die Performer und Disziplinierten erfreuen, dank dieses Kaffees »mit neuer Energie durchstarten« zu können.

In den letzten Jahren orientierten sich jedoch so viele Unternehmen an den ›Limbic Types‹, daß Produkte verschiedener Wettbewerber selbst über die Branchen hinweg einförmig geworden sind. Gerade weil das Schema relativ simpel ist und im Vergleich zu den Milieu-Studien weniger Anhaltspunkte für eine differenzierte Produktinszenierung bietet, bleiben nur jeweils ein paar Reizvokabeln. So hat auch *Jacobs* mittlerweile einen Kaffee, der »Balance« heißt; auf denselben Namen hört ferner ein Haarshampoo, ein Duschgel, ein Frischkäse und sogar eine Fertigpizza. Zwar kann, wer wirklich um Ruhe und Ausgleich bemüht ist, seinen Warenkorb nun fast ganz mit darauf abgestimmten Produkten füllen, doch ist zu bezweifeln, daß ein bißchen Namenskosmetik genügt, um Konsumentenbedürfnisse auf Dauer zu befriedigen. Vor allem sollten sich Unternehmen überlegen, ob es zu ihren Produkten überhaupt paßt, die Menschen in ihrer hormonellen Konstitution – als Abenteurer oder Bewahrer – anzusprechen. Sonst wirkt nur aufgesetzt oder, zumal in der Summe ähnlicher Bemühungen, absurd, was etwas aufmerksameren Kunden in einem Supermarkt vorgesetzt wird.

Aber noch aus einem ganz anderen Grund ist der Boom des Neuromarketing mit Skepsis zu beobachten – zumal wenn es dabei um mehr als eine einfache Anwendung von ›Limbic Types‹ geht. Werden Wissenschaftler zunehmend von Unternehmen engagiert und dadurch sogar dazu veranlaßt, lieber eigene Institute zu gründen als auf akademische Meriten zu hoffen, droht nämlich eine Privatisierung der Forschung, die den Fortbestand der ›scientific community‹ in Frage stellt: Da das meiste dessen, was im Auftrag der Wirtschaft erforscht wird, geheim bleibt, können Kollegen weder darauf aufbauen noch Fehlentwicklungen korrigieren. Es entstehen Wissenschaftsmonaden, die noch und nochmals erforschen, was andere bereits erforscht haben, und die auf keine Synergien hoffen dürfen. Eine Wissenschaft, die von Unternehmen verstärkt in Anspruch genommen wird, droht also ineffizient zu werden und schließlich gar nicht mehr voranzukommen.

Wäre die Gehirnforschung bereits jetzt primär eine Sache unternehmensabhängiger Wissenschaftler, täte man sich etwa schwer damit, die Funktionen einzelner Gehirnareale einzugrenzen, da nicht genügend Studien-Ergebnisse zum Vergleich verfügbar wären. Jeder wäre allein auf seine Experimente angewiesen und könnte nie so viele Resultate nutzen, wie zur Gewinnung neuer Hypothesen oder zur Präzisierung der Interpretation eigener Ergebnisse notwendig sind. Die Euphorie mancher Unternehmen, mit der Gehirnforschung einen Königsweg zum Unbewußten zu beschreiten, sollte also gedämpft werden oder, noch besser, zu der Einsicht führen, daß die Geheimhaltungspraktiken eine Agonie der Wissenschaft bewirken, von deren Folgen die Wirtschaft als erste betroffen wäre.

ZMET

Nicht nur die Gehirnforschung verspricht Erkenntnisse über das Unbewußte. Andere Methoden sind sogar technisch viel weniger aufwendig als eine fMRT oder ein EEG, und obwohl ihnen die Autorität der Naturwissenschaften abgeht, ist bei ihnen nicht mehr Interpretation im Spiel als bei der Deutung von Gehirnaktivitäten. Zudem sind sie kaum auf die Ergebnisse einer ›scientific community‹ angewiesen. Die mutmaßlich interessanteste dieser Methoden wurde 1995 unter dem Namen *ZMET* patentiert, ein Akronym für ›Zaltman Metaphor-Elicitation-Technique‹ (›Zaltmans Metaphern-Ausdeutungs-Technik‹). Von Gerald Zaltman entwickelt, wird dieses Verfahren mittlerweile von der Firma *Olson Zaltman Associates* vor allem für Unternehmen in den USA angewendet, hat aber auch in anderen Ländern Resonanz gefunden. (Anders als die meisten Institute, die Milieu-Studien und Konsumenten-Typologien erstellen, berücksichtigt Zaltman den wissenschaftlichen Grundsatz der Methoden-Transparenz. Die einzelnen Elemente der *ZMET* sind öffentlich zugänglich und überprüfbar; nur wer sie kommerziell nutzen will, bedarf einer Genehmigung bzw. unterliegt den Bestimmungen des Patentrechts.)

Ziel der *ZMET* ist es, mentale Landkarten von Konsumenten zu erstellen, die Aussagen darüber erlauben, was mit bestimmten Designs, Produktanwendungen oder Marken assoziiert wird und wie verschiedene Kaufmotive miteinander zusammenhängen und zu gewichten sind. Dabei werden die Metaphern, die Probanden innerhalb von Interviews verwenden, als Schlüssel zu ihren ›wahren‹, oft unbewußt bleibenden Einstellungen behandelt. Wie auch viele Psychologen und Neurobiologen rechnet Gerald Zaltman damit, daß immerhin rund 95 % der neuronalen Aktivitäten nicht bewußt werden, was die Bedeutung jedes Verfahrens, dem dies über Umwege doch gelingt, um so größer erscheinen läßt und umgekehrt herkömmliche Interview-Techniken, die nur die bewußten Einstellungen abfragen, diskreditieren soll.[42] Daß rund 80 % aller neuen Produkte innerhalb eines halben Jahres wieder vom Markt verschwinden, obwohl sie meist vorab in Tests und Interviews evaluiert wurden, ist Zaltman ein Beleg für die mangelnde Aussagekraft von Methoden, die das Unbewußte nicht eigens einbeziehen.[43]

Zwar arbeitet Zaltmans Institut auch mit Techniken der Neurobiologie, unterzieht Probanden also zum Teil einer fMRT, doch handelt es sich dabei um ergänzende Verfahren. Als zuverlässigeres und preiswerter zu öffnendes Fenster zum Unbewußten werden die Metaphern angesehen. Zaltmans Idee liegt die Annahme zugrunde, daß kognitive Prozesse sowie Erinnerungen primär bildlich und nicht sprachlich verfaßt sind, bildliche Ausdrucksweisen also in direkter Beziehung zum neuronalen Geschehen stehen.[44]

Metaphern werden demnach als semantisch reicher angesehen als andere Sprechweisen; neben einer bewußt eingesetzten Bedeutung haften ihnen Spuren der unbewußt ablaufenden mentalen Prozesse an. Sie, genauso wie andere bildhafte Artikulationsformen, erzeugen für sich sowie in ihrem Zusammenspiel, so Zaltman, »ein komplexes Netz an Bedeutungen und öffnen Zugänge zu unseren inneren Gedanken und Gefühlen« (»The diversity of the metaphors we use and the way they interact with one another create an intricate web of meaning and open windows to our inner thoughts and feelings«).[45]

Aufgabe einer auf das Unbewußte zielenden Marktforschung ist es also, Probanden dazu zu bringen, sich möglichst metaphernreich zu äußern; in einem nächsten Schritt geht es darum, die Metaphern auf ihre Implikationen hin auszudeuten.[46]

Um das erste Ziel zu erreichen, macht die *ZMET* zwei Vorgaben. So werden für Interviews – erstens – keine repräsentativen Verbrauchergruppen, sondern nur etwa fünfzehn Probanden ausgewählt, die zu dem Produktbereich, der erforscht werden soll, in enger emotionaler Beziehung stehen. Daß sie vielfältige und intensive Erfahrungen mit dem Untersuchungsgegenstand gemacht haben, gilt als Gewähr für lebendige, authentische und individuelle Aussagen.[47] Um die Verwendung von Metaphern anzuregen, bittet man die Probanden – zweitens in einem Briefing ungefähr eine Woche vor dem Interview darum, etliche Bilder zu sammeln, die ihre Empfindungen zum jeweiligen Gesprächsthema symbolisch oder atmosphärisch darstellen. Wer mit einem Produkt romantische Gefühle verbindet, bringt also etwa ein Foto aus dem letzten Urlaub mit; wer ein gespaltenes Verhältnis dazu hat, entscheidet sich eher für ein Bild von zwei Personen in einer Konfliktsituation. Diese Bilder, ergänzt um Bildbeispiele der Interviewer, bilden den Leitfaden für das Gespräch: Nachdem der Proband ein Bild in bezug auf den Gegenstand der Untersuchung erläutert hat, fragt der Interviewer vertiefend nach, um noch mehr Erfahrungen zu vergegenwärtigen. Auch soll das Potential, das in einer Metapher steckt, ausgelotet werden, indem man die dadurch geweckten Bilder gemeinsam durchspielt. Ein gemäß den Vorgaben der *ZMET* geführtes Interview läßt sich durchaus mit einer Sitzung bei einem Psychoanalytiker vergleichen, und da sich dabei unangenehme oder peinvolle Erinnerungen und Einsichten einstellen können, ist es jedem Teilnehmer am Ende des Interviews auch erlaubt, dessen weitere Verwendung zu untersagen.[48]

Nach dem Interview soll jeder Proband nochmals ein Bild entwickeln (und kommentieren), das möglichst alle angesprochenen Erfahrungen zusammenfaßt. Dafür steht ein Graphiker mit einem Bildprogramm zur Seite; aus den jeweils mitgebrachten Bildern sowie einem zusätzlichen Bilderpool entsteht eine Collage, die den Interviewern die Auswertung des Gesprächs erleichtern soll. Hierbei werden die verwendeten Metaphern nach Bereichen systematisiert; man achtet darauf, ob sie bevorzugt aus der Natur, dem Sport oder dem Familienleben stammen und was für Erfahrungstypen darin zum Ausdruck gelangen (z. B.

Enttäuschung, Aggression, Hoffnung). Das genauste Augenmerk gilt jedoch der Frage, wie einzelne Metaphern miteinander verknüpft sind, wo sie auftauchen und mit welchen Argumenten sie begründet werden. Erst infolge einer Analyse dieser Zusammenhänge läßt sich die mentale Landkarte eines Probanden aufzeichnen.

Damit ist der Ausdeutungs-Prozeß jedoch noch nicht beendet. Vielmehr besteht das größere Ziel darin, aus den einzelnen Landkarten eine einheitliche Karte (»consensus map«) zu erstellen, die die Gemeinsamkeiten zwischen den Probanden und damit auch verallgemeinerbare Empfindungs-Muster gegenüber einem Produkt, einer Marke oder einer gesamten Branche abbildet. Eine solche Karte läßt sich flexibel gestalten. Nimmt man in sie nur auf, was in allen Interviews Thema wurde, ist sie vermutlich noch nicht sehr aussagekräftig und enthält lediglich wenige Motive. Zeichnete man umgekehrt selbst das auf, was in nur ein oder zwei Interviews zur Sprache kam, würde sie sehr unübersichtlich und enthielte auch Angaben, die für eine repräsentative Studie höchstens von peripherer Bedeutung wären. Als ideale Mitte zwischen einer unter- und einer überkomplexen Darstellung hat sich die Berücksichtigung aller Topoi erwiesen, die mindestens vier Probanden zu Protokoll geben.[49] Dann läßt sich etwa feststellen, ob ein Artikel dazu da ist, die Identität der Konsumenten zu stabilisieren oder zu erweitern, wann er innerhalb von Ritualen des Alltags oder als Ausgleich zu diesem eine Rolle spielt und inwiefern damit soziale Erfahrungen oder aber individuelle Erlebnisse gesucht werden. Genauso eignet sich die *ZMET* aber dazu, das Verhältnis der Konsumenten zu einem Material, einem Formklima, einem Marken-Relaunch oder einer Dienstleistung zu untersuchen.

Im Unterschied zu den meisten anderen Verfahren der Motivforschung basiert die *ZMET* auf keiner Typen-Einteilung des Menschen, sondern verfolgt den – hohen – Anspruch, ein allgemeingültiges Empfindungs-Schema zu ermitteln. Noch offenkundiger als andere Spielarten der Marktforschung liefert sie eine Neuauflage von Anthropologie, sofern darunter die Erforschung des Menschen ›an sich‹ verstanden wird. Weder Neurotransmitter noch soziale Unterschiede, weder Mentalitäten noch Einkommensverhältnisse, weder Geschlecht noch Alter, weder ethnische Zugehörigkeit noch Bildungsgrad werden von der *ZMET* als determinierende Faktoren berücksichtigt. Zaltman betont sogar ausdrücklich die interkulturelle Übereinstimmung menschlichen Verhaltens und behauptet, verschiedene Konsumenten würden nicht nur viele Einstellungen und Gefühle zu Produkten, Dienstleistungen oder Erfahrungen teilen, sondern selbst ihre Begriffe ähnlich aufeinander beziehen. (»Not only do different consumers share many of the same deep thoughts and feelings about products or service needs or experiences, but the ways in which these constructs are related to one another are also shared by otherwise different people.«)[50]

Dies läßt, überzeugender als bei neurobiologischen Typologisierungen, mutmaßen, daß soziale und milieuspezifische Kategorien in der künftigen Marktforschung an Relevanz einbüßen. In einer Zeit, in der sich viele Unternehmen als ›global player‹ profilieren wollen, bietet ohnehin eine Technik, die anthropologische Konstanten im Visier hat, die beste Perspektive. Statt mühsam für jedes Land die maßgeblichen Milieus identifizieren und dazu jeweils hunderte, sogar tausende von Haushalten inspizieren zu müssen, genügt es dann, die Metaphern von fünfzehn Probanden zu erforschen. Je tiefer man dabei in das Unbewußte eindringt, desto mehr kann man äußere – kontingente – Schichten der Personen hinter sich lassen und, so wird suggeriert, zu Grundelementen des Denkens und Fühlens vorstoßen. Zaltman verspricht also sowohl die am besten verallgemeinerbaren wie die am preiswertesten zu gewinnenden Ergebnisse.

Doch kann man Herstellern auf diese Weise wirklich verbindliche Kriterien an die Hand geben, wie eine Verpackung aussehen, welchen Namen ein Produkt bekommen oder mit was für Argumenten es lanciert werden soll? Werden die allgemeinen Empfindungs-Muster durch individuelle Sozialisierungen und Erfahrungen nicht zumindest überlagert? Auf jeden Fall eignet sich die *ZMET* besser dazu, eine Einschätzung über einen gesamten Produktbereich als detaillierte Angaben zu einzelnen Features zu erhalten. Die Beispiele, die in den Veröffentlichungen Zaltmans und anderer Forscher, die mit *ZMET* arbeiten, dargestellt sind, beziehen sich auch durchwegs auf größere Erfahrungsfelder: Einmal interessieren die Motivationen von Mountain-Bike-Fahrern, ein anderes Mal die Empfindungen gegenüber dem Zahnarztbesuch oder, in einer weiteren Studie, die Gründe für das Unbehagen gegenüber Banken. Doch kann das Wissen darüber, wie sich verschiedene für einen Produktbereich relevante Motive zueinander verhalten, bereits Anhaltspunkte für das Design liefern. Läßt sich etwa erkennen, daß ein Produkt primär – und vielleicht nur unbewußt – Entspannung und Spaß bereitet, dann wird die künftige Gestaltung anders ausfallen, als wenn sich damit Ehrfurcht oder Stolz verbinden.

Erst recht können die Ergebnisse einer *ZMET* eine Marketingkampagne beeinflussen. Schon die Bilder, die Probanden zu einem Interview mitbringen, bieten erste Anregungen für Sujets einer Werbeanzeige oder eines Spots; die Kenntnis wiederholt verwendeter Metaphern eröffnet erst recht einen Spielraum für die Gestaltung von Produkt und Werbung. Die Aufgabe, Situationen, Plots oder Atmosphären für ein Produkt zu konzipieren, fällt auf der Basis eines bildgebenden Verfahrens wie der *ZMET* leichter. Auch in der Patentschrift ist dieser Nutzen eigens hervorgehoben, heißt es doch, daß Einblicke in die (sonst unbewußt bleibenden) Gedankenprozesse der Konsumenten genauere Vorhersagen darüber erlaubten, wie Bilder in der Werbung aufgenommen würden. (»Such techniques provide further insight into the thought process of customers thereby giving researchers a better idea of how a customer perceives the images that would appear in marketing campaigns.«)[51] Zaltman beruft sich auf die

Überzeugung, nahezu alle erfolgreichen Produkte seien in Design und Vermarktung durch eine kluge Verwendung von Metaphern ausgezeichnet. Zu den größten Flops komme es hingegen, wenn wichtige Metaphern mißachtet würden.[52]

Oft tauchen auch gerade in den persönlichsten Berichten Erfahrungen und Metaphern auf, die sich als besonders wichtig erweisen. Kämen sie nicht wenigstens einmal markant zur Sprache, könnte leicht übersehen werden, daß sie, abgeschwächt, bei vielen anderen Probanden ebenso eine Rolle spielen. Geht es um ein spezielleres Thema wie die Einstellung zu einem bestimmten Markenprodukt (und nicht zu einer gesamten Branche), kann also ein einziges Interview auf einen neuen Aspekt – und letztlich sogar zu einem Marken-Relaunch führen.

Ein eindrucksvolles, bisher nur ohne Nennung des Auftraggebers publiziertes, aber durch Hinweise aus anderen Quellen eindeutig *Coca-Cola* zuzuordnendes Beispiel stammt aus dem Jahr 2001.[53] In einem Interview erzählte eine Probandin, daß sie, als sie vom tödlichen Unfall eines eng befreundeten Cousins erfahren hatte, geschockt in ihrer Küche saß und sich auf einmal schuldig fühlte: weil sie noch lebte und der Freund tot war. Sie sei dann zum Kühlschrank gegangen und habe sich eine Cola-Büchse geholt. Das Trinken habe ihr auf einmal Erleichterung verschafft; die Schuldgefühle seien verschwunden. Dieses Erlebnis war für die Probandin so stark, daß sie die leere Büchse aufhob und seither immer wieder neu füllt und benutzt, wenn es ihr schlecht geht. Für sie bedeutet *Coca-Cola* also eine Chance auf Befreiung, auf Vergessen-Können und Neuanfang; sie findet dadurch emotionalen Ausgleich, eine erlösende Ruhe.

Dem *ZMET*-Team, das die Untersuchung durchführte, fiel dann auf, daß auch andere Probanden Erfahrungen ansprachen, die dem Produkt eine beruhigende, befreiende, vom Alltag und seinen Sorgen entspannende Wirkung zusprachen. Vokabeln wie ›Friede‹, ›Ruhe‹ oder ›streßlindernd‹ kamen in den Interviews wiederholt vor. Auf einer Collage, die ein Proband am Ende seines

Interviews erstellte, war ein buddhistischer Mönch in einem gefüllten Fußballstadion zu sehen. Sie repräsentierte zwei Seiten von *Coca-Cola*: neben der längst bekannten, wonach das Getränk Spaß mit Freunden und bei Events bereitet, auch die bisher übersehene, die ihm eine ähnlich reinigende Kraft attestiert wie einer Meditation.

Diese Qualität in der Werbung hervorzuheben, kam den Marketingverantwortlichen bei *Coca-Cola* entgegen, konnte man sich damit doch zugleich von den bisher nur als Konkurrenz empfundenen und stark boomenden Energy Drinks wie *Red Bull* (eine Marke, die übrigens mit ›Limbic Types‹ arbeitet) absetzen. Für *Coca-Cola* war der Markt plötzlich wieder weiter geworden; den Konsumenten ließ sich nicht nur Spaß und Lebenslust, sondern auch der Impuls versprechen, eine Auszeit von den Sorgen und Ängsten zu nehmen und ihr Leben zum Positiven zu verändern. Die Collage mit dem Mönch im Fußballstadion nahm sich die Werbeagentur dabei zum Vorbild: Seit 2002 erschienen mehrere Anzeigen mit buddhistischen Mönchen. Ent-

Coca-Cola: Werbeanzeige, 2004

weder wurden sie ebenfalls als kontemplatives Element in ein fröhlich-ausgelassenes Ambiente gestellt, oder aber man zeigte sie selbst als Gruppe, die Spaß bei einem Event wie einer Achterbahnfahrt hat. Sie verkörpern dann die paradessent-surreal anmutende Synthese von Intro- und Extrovertiertheit.

Daß in der Werbung seit wenigen Jahren vermehrt surreal anmutende Anzeigen zu bemerken sind, verdankt sich dem gestiegenen Einfluß von Verfahren wie der *ZMET*. Viele ›special effects‹ – Strudel, Gleißen, Schweben – sind bildliche Umsetzungen von Metaphern-Netzwerken; daran knüpft sich die Erwartung, die Konsumenten würden – unbewußt – davon angesprochen, da sie Image und Erwartung, die sie von einem Produkt haben, anschaulich-eindringlich bestätigt bekommen. So dient eine Werbeanzeige dazu, mit einem Ding verbundene Empfindungen zu wecken; selbst wenn sie nicht einzeln bewußt werden, beeinflussen sie die Konsumbereitschaft.

Für Zaltman besteht der Sinn einer Werbung – wie auch der Warenästhetik und des Designs – grundsätzlich darin, bereits im Kopf der Konsumenten gespeicherte Erfahrung wachzurufen. Geht es nicht um Metaphern-Netzwerke zu bestimmten Produkten, dann um Motivzusammenhänge, die im besten Fall vielen oder gar allen Menschen vertraut sind und die durch einen Artikel virulent werden können. Er spricht auch von Archetypen und vertritt die Überzeugung, daß die Begriffs- oder Empfindungs-Karten (»consensus maps«), wie sie infolge einer *ZMET* erstellt werden, Handlungsgerüste böten, die sich zu variantenreichen Geschichten ausschmücken ließen.[54] Wer weiß, daß bei Kühlschränken an Sicherheit, bei Duschgel an Verjüngung und bei einer Waage an die letzte Niederlage des eigenen Willens gedacht wird, hat schon genügend Stoff an der Hand, um sich Plots für Geschichten auszudenken, die durch das Design, die Verkaufssituation oder einen Werbespot anklingen und im Kopf des Konsumenten vollendet werden. Und wer dann noch eine Vorstellung davon hat, in welchen Zusammenhängen – Metaphern-Netzwerken – die Motive jeweils stehen, ob ›Sicherheit‹ eher als ›familiär behütet‹ oder als ›ökonomisch unabhängig‹ interpretiert wird und ob die Willens-Niederlage als verlorenes Spiel oder aber als Sünde gilt, kann kaum noch etwas falsch machen: Potentielle Kunden werden genau dort erreicht, wo sie mit ihren Gefühlen und Gedanken ohnehin schon sind.

Produktpsychologie und Verfassungsmarketing

Andere tiefenpsychologische Ansätze teilen in ihren Prämissen und Zielen das Programm Zaltmans, bedienen sich aber nicht derselben Methoden. Sie kritisieren es etwa als zu einseitig, bei Interviews allein auf Metaphern zu achten. Immerhin könnte es genauso andere Zugänge zum Unbewußten geben. Je mehr davon man zugleich verfolgt, desto eher geht das jedoch auf Kosten der Transparenz und Modulisierbarkeit, die die *ZMET* mustergültig erfüllt. Doch warum sollte man nicht auch Schlüsse daraus ziehen, mit welcher Körpersprache ein Proband auf Fragen reagiert? Und ist es nicht ein wertvoller Hinweis, wenn Probanden bei einem Thema häufiger als üblich eine Toilettenpause vom Interviewer erbitten? Marktforscher wie vom Kölner Institut *rheingold*, das im deutschsprachigen Raum erfolgreich auftritt, vertreten die Überzeugung, daß jedes Sujet ein eigenes »Wirkungsfeld« entfaltet; sie versuchen sogar, »Produkt-Wirkungseinheiten (PWE)« zu erfassen, bemühen sich also um eine möglichst vollständige Bestandsaufnahme der Effekte und Formatierungen, die ein Produkt, eine Marke, ein Slogan oder ein Sinneserlebnis auslöst.[55]

Hieran zeigt sich der Unterschied zu einem soziologischen Ansatz, denn während dieser typische Konsumentenprofile liefert und dem Ideal eines gläsernen Konsumenten folgt, gehen die Tiefenpsychologen von den Dingen aus. Sie interpretieren sie als »*Bedingungen* des Psychischen«, wie es Friedrich Heubach, einer der Vordenker der Methoden von *rheingold*, formuliert, der sich damit zugleich von anderen psychologisierenden Ansätzen abgrenzt, die ein »Verhalten in einem ›inneren‹ Motiv begründet« sehen wollen, statt zuerst den »›äußeren‹ Gegenstand, das konkrete Objekt dieses Verhaltens, einer psychologischen Reflexion zu unterziehen«.[56] Statt also zu fragen, warum jemand gerne putzt, gar nicht putzt oder unter Putzzwang leidet, ermitteln die Psychologen von *rheingold*, welche Erfahrungen – rund dreißig repräsentativ ausgewählte – Probanden mit Haushaltsreinigern haben. Sie versuchen herauszufinden, ob sich in der Verwendung verschiedener Marken unterschiedliche Putz-Haltungen manifestieren. Im konkreten Fall ergab sich etwa, daß der *General* für viele Probanden »als Knigge des Alltags ein pingeliges und gewissenhaftes Putzen« repräsentiert, während *Meister Proper* »einen unverkrampfteren Putzstil« erlaubt, der »eher ein oberflächliches Blendwerk als porentiefe Sauberkeit« hervorbringt.[57] Was dieselben Probanden, die sich für das eine oder das andere Putzmittel entscheiden, am liebsten lesen oder wo sie bevorzugt ihren Urlaub verbringen, beschäftigt die Experten von *rheingold* hingegen genauso wenig wie die von *Olson Zaltman*. (So wie sich umgekehrt Institute wie *Sinus Sociovision* nicht dafür interessieren, von welchen Emotionen die Verwendung eines Produkts begleitet wird.)

Definieren die Soziologen mit ihren Milieu-Studien Zielgruppen, so identifizieren die Tiefenpsychologen in den Dingen liegende Dispositionen, die ein Habenwollen oder bestimmte Nutzungsweisen begünstigen. Sie überrascht es auch nicht, wenn jemand zwei oder mehrere Haushaltsreiniger zugleich in der Besenkammer hat. Gerade sofern verschiedene Anbieter ihr Produkt eigens codieren und mit bestimmten Emotionen aufladen, schaffen sie sogar Anreize dafür, daß Konsumenten ihre multioptionalen Neigungen ausleben und einmal ihren Wunsch nach einem radikalen Putzteufel verwirklichen, ein andermal hingegen lieber in die Rolle eines lockeren Hausmanns schlüpfen.

Während Milieu-Zuschreibungen schnell an ihr Ende gelangen, wenn jemand sich für mehrere konkurrierende Produkte gleichermaßen entscheidet, erkennen die Psychologen daran um so besser, welchen Charakter diese jeweils haben und in welchen Situationen sie als hilfreich empfunden werden.

Da die Forschungen von Instituten wie *rheingold* dazu beitragen, daß Hersteller die Symbolik ihrer Artikel für bestimmte Stimmungen und Rollen designen, wird es nochmals schwieriger, das Sortiment einer Produktbranche nur nach Konsumententypen zu unterscheiden. Wie die Milieusoziologen einige gesellschaftliche Gruppen aufmerksamer in den Blick nehmen als andere und daher Produktinnovationen mit gewisser Einseitigkeit forcieren, so leisten die Dingpsychologen den Tendenzen Vorschub, Produkte als Requisiten und Mitwirkende diverser Inszenierungen des eigenen Lebens zu begreifen. Im Extremfall fungiert *Meister Proper* dann als Souffleur, der seinem Benutzer einflüstert, doch etwas mehr Lockerheit und Spaß an den Tag zu legen.

Bei *rheingold* wurde ein eigener Begriff für die Abkehr vom Zielgruppen-Marketing geprägt. Nun heißt es ›Verfassungsmarketing‹, wenn Entwicklung und Vermarktung eines Produkts darauf zielen, seine Verwendung an einzelne Situationen zu knüpfen, um bestimmte psychische Verfassungen der Konsumenten zu stärken. Mit einem Bier sollen dann nicht Konservative oder Moderne Performer angesprochen werden, sondern Gäste einer Sommerparty, Arbeiter am Feierabend, eine Wandergruppe im Biergarten oder Besucher eines Jazzkonzerts. Jeweils sind die Menschen dabei in einer anderen Laune und Verfassung und werden sich daher für ein Bier entscheiden, dessen Image der Situation möglichst genau entspricht. Selbst wer markentreu ist und eine bestimmte Sorte bevorzugt, kann durch die Umstände dazu verführt werden, ein Produkt zu wählen, das das Erlebnis der aktuellen Stimmung noch steigert. Damit passen sich die Konsumenten aber »den jeweiligen Umfeldern so konsequent an, daß konstante individuelle Profile kaum mehr auszumachen sind«.[58] Vielmehr gerät der einzelne in immer wieder andere Rollenmuster und identifiziert sich schließlich weniger mit Produkten als mit den Umgebungen und Erlebniswelten, in denen sie relevant sind.

Genauso wie einem soziologisch orientierten Zielgruppenmarketing widerspricht ein Denken in ›Verfassungen‹ Konsumenten-Klassifizierungen wie den ›Limbic Types‹. So legt *rheingold* keine festen – hormonell oder anders determinierte – Identitäten zugrunde: Da der einzelne flexibel auf verschiedene Situationen reagiert, ist er als Summe seiner mehr oder weniger heterogenen Verhaltensweisen zu begreifen. Dieses Menschenbild entspricht den Vorstellungen, die in Beiträgen zu Postmoderne und Eventkultur vertreten werden[59], verabschiedet es doch das Ideal eines linear und widerspruchsfrei geführten Lebens, um dafür die Vielfalt und paradessente Mischung von Erlebnisformen als Ziel auszugeben. Sofern die Werbung Produkte weniger in Milieus denn als Bestandteile von Ereignistypen in Szene setzt, wird eine Priorisierung von ›Verfassungen‹ gegenüber stabilen Identitäten weiter vorangetrieben.

Selbst bei teuren Produkten wie Automobilen, von denen sich nur eine Minderheit mehrere leisten kann, braucht der einzelne nicht darauf zu verzichten, sich dem jeweiligen Anlaß angemessen zu präsentieren. So weist *rheingold* darauf hin, daß viele Autos mittlerweile »als Multi-Purpose- oder Multi-Utility-Vehicles konstruiert [werden], damit sie die unterschiedlichsten Situationen ideal ausgestalten helfen«.[60] Erst recht ist an die vielen Strategien zu erinnern, ein Produkt mit einer Aura von ›Zweckmäßigkeit ohne Zweck‹ zu versehen, um es für verschiedene Wünsche und ›Verfassungen‹ gleichermaßen geeignet erscheinen zu lassen. Allerdings kann sein Profil dabei auch so unbestimmt werden, daß es schließlich keine Situation mehr gibt, in der es sich als das einzig passende aufdrängt.

Laufen indeterminierte Dinge also Gefahr, keine eindrucksvollen Requisiten für Rollenspiele abzugeben, so gewährt die Untersuchung der Gestimmtheiten, die Produkte hervorrufen, dem ›Cue-Management‹ andererseits genügend Anhaltspunkte, um Beliebigkeit zu verhindern. Wer infolge tiefenpsychologischer Interviews weiß, wie das Öffnen einer Bierflasche klingen muß, damit sich Erholung oder Spaß oder Abenteuer oder Nostalgie oder Vorfreude damit assoziieren läßt, wird das Design ›verfassungsgemäß‹ verbessern und den Erlebnisraum, den ein Produkt eröffnen kann, klarer definieren.

Je besser ein Produkt konzipiert ist, desto stärker entsteht beim Konsumenten ein eigentümliches Gemisch aus Empfindungen: Erinnerungen, Träume, Gefühle und Ideen, die in ein Habenwollen münden. Als Vorbild für jeden Produzenten, aber auch für jede *rheingold*-Studie könnte daher eine der berühmtesten Episoden der Literatur dienen, nämlich Marcel Prousts Beschreibung dessen, was sein Ich-Erzähler in *Auf der Suche nach der verlorenen Zeit* (1913 ff.) erlebt, als er eine *Petite Madeleine*, einen Keks, zusammen mit einer Tasse Tee zu sich nimmt. Der Geschmack des Kekses löst nicht nur ein »unerhörtes Glücksgefühl« bei ihm aus, ja, läßt ihn momentan Abschied von der Überzeugung nehmen, bloß »mittelmäßig, zufallsbedingt, sterblich« zu sein, sondern weckt auch tief verborgene Erinnerungen. Das, »was so in meinem Inneren in Bewegung geraten ist«, sind Bilder, die zu dem Geschmack gehören und nach und nach, nicht ohne Mühen, ins Bewußtsein treten. So vergegenwärtigt sich der Erzähler eine Episode aus seiner Kindheit, als ihm eine Tante schon einmal eine *Madeleine* zum Tee angeboten hatte. Akribisch wird »jener Augenblick von einst« rekonstruiert, »der, angezogen durch einen ihm gleichen Augenblick, von so weit her gekommen ist, um alles in mir zu wecken«, und zuversichtlich heißt es, daß, selbst »wenn von einer früheren Vergangenheit nichts existiert nach dem Ableben der Personen, dem Untergang der Dinge«, »Geruch und Geschmack noch lange wie irrende Seelen ihr Leben weiterführen« und »auf den Trümmern alles übrigen und in einem beinahe unwirklich winzigen Tröpfchen das unermeßliche Gebäude der Erinnerung unfehlbar in sich tragen«. Dabei ist dem Erzähler durchaus klar, daß das Sich-Erinnern kein passiver Vorgang ist; vielmehr verschafft er sich damit erst seine eigene Vergangenheit und Identität. So setzen die ›Produkt-Wirkungseinheit‹ des kleinen Kekses und eines Schlucks Tee eine Erzählbewegung in Gang, die erst rund 3000 Seiten später an ihr Ende gelangt.[61]

Prousts Beschreibung stellt ein frühes Beispiel für die stimulierende Kraft einer Dingerfahrung dar, wie sie die Psychologen von *rheingold* erforschen; sie veranschaulicht aber auch Zaltmans Überlegungen zu Motivverknüpfungen sowie zum Zusammenhang von Sinneswahrnehmung und Erinnerung. Wer heute einen Supermarkt oder ein Kaufhaus betritt, ist mit Produkten konfrontiert, die bereits daraufhin entwickelt wurden, möglichst viel von dem anzuregen, was – individuell und kollektiv – in den Köpfen der Konsumenten gespeichert ist. Wer einkauft oder auch nur ein Lifestyle-Magazin durchblättert, ist somit fortwährend Stimulantien ausgesetzt, die die Gegenwart mit einem Gespinst an Fiktionalisierungsfäden überziehen und in ein Knäuel aus Wohlgefallen verwandeln, das Wünsche, Erinnerungen und Phantasien in sich vereint.

Allerdings kommt es kaum einmal zu so intensiven Erlebnissen, wie Proust sie schildert. Dies liegt jedoch weniger an der Unzulänglichkeit wissenschaftsgestützt arbeitender Designer und Vermarkter als an der Masse ähnlich ambitionierter Produkt-Projekte, denen Konsumenten gleichzeitig ausgesetzt sind. Prousts Beschreibung läßt den Aufwand an geistiger Energie und Zeit spüren, den es verlangt, bis eine Wahrnehmung mehr als nur eine Assoziation, nämlich ein größeres Erinnerungsgebilde, ja eine verlebendigte Innenwelt erzeugt. In der Hektik des täglichen Einkaufens, angesichts übervoller Regale und anderer Informationsfülle ist es jedoch nicht möglich, genügend meditative Bereitschaft zu wahren. Vielen Elementen des ›Cue-Management‹ bleibt also ein Resonanzraum verwehrt; vermutlich wirken sie ein wenig im Unbewußten, beeinflussen auch Entscheidungen, doch müssen die Konsumenten auf die Proustsche Freude verzichten, das zu entfalten, was eine Sinneswahrnehmung in Gang setzen könnte.

Geisteswissenschaften

Auch ohne Tiefenpsychologie kann bewußt gemacht werden, was sonst unbemerkt abläuft. Geschult darin sind vor allem Geisteswissenschaftler. So lassen seit einigen Jahren Unternehmen, deren Produkte erheblichen symbolischen Mehrwert besitzen, die Designbotschaft und das Image ihrer Produkte ebenso von Kunsthistorikern, Kulturwissenschaftlern oder Philosophen erörtern. Sie machen dann im Auftrag, was Proust als unverhofftes Erlebnis schildert und was *Olson Zaltman* oder *rheingold* mit Hilfe von Probanden erledigen.

Zu den geisteswissenschaftlichen Qualifikationen gehört es, Wahrnehmungen sprachlich umzusetzen und in größere Zusammenhänge zu stellen. Ist ein Auto oder ein Rasierapparat zu analysieren, vermag ein Kunst- oder Kulturwissenschaftler das jeweilige Modell dank seines historischen Wissens und einer Routine in vergleichendem Sehen in eine längere Produktgeschichte einzuordnen und damit breiter und flexibler zu bewerten als jemand, der allein einem momentanen Eindruck ausgesetzt ist. Er kann beurteilen, ob ein Produkt an ein Vorgängermodell schlüssig anknüpft und wie sich seine Wirkung von konkurrierenden Angeboten unterscheidet. Wer sich eigens in die Geschichte der Marke einarbeitet, kann zudem die Auswirkungen einer Relaunch-Kampagne auf das bisherige Image prognostizieren. Schließlich will der Auftraggeber vermutlich wissen, wie seine Produkte in die Zeitstimmung passen, welches Lebensgefühl ihnen entspricht und was für Werte sich darin verkörpern.

Zwar wird ein Geisteswissenschaftler nie von dem Verdacht freizusprechen sein, ›bloß subjektiv‹ zu urteilen, doch unterscheidet sich seine Subjektivität von der anderer darin, daß sie sich selbst reflektiert. Eine persönliche Kindheitserinnerung, die mit einer Marke oder einem ›Corporate Design‹ verbunden sein mag, betrachtet er auf ihre Verallgemeinerbarkeit hin; sie wird mit anderen Erinnerungen sowie Ereignissen der Zeitgeschichte in Beziehung gesetzt. Auch so lassen sich Erfahrungs-Netze freilegen, und es entstehen mentale Landkarten, die über die Subjektivität des einzelnen auf eine ganze Generation und eine weiter verbreitete kulturelle oder psychische Prägung verweisen.

Wer trainiert ist, die Genealogie der eigenen Urteile zu durchschauen (was zu erstreben die genuine Aufgabe jedes guten Geisteswissenschaftlers ist), kann also auf Fragen nach Image und Design genauere und konstruktivere Antworten geben als ein durchschnittlicher Konsument. Das gilt selbst dann, wenn dieser gezielt befragt wird – so wie es innerhalb der quantitativen Marktforschung üblich ist. Dabei läßt man oft sogar mehrere tausend Probanden einen Fragenkatalog abarbeiten, um zu erfahren, ob sie ein Produkt grundsätzlich kauften, wie teuer es sein dürfte und für welche Zielgruppe es gedacht sein könnte. Sind solche – kostspieligen – Aktionen von der Illusion getrieben, viele subjektive Urteile näherten sich, zusammengenommen, doch einer objektiven und repräsentativen Aussage, so wird unterschätzt, daß die Probanden nur auf vorformulierte und leicht auswertbare Fragen antworten können und gar nicht die Gelegenheit bekommen, zusätzliche Beobachtungen zu artikulieren. Selbst wenn diese festgehalten würden, gingen sie jedoch bei der statistischen Auswertung der Fragebögen im großen Durchschnitt auf. Die Ergebnisse einer solchen Untersuchung sind aber auch deshalb nur bedingt brauchbar, da sie für sich stehen, man also zwar erfährt, wie viele Probanden ein Modell für kaufwürdig erachten, jedoch kaum weiß, was im einzelnen ihre Gründe dafür sind. (Wer an die Macht des Unbewußten glaubt, wird zudem kritisieren, daß das, was Probanden sagen, nicht mit ihrem wahren Empfinden und erst recht nicht mit ihrem Handeln übereinstimmen muß.)

Die Unternehmen unterliegen also einem Irrglauben, wenn sie der quantitativen Meinungsforschung mehr zutrauen als – zudem viel preiswerteren – geisteswissenschaftlichen Expertisen. Dies um so mehr, als es für Geisteswissenschaftler, so ungewohnt ihre Arbeit für die Wirtschaft sein mag, keineswegs eine neue Aufgabe ist, sich mit Symbolen, Codes, Designs oder Bildsprachen zu befassen. Zumal in der Kunstgeschichte haben Stilanalysen eine lange Tradition und betreffen auch nicht nur Werke der Hochkunst. Vielmehr vertraten Kunstwissenschaftler immer wieder die Ansicht, daß sich in jeglicher Gestaltung eine Lebenshaltung ausdrückt. Berühmt wurde etwa Alois Riegl, der zu Beginn des 20. Jahrhunderts über die spätrömische Kunstindustrie schrieb und dabei frühe Konsumgüter wie Gürtelschnallen oder Öllämpchen untersuchte, um aus ihrer Stilgeschichte Rückschlüsse auf die Veränderung der Gesellschaft zu ziehen. Für ihn war klar, daß sich das jeweilige Formklima »vollkommen parallel« zum geistigen Klima einer Kultur ausrichtet.[62] Ihm folgten zahlreiche andere Wissenschaftler, aber auch Kulturphilosophen wie Oswald Spengler, die Stilmittel oder Designformen (und bei weitem nicht nur Konsumgüter) als Indikatoren sozialer, psychischer und ideologischer Befindlichkeiten interpretierten. (Auch Florian Illies, der – wie zitiert[63] – in Hemden Weltanschauungen zu erkennen glaubt, ist ein Kunstwissenschaftler, den man in der Tradition Riegls sehen kann.)

Die Objekte werden dabei immer als symptomatisch für eine gesamtgesellschaftliche Lage und weniger als Ausdruck der individuellen Verfassung ihrer Urheber gedeutet. Mit demselben Erkenntnisinteresse können sich Geisteswissenschaftler heute für Unternehmen nützlich machen. Beziehen sie ein Design, eine ›Corporate Identity‹ oder eine Marketingstrategie auf gesellschaftliche Zusammmenhänge, nähern sie sich aber auch einer

Profession, die oft mythisiert und ebenso oft als unseriös verdächtigt wird, nämlich der Trendforschung.

Trendforscher gehen ebenfalls häufig von ästhetischen Befunden aus, ziehen für ihre Untersuchungen jedoch ebenso ökonomische oder soziodemographische Daten heran. Meist haben sie ein oder zwei Phänomenbereiche, die sie für besonders signifikant halten, um Aussagen über Wertewandel oder soziale Lageverschiebungen zu treffen: Werbeanzeigen, Kinofilme, Musikvideos, Statistiken, Talkshows, Literatur oder Web-Logs stehen dann im Zentrum ihrer Aufmerksamkeit. Anders als oft gemutmaßt wird, sind sie jedoch weder Zukunftsforscher noch nur mit subkulturellen Erscheinungen befaßt; vielmehr sind sie als Gegenwartsanalytiker zu verstehen. Im Unterschied zu Instituten, die Milieu-Studien oder vergleichbare soziopsychologische Klassifikationen entwickeln, verzichten Trendforscher allerdings meist auf feste Gesellschaftsmodelle. Bei ihnen steht die Identifikation und Einschätzung von Phänomenen im Mittelpunkt.

Für Unternehmen sind solche Live-Reporter des Zeitgeists wichtig, um Änderungen in den Konsumgewohnheiten frühzeitig zu erfahren oder um die Konsumchancen eines neuen Fabrikats vorab ermessen zu können. Während Geisteswissenschaftler also einerseits eine Rückmeldung auf neue Produkte geben, lassen sich die Erkenntnisse, die sie als Trendforscher gewinnen, andererseits in die Entwicklung von Pilot-Studien und Modellen einspeisen. Als Berater schlagen sie Formsprachen oder Produktnamen, manchmal sogar neue Produkttypen oder -paletten vor. Erbringt eine Expertise, daß der Prototyp eines Automobils im Widerspruch zu dem Image steht, das damit ausgedrückt werden soll, dann kann ein Kunstwissenschaftler letztlich vielleicht auf ein paar Rücklichter verweisen, die infolge seines Rats kleiner und runder als ursprünglich geplant gestaltet wurden. Oder ein Parfumhersteller ändert die Verschlußkappe eines Flacons, um den Zeitgeist besser zu treffen.

Allerdings geschieht die wechselseitige Ableitung von Mentalitäten und Stilmerkmalen wie auch die Ermittlung von Trends häufig ziemlich suggestiv. Mit rhetorischem Vermögen und einer geschickten Auswahl an Beispielen läßt sich leicht Überzeugungskraft gewinnen und fast alles beweisen. Oft genügt bereits eine witzige oder gut erinnerbare Begriffsprägung, um ein Phänomen zum Trend werden zu lassen. (›Ich-AG‹, ›smart shopper‹, ›Quarterlife-Crisis‹ oder ›metrosexuell‹ sind einige erfolgreiche Termini der letzten Jahre, die von Trendforschern geprägt wurden.[64]) Der Soziologe Erving Goffman machte schon in den 1970er Jahren, noch bevor der Boom der Trendforschung einsetzte, darauf aufmerksam, daß man nur »einen genügend großen Stoß Bilder« brauche, um für beliebige Merkmale immer so viele Belege zu haben, daß sich daraus ein Trend ableiten lasse: »Je größer die Ausgangs-Sammlung, desto sicherer wird der Forscher bestätigende Beispiele finden für das, (...) was er von vornherein beweisen wollte.«[65]

Zu den Tricks der meisten Trendforscher gehören auch Techniken der Dramatisierung. So verzichtet kaum ein Dossier darauf, für die Gegenwart extreme und epochale Umbrüche zu diagnostizieren: Der Leser soll sich als Zeitzeuge gegenüber anderen Generationen privilegiert fühlen. Doch dient dieses Vorgehen vor allem dazu, die Arbeit des Trendforschers zu legitimieren und ihm neue Aufträge zu bescheren. Wie Psychologen und Gehirnforscher dazu neigen, die Rolle des Unbewußten unabsehbar groß erscheinen zu lassen, haben Trendforscher ein Interesse daran, die Lage als möglichst komplex, schwierig und herausfordernd zu beschreiben. Auch sie schätzen daher Paradessenzen und verkünden gerne gegenläufige Trends gleichzeitig: Beschleunigung und Stillstand, Neo-Biedermeier und Monadisierung. Neben der Suggestion einer Unübersichtlichkeit hat dies den Vorteil, daß sich jeder heraussuchen kann, was der eigenen Einschätzung am ehesten entspricht. Damit aber nähern sich Trendberichte im schlimmsten Fall Horoskopen, deren Formulierungen bekanntlich von vornherein daraufhin angelegt sind, als Projektionsflächen für diverse Wünsche und Hoffnungen zu dienen.

Wenn mittlerweile viele Produkte in Gestaltung oder Werbung heterogene Motive ansprechen, ist das also nicht zuletzt auf den Einfluß paradessenter Trendangaben zurückzuführen. Wird für die Gesellschaft insgesamt oder für relevante Konsumentengruppen »Hybridbildung« oder »Komplexitätserhöhung« konstatiert, kann dem »auf der Anbieterseite strategisch konsequent nur mit einer korrespondierenden Komplexitätserhöhung begegnet werden«. So analysieren zumindest einige Kulturwissenschaftler die Lage und setzen gezielt auf »Produkte mit paradoxen Eigenschaften«.[66]

Auch sonst plädieren Geisteswissenschaftler gerne für semantische Differenzierungen sowie Verfremdungen und ›komplexitätserhöhende‹ Brechungen eines Markenimages und beziehen sich exemplarisch auf *Benetton*-Kampagnen der 1990er Jahre, deren Plakate es sogar bis ins Kunstmuseum schafften. Daß die Kunden selbst beim Pulloverkauf mit Katastrophen aus der ganzen Welt konfrontiert und zu Moralurteilen genötigt wurden, erschien als Ausweg aus einem Marketing, das sich auf feste Milieu-Typologien beschränkt. Da Geisteswissenschaftler ohnehin dazu neigen, mit dem Unkonventionellen und Ausnahmen zu sympathisieren, betreiben sie Trendforschung nicht zuletzt aus der Hoffnung, daß diese mehr als nur deskriptiv sein kann und die Konsumkultur interessanter, schillernder und damit wiederum deutungsfähiger macht, als sie bisher war.

In einer Gesellschaft, die das Neue sucht und als Surplus an Möglichkeiten schätzt, erfährt auch jedes Phänomen eine Aufwertung, das zum Trend erklärt wird. Allein um sich am Puls der Zeit zu fühlen und von anderen abzusetzen, begreifen viele die Diagnosen der Trendforscher als Appell oder Tip. So wenig Gehör fände, wer mit erhobenem Zeigefinger bestimmte Verhaltensweisen predigen wollte, so viel Zuspruch darf erwarten, wer dieselben Verhaltensweisen als Trend darzustellen vermag. Je mehr Geisteswissenschaftler mit kulturellen Ambitionen sich als Trendforscher engagieren, desto heterogener und überraschender dürfte die Konsumwelt sich also entwickeln.

Doch sind Trendstudien auch genau auf ihre Provenienz und Finanzierung zu prüfen: Immerhin könnte ein Unternehmen dahinterstehen, das den Absatz seiner Produkte steigern will, indem es ihre Eigenschaften oder auch Situationen ihrer Verwendung als besonders ›trendy‹ deklarieren läßt. Die Grenze zwischen Werbung und Trendforschung ist also nicht immer klar gezogen. Dies gilt auch in anderer Weise. Soweit nämlich Trendforscher als Basis ihrer Hypothesen Produkte und Werbungen heranziehen, ermitteln sie als Trend oft genau das, was die Hersteller gezielt implementiert haben, nur weil andere Trendforscher ihnen dazu rieten. So bestätigt man sich innerhalb der Branche häufig wechselseitig, was freilich dem Wunsch nach Vielfalt und Komplexität zuwiderläuft.

Daß die Konsumkultur dennoch reicher und vielschichtiger, aber vor allem ästhetisierter geworden ist, verdankt sich somit weniger dem Einfluß einer einzelnen Beraterbranche als vielmehr dem simultanen Einsatz unterschiedlicher Methoden. Da der Konsument einmal als Angehöriger eines Milieus, dann als Teil einer Verfassung erreicht werden soll und da manche Produkte so entwickelt sind, als wäre er primär hormonell disponiert, andere hingegen unterstellen, er sei metapherngetrieben, herrscht eine Polyphonie und ästhetische Raffinesse, die noch vor Jahrzehnten kaum möglich erschienen wäre. So ist Peter Sloterdijk, einem der maßgeblichen Gegenwartsanalytiker, nicht zu widersprechen, wenn er das Produktdesign (neben dem Terrorismus und dem Umwelt-Gedanken) für den größten Beitrag des 20. Jahrhunderts zur »Geschichte der Zivilisation« hält.[67]

Allerdings deutet er die »auf die Gegenstände des Alltags erweiterte Ästhetik« als ein Luxusphänomen und Zeichen dafür, daß die Menschen heute mehr Zeit als ihre Vorfahren dafür haben, ihre Sinnlichkeit zu kultivieren. »Ohne Überschüsse an freier Wachheit« gäbe es, so seine Behauptung, sehr vieles nicht: keine »Kultur der Bäder, der Küchen, der Bodenbeläge, der Stoffe und Farben«, kein »Air Design«, keine »Expeditionen ins Reich der Düfte«, kein »Gestalt-Empfinden für teure Kugelschreiber und Karosserien«, kein Interesse an »Atmosphärenchromatik«.[68] Diese Entfaltung einer Rundumsensibilität begrüßt Sloterdijk als Fortschritt. Eine solche bewußt anti-kulturkritische Beschreibung der Konsumkultur übersieht jedoch, daß sich hier nicht nur ein Überschuß bemerkbar macht, sondern daß die Reformierung der Sinnlichkeit den Konkurrenzkämpfen freier Marktwirtschaft geschuldet ist: Erst der Ehrgeiz, die Märkte und Kunden so gut zu verstehen, daß man ihr Verhalten vorhersagen kann, hat zur ästhetischen Aufrüstung der Dingwelt geführt.

Hinter diesem Ehrgeiz steckt auch der Glaube, der Erfolg eines Produkts oder einer Marke sei planbar. Wer sich für ein ›Cue-Management‹ entscheidet und einen Gehirnforscher, Psychologen oder Kunstwissenschaftler engagiert, ist der Überzeugung, damit alles perfekt kontrollieren zu können. Vielleicht sollte man gar nicht zu spöttisch darauf hinweisen, daß diese Überzeugung wegen der Unübersichtlichkeit vieler Faktoren naiv ist, da sie immerhin einen ästhetischen Komfort ermöglicht hat, der Zeitreisende aus der Vergangenheit ebenso ungläubig staunen ließe wie die moderne Telekommunikation oder der medizinische Fortschritt.

Dimensionen der Konsumkultur

Der Fuchs und die Trauben

Der Fuchs, so will es die Fabel, hätte nur zu gern von den Trauben gekostet, die an den Rebstöcken hingen. Doch er war zu klein gewachsen, um an die Früchte heranzukommen. Was machte er also? Statt seine Schlauheit dazu zu nutzen, sich Hilfsmittel auszudenken, mit denen er doch noch in den Besitz – und Genuß – der Trauben hätte kommen können, besann er sich auf eine andere Fähigkeit, nämlich die des Umdeutens. So redete er sich ein, die Trauben wären ohnehin ungenießbar, viel zu sauer für ihn; die Natur habe es also sehr gut eingerichtet, daß sie ihn nicht in die Verlegenheit gebracht habe, Trauben fressen zu müssen. Zwar strich er fortan immer noch um die Rebstöcke herum, schielte auch, ob nicht doch einmal eine Rebe zu tief gewachsen wäre, trug offiziell aber eine Miene stolzer Verachtung im Gesicht.

Damit endet die Fabel vom Fuchs und den Trauben. Und sie endet zu früh. Sie berichtet nicht, was passierte, wenn die Trauben auf einmal, vielleicht infolge neuer Züchtungen, näher am Boden wüchsen und für den Fuchs nicht nur zufällig einmal, sondern immer und sogar im Überfluß zu erreichen wären. Was machte er dann? Wird er konsequent sein und die Trauben verschmähen? Oder wird er seine Worte vergessen und die Trauben unbedingt haben wollen?

Vermutlich ist der Fuchs stur und willensschwach zugleich. Um auf die Trauben zu verzichten, ist die Versuchung zu groß, aber alte, ehedem pragmatische Vorurteile aufzugeben, verträgt sich nicht mit seinem Stolz. Also wird der Fuchs beidem erliegen – der Versuchung und dem alten Vorurteil. Daher frißt er die

Trauben, wird allerdings zugleich betonen, daß sie – wie er ja schon immer gesagt habe – eigentlich sauer und ungenießbar seien.

Das offenbart eine andere Eigenschaft des Fuchses, nämlich seine Raffinesse: Nun müssen ihm die Trauben als die Schuldigen herhalten, wenn er sich unwohl fühlt. In ihnen findet er also einen Grund für jegliche Unzufriedenheit. Wurde die Mär von der Ungenießbarkeit zuerst dazu verwendet, sich die Trauben auszureden, so hat sie jetzt den Vorteil, jedes Unwohlsein zu erklären.

Es ist die Konsumgesellschaft, in der die Trauben tiefer hängen als je zuvor. Doch verhalten sich viele Menschen ähnlich kompliziert wie mutmaßlich der Fuchs. So oft sie ihren Versuchungen erliegen, so oft betonen sie, wie unwohl sie sich bei ihrem Habenwollen fühlen. Sie haben ›shopping‹ als Hobby und begreifen sich doch am liebsten zugleich als Konsumrebellen, die auf den Materialismus, den Kapitalismus, auf Kaufwahn und Markenhypes schimpfen. Und um angesichts dieses Kontrasts zwischen Handeln und Reden nicht zu unglaubwürdig zu erscheinen, unterstellen sie der Wirtschaft und der Werbung, sie zu manipulieren, ihnen Bedürfnisse und Wünsche erst einzureden, ihr Unbewußtes zu steuern. (Oder sollte es je einen Fuchs gegeben haben, der wirklich freiwillig Trauben – und nicht lieber ein Huhn – fraß?) Die kanadischen Philosophen Joseph Heath und Andrew Potter haben dieses absurd-abstruse Doppelspiel genau analysiert, in dem die Wohlstandsgesellschaft letztlich beschuldigt wird, daß sie die Bedürfnisse der Menschen »*zu sehr* befriedige«.[1]

Doch sie greifen zu kurz, wenn sie die ideengeschichtlichen Ursprünge dieser Konsumkritik bei Rousseau suchen. Tatsächlich reicht sie, wie die Fabel vom Fuchs und den Trauben andeutet, viel weiter zurück. Die vielfach variierten Mutmaßungen, Habenwollen und Konsumismus seien etwas Negatives und stellten sogar Gefahren für das Wohlergehen dar, sind vielmehr ein

Erbe aus den Zeiten, in denen Not, Mangel und Entbehrung die Regel waren. Daß viele sich heute nicht unbefangen an den Möglichkeiten der Konsumgesellschaft erfreuen können und lieber ein schlechtes Gewissen haben, wenn sie materiellen Freuden frönen, ist die Folge lange eingeübter Denkrituale. Immerhin war es die meiste Zeit der Menschheitsgeschichte lebensklug, sich die Sehnsucht nach mehr Lebenskomfort damit auszureden, daß man sich einredete, dieser würde ohnehin nur sauer aufstoßen. Solche Aussagen boten über Jahrtausende hinweg Trost und tauchen entsprechend in allen Kulturen, Religionen und Philosophien auf. Immer wieder machte man aus der Not eine Tugend, und die Literatur ist voll von Helden, die in Armut zu Glück und Ruhm gelangen, während ihre gierigen oder reichen Gegenspieler normalerweise elend enden.

So sind die Menschen die besten und schlausten Füchse, indem sie sich angewöhnt haben, Glück und Wohlstand strikt voneinander zu trennen – so strikt, daß umgekehrt sogar Mangel und Entbehrung als Voraussetzung für Glück erscheinen. Das ist, als hätte der Fuchs irgendwann die Überzeugung gewonnen, ein traubenloses Leben wäre notwendige Bedingung für seine Seelenruhe. Ein solcher Fuchs wäre ein ziemlicher Stoiker oder Christ oder Rousseauist; er würde der Aussage zustimmen, daß eher ein Kamel durch ein Nadelöhr geht als ein Reicher ins Himmelreich (Mt 19,24). Und er pflichtete auch Seneca bei, der meinte, Armut mache frei und sorgenlos, Reichtum hingegen sei hinderlich für die Seelenruhe.[2]

So sehr diese Maximen in Zeiten des Mangels nützlich gewesen sein mögen, so wenig taugen sie für eine Wohlstandsgesellschaft. Nun werden sie vielmehr zum Ursprung dauernder Verunsicherung und schlechten Gewissens: Wer sich gerne am Konsum, an der eigenen Kaufkraft, an Auswahl und Komfort erfreute, hat im Hinterkopf immer noch jene Sätze, die davor warnen, in materiellen Gütern Glücksbringer zu sehen. Statt die Entwicklungen der Warenwelt als Fortschritt zu begreifen, sucht man nach Gründen, sie als schädlich, als entfremdend oder banal, als Verschwendung oder Vermassung denunzieren zu können. Auch die Dingkritik kulturpessimistischer Autoren speist sich aus diesem Motiv einer Diffamierung von Wohlstand und Materialismus: Wenn sie den Waren vorhalten, kein Glück spenden zu können und ohne Substanz zu sein, benehmen sie sich wie der Fuchs in der Fabel.

Wer als Hersteller oder Händler vom Konsum anderer leben will, muß also gegen lange Traditionen der Wohlstandsangst, Konsumkritik und Mängelethik anarbeiten und die Kunden ihre Ressentiments gegen Materielles sowie ihr schlechtes Einkaufsgewissen vergessen lassen. Dabei bietet es sich an, den Konsum entweder zu negieren, den Kunden also zu suggerieren, sie handelten gar nicht materialistisch, oder aber für eine Verklärung des Einkaufens zu sorgen, damit es als hochkulturelle Angelegenheit – und nicht länger als derbes Habenwollen – erscheint. Beide Taktiken kamen bereits zur Sprache[3], wenngleich noch nicht in ihrer Funktion als Techniken der Abwehr eines tiefen Unbehagens am Konsum.

Die eine Taktik vertreten Discounter und alle Formen von Billiganbietern. Sie wollen bei ihren Kunden das Gefühl erzeugen, beim Einkaufen zu sparen – und daher gar nicht wirklich zu konsumieren. Das Sparen ist also nicht nur befriedigend, weil man sich ausmalen kann, was man noch alles an Möglichkeiten vor sich hat; es ist mehr als eine Huldigung gegenüber dem Joker Geld und seiner perfekten ›Zweckmäßigkeit ohne Zweck‹, dient es doch zugleich der Bändigung des schlechten Gewissens, das den Konsum sonst begleitet. Dazu müssen in den Läden Nüchternheit und Effizienz geradezu zelebriert werden. In einem Discounter oder 99-Cent-Shop hat, was Max Weber als protestantische Ethik beschrieb und mit dem Geist des Kapitalismus gleichsetzte, seine wahre Heimat gefunden: Auf Dekoration oder Raumgestaltung wird kein Wert gelegt, alles ist rational und pragmatisch gestapelt, der Platz optimal genutzt und bis in den letzten Winkel mit Waren gefüllt. Einkaufen zwischen engen Korridoren hat den Charakter der Pflicht, gar der Notdurft; davon, im Konsum Glück finden zu wollen, kann keine Rede sein. Dafür braucht sich nicht einmal, wer mit gefülltem Einkaufswagen zur Kasse geht, für gierig zu halten, ist die Fülle im Laden doch nicht sichtbar geschmälert, der eigene Konsum also – relativ zum Angebot – verschwindend gering.

Daniel Miller, der den Wunsch des Sparens am besten erforscht hat, erkennt darin auch ein rituelles Sühne-Opfer: Da der Konsument Arbeit und Produktion nicht weiterführe, sondern sich für Verbrauch und Genuß entscheide, entstünden Schuldgefühle. Sie können aber gemindert werden, wenn während des Einkaufens immer wieder die Gelegenheit besteht, weniger als möglich zu konsumieren, auf etwas zu verzichten, sich für ein vergleichsweise billigeres Angebot zu entscheiden. Alles, was man nicht einkauft – sich vorenthält –, läßt sich dann als ein Opfer empfinden, das man bringt, um die Schuld des Konsumierens abzutragen.[4]

Wäre der Konsum nicht ›an sich‹ negativ besetzt, wären solche Opfer unnötig. Man bräuchte ihn nicht zu negieren – hätte aber andererseits auch weniger Grund, ihn zu einem symbolisch aufgeladenen Akt zu sublimieren. Darin aber besteht die zweite Strategie. Sie fördert den Fiktionswert der Waren, läßt sie zu Marken mit verheißungsvollen Images werden, stellt Virginität, Unendlichkeit, Optionen in Aussicht. Schon die Inszenierung der Läden, die sich einer solchen Entmaterialisierung des Konsums verschrieben haben, bietet ein gegenüber Discountern konträres Klima. Die Waren werden wie Exponate präsentiert: einzeln freigestellt, angestrahlt wie in einer Schatzkammer, dargeboten als Unikate. Und während in einem Billigshop das auffälligste die Preistafeln sind, die von Sonderangeboten künden und die Sparvorteile plakativ in den Mittelpunkt stellen, verzichten die Flagship-Stores einer edlen Marke oft ganz auf Preisschilder. Die Stücke sollen am besten gar nicht als Waren auffallen. Um der Kontrastierung treu zu bleiben, könnte man hierin eine katholische Variante des Konsums erkennen, erinnert der Umgang mit den Dingen doch an die Verehrung von Reliquien. Das einzelne Produkt – ein Schuh, eine Handtasche, eine Armbanduhr – verkörpert dann die Marke im ganzen. In ihm versammelt sich exemplarisch alles, was zu deren Image gehört.

Wird Konsum zu einem Geschehen der Sinngebung überhöht, braucht man auch kein schlechtes Gewissen mehr zu entwickeln. Die Sorge, das eigene Glück leichtfertig an Materielles gebunden zu haben, wird genauso unnötig wie in den Fällen, in denen man einen Laden mit dem Gefühl verläßt, viel gespart und auf viel verzichtet zu haben. Es liegt also nahe, die gesamte Konsumkultur als großartige Verdrängungsleistung zu beschreiben: als Ausdruck des Bemühens, den Konsum zu verniedlichen oder aber zu erhöhen und so die Warenströme um die erhobenen Zeigefinger der Moralisten und Kulturkritiker herumzuleiten. Dann aber wäre es zumindest indirekt ein Verdienst des etablierten Anti-Materialismus, daß es heute eine Konsumkultur und nicht nur einen gebrauchswertorientierten Handel gibt. Gewiß stellte es eine Verkürzung dar, wollte man die Aufladung vieler Konsumgüter mit einem Symbol- und Fiktionswert ausschließlich als Reaktion oder Kompensation beschreiben. Doch fehlte den Protagonisten der Konsumkultur ohne Auseinandersetzung mit konsumskeptischen Positionen ein wichtiger Impuls für ihr Tun.

Vom Bildungsbürgertum zum Konsumbürgertum

Wer mängelethisch denkt und materiellem Besitz zweifelnd gegenübersteht, verachtet das eigene Habenwollen und lehnt es als derben Trieb oder fremde Macht ab. Schönes wird dann als Verführung etikettiert, und alles, was Begehren weckt, unterliegt dem Verdacht, das an sich integre Bewußtsein zu manipulieren. Nicht erst moderne Kritiker der Warenästhetik, sondern Philosophen und Theologen trennten immer wieder zwischen einem gefährlichen Schönen, das in Versuchungen führt, und einem guten Schönen, das das Gute und Wahre repräsentiert. Doch war die Grenze zwischen diesen beiden Versionen von Schönheit alles andere als eindeutig definiert und meist höchst umstritten. Die Geschichte der ästhetischen Theorie ist nicht zuletzt die Geschichte dieses Grenzstreits.

Für Platon war das Habenwollen Voraussetzung dafür, selbst produktiv werden zu können: Nur wer erfolgreich nach dem Besitz des Schönen strebe, könne sich damit vereinigen und erneut Schönes hervorbringen. Doch solle der Mensch sich nicht mit körperlich Schönem und dem Zeugen von Kindern begnügen, da er sonst seiner Sinnlichkeit zu verfallen drohe. Wer sich in einen Körper verliebt, soll vielmehr wissen wollen, was genau das Schöne daran ist, dieses also zu bestimmen suchen. Das aber verlangt die Betrachtung weiterer Körper, schließlich ebenso die Beschäftigung mit anderem Schönen. Je mehr sich jedoch das Interesse weitet und weniger dem einzelnen Schönen als der Schönheit insgesamt gilt, desto mehr verwandelt sich das sinnliche Begehren in ein intellektuelles Habenwollen, in den Wunsch nach Einsicht, die – so Platon – mehr stimuliert als alles andere.[5]

Damit sublimiert Platon das Habenwollen genauso wie die moderne Konsumkultur, in der vorwiegend immaterielle Größen – Symbole, Fiktionen, Möglichkeiten – gehandelt werden. Die Angst vor Verführung, vor einer Abhängigkeit von sinnlichen Trieben, wird zum Impuls, nach einer Erfüllung anspruchsvollerer Bedürfnisse – nach so etwas wie Seelenheil – zu streben. So sehr die Warenästhetik einerseits auf Reize angewiesen ist, um erste Aufmerksamkeit zu erregen, so sehr ist sie bei ambitionierteren Produkten andererseits darauf ausgelegt, die Identität des Konsumenten zu stärken und ihn dazu anzuregen, einen Lebensstil oder gar einen Lebensentwurf zu konkretisieren und zu Selbsterkenntnis zu finden. Das Habenwollen soll auch hier in einen Akt geistiger Produktivität münden.

Liefert Platon und mit ihm fast die gesamte antike Philosophie einen Ausweg, damit Habenwollen nicht gleichbedeutend mit Verführung – und Selbstpreisgabe – ist, geht die modernere Philosophie weniger versöhnlich vor. Statt eines Stufengangs von einem niederen zu einem höheren Begehren favorisierte sie eine kategorische Trennung zwischen dem Habenwollen und einem »Wohlgefallen ohne alles Interesse«, wie Kant es bezeichnete.[6] Während ersteres durch Reize geweckt wird und nur die triebhafte Seite des Menschen anspricht, beweist zweiteres eine Freiheit von Verführung. In den Termini der Fabel gesprochen: Nur wer keinen Hunger verspürt, hat einen Sinn für die Form oder Farben der Trauben, das Licht auf ihrer Oberfläche oder das Schimmern ihrer Blätter. Aber auch, wer die Trauben erreicht und das Schöne in seinem Besitz hat, ist gemäß Kant eingeschränkt im Genuß, kommt dann doch die Sorge auf, das Erworbene wieder zu verlieren. Habenwollen und Haben behindern also die »bloße Betrachtung«, die Reflexion und Entwicklung einer eigenen Vorstellung. Für Kant ist damit klar, »daß es auf das, was ich aus dieser Vorstellung in mir selbst mache, nicht auf das, worin ich von der Existenz des Gegenstandes abhänge, ankomme, um zu sagen, er sei *schön*«.[7]

Auch die ›Zweckmäßigkeit ohne Zweck‹ läßt sich für ihn nur im Modus der Interesselosigkeit erfahren. Wer hingegen ein bestimmtes Interesse mit einem Gegenstand verfolgt, legt ihn auf einen Zweck fest und verliert so den Blick für das Potential an Möglichkeiten, die darin liegen. Eine Reflexion, ein spielerisches Assoziieren, eine Fiktionalisierung sind dann unterbunden. Daß es einmal eine Konsumgesellschaft geben würde, die die elementaren Bedürfnisse gleichsam stillschweigend befriedigt und daher wesentlich aus Imaginationen besteht, welche von Waren, Designs und Marken-Images forciert werden, wäre für Kant und die gesamte ästhetische Theorie seit dem späten 18. Jahrhundert undenkbar gewesen. Alles Schöne wurde vielmehr als öffentliches Gut interpretiert und nach dem Vorbild des Naturschönen behandelt: Wie jeder die Gelegenheit hat, eine Landschaft, ein Feld mit Blumen oder einen Sonnenuntergang zu betrachten, und wie sich dabei keiner mit Eigentumsfragen befassen muß, so sollte es ebenfalls für die Kunst gelten. Im Gefolge dieser Auffassung entstanden die Museen, unter deren Exponaten man, wie es Novalis formulierte, zwar »eine Geliebte und einen Freund, ein Vaterland und einen Gott« finden konnte, wo ein Habenwollen aber von vornherein ausgeschlossen war.[8]

Damit ging auch eine Zweiteilung der Sinne einher. Als geeignet für eine interesselose Reflexion und die volle Wahrnehmung des Schönen wurden allein die Distanzsinne, das Auge und das Ohr, angesehen. Greifen, Schmecken und Riechen schienen hingegen nur für Reize zugänglich: Wer etwas anfaßt, will es haben oder entwickelt durch den direkten Kontakt eine Begehrlichkeit; was man nur sieht oder hört, affiziert hingegen – so die Vorstellung – höchstens mittelbar und erlaubt es dem Rezipienten, sich unabhängig davon zu halten.

Die Entwicklung der Kunst, in der Moderne von vornherein für den Blick des Museumsbesuchers konzipiert, spiegelt das Ideal der Interesselosigkeit wider. Um sich als Projektionsflächen darzubieten, auf denen verschiedene Rezipienten ihre Wünsche, Phantasien oder Sichtweisen wiederfinden, sollten die Werke nicht nur vieldeutig und offen gestaltet sein, sondern durften sich durchaus auch spröde geben: Nur dann verführten sie nicht und verzichteten darauf, sich als aufreizende – und ablenkende – Waren darzubieten.

So kam es seit dem 19. Jahrhundert zu der Zweiteilung ästhetischer Gestaltung, die in der Theorie schon zuvor unterstellt worden war. Während Künstler in ihren Werken von jeglichem Schmeicheln Abstand hielten, wurden die Produkte der beginnenden Konsumgesellschaft sinnlich attraktiv gemacht. Im 20. Jahrhundert wurde der Gegensatz zuerst noch tiefer, da sich viele Künstler nun sogar ausdrücklich als Opposition gegenüber Kommerz und Kapital, als Hüter des wahren Schönen begriffen, das es gegen die Verführungskraft der Scheinwelten einer raffinierten Warenästhetik zu verteidigen galt.

Die Welt ›interesselosen Wohlgefallens‹ war die Welt des Bildungsbürgertums. Hier definierte man sich nicht über Besitz oder materielle Statussymbole, sondern über Geschmack und die Fähigkeit, den Kunstwerken höhere Freuden, differenzierte Deutungen und neue Erkenntnisse abzugewinnen. Das eigene Selbstverständnis speiste sich wesentlich aus den Erfahrungen, die sich aus dem Umgang mit Literatur und Musik, bildender Kunst und Philosophie ergaben. Die Intensität der Beschäftigung mit den Klassikern, nicht der Besitz wertvoller Ausgaben oder originaler Werke entschied über den Rang, den jemand innerhalb einer bildungsbürgerlichen Hierarchie für sich beanspruchen durfte. Einerseits war das Bildungsbürgertum protestantisch codiert, setzte auf Innerlichkeit, auf Rezeptionsarbeit, auf Selbstprüfung, andererseits definierte es sich aus einem antihöfischen Impuls und distanzierte sich von Prunk und Etikette, die der Oberflächlichkeit geziehen wurden. Der Affekt gegenüber dem Adel erklärt jedenfalls am besten, wie schroff man es abwehrte, die eigene Identität über Besitz zu definieren. Der Stolz darauf, in bescheidenen Verhältnissen zu leben und dafür das Privileg der Interesselosigkeit zu genießen, war über Generationen hinweg eine der stärksten Emotionen bildungsbürgerlicher Schichten, in denen zugleich der alte mängelethische Argwohn gegenüber dem Materiellen – den Trauben – weiterlebte.

Ein frühes und prägendes Beispiel für die Ressentiments gegenüber dem Adel findet sich in Goethes *Leiden des jungen Werther* (1772). Als der Titelheld von einer feinen Soirée hinauskomplimentiert wird, flüchtet er sich in die Natur, um »dort vom Hügel die Sonne untergehen zu sehen und dabei in meinem Homer den herrlichen Gesang zu lesen, wie Ulyß von dem trefflichen Schweinehirten bewirtet wird. Das war alles gut«.[9] Der höfischen Gesellschaft wird also das einsam genossene Kunst- und Naturerlebnis als das Wahrere und als eigentliche Freiheit gegenübergestellt: Um sich von den Farbenspielen der Natur – statt von reich und bunt gewandeten Höflingen – und von Literatur – statt von eitler Konversation – erfreuen zu lassen, braucht man keinen gesellschaftlichen Status und schon gar kein Geld. Die Ressentiments gegen jene Gesellschaft werden so gestärkt und kompensiert in einem. Sie entwickelten sich allerdings nirgendwo so nachhaltig wie in Deutschland, wo der Adel stärker als etwa in Frankreich eine geschlossene Gesellschaft war – nicht zuletzt, weil er selbst nicht wohlhabend genug war, um großzügig und offen gegenüber anderen Schichten zu sein.[10]

Der Argwohn gegenüber den Reichen dehnte sich im 19. Jahrhundert auf das Besitzbürgertum aus, das im Zuge der Industrialisierung entstanden war. Der Konflikt zwischen Bildungs- und Besitzbürgertum wurde sogar zum Leitthema etlicher Romane, besonders prominent etwa in Theodor Fontanes *Frau Jenny Treibel* (1893). Wilibald Schmidt, als Professor für Alte Sprachen Hauptvertreter des Bildungsbürgertums, bringt die Überzeugung seines Standes in der Losung »Das Literarische macht frei« zum Ausdruck, während er den befreienden Wirkungen von materiellem Reichtum mißtraut.[11]

Aber schon vor dem Erstarken des Besitzbürgertums hatte sich die antihöfische zu einer antiökonomischen und antikonsumistischen Haltung erweitert, so daß das Bildungsbürgertum allem, was mit Geld und Handel zu tun hatte, zumindest skeptisch, aber noch eher ablehnend-überheblich gegenüberstand. Auch hierfür wieder ein (relativ frühes) Beispiel: In den *Herzensergießungen eines kunstliebenden Klosterbruders*, der 1797 von Wilhelm Heinrich Wackenroder und Ludwig Tieck verfaßten Gründungsschrift romantischer Kunstreligion, wird darüber geklagt, daß man »Bildersäle (…) als Jahrmärkte« betrachtet, »wo man neue Waren im Vorübergehen beurteilt, lobt und verachtet«; es sollten aber »Tempel sein, wo man in stiller und schweigender Demut und in herzerhebender Einsamkeit die großen Künstler (…) bewundern (…) möchte«.[12]

Der Handel wird mit Hektik und Oberflächlichkeit, aber auch mit mangelnder Ehrfurcht gleichgesetzt: Wer etwas zu kaufen gedenkt, prüft es auf seinen Wert; dafür kann sich leichter der Bewunderung hingeben, wer interesselos ist. Herrscht hier jedenfalls die Befürchtung, Ausstellungsräume und Museen könnten im selben Stil wie Markthallen und Messen besichtigt werden, so passierte im späten 19. Jahrhundert (wie ausgeführt[13]) das Gegenteil: Antikensammlungen sowie Kunst- und Wunderkammern lieferten manchem Warenhausbesitzer Anregungen zur Inszenierung, und Besucher kamen weniger zum Kaufen als zum Schauen. Sie nutzten die Angebote von Waren aus der ganzen Welt, um sich auf virtuelle Reisen zu begeben, und sie verhielten sich angesichts der Konsumgüter genauso romantisch wie ihre Vorfahren, die ihr Leben in einem Kunstwerk oder einem Stück Natur spiegelten.

Aber auch sonst gibt es Indizien dafür, daß bildungsbürgerliche und konsumistische Kategorien immer wieder durcheinander gerieten. Zumal bei Dingen, aus denen sie ihr Selbstverständnis bezogen, konnten Vertreter der bildungsbürgerlichen Elite leicht darauf verfallen, sich doch um materielle Statussymbole zu bemühen: Aus welchem Haus der Flügel im Wohnzimmer stammte, ob man die Erstausgabe eines philosophischen Hauptwerks erwerben konnte, wie man den *Faust* binden ließ – das waren Fragen, die durchaus beschäftigten. Zumal die Bibliophilie war die Einstiegsdroge für ein konsumorientiertes Agieren. Selbst ein Autor wie Walter Benjamin, der ab den 1920er Jahren als einer der ersten die frühe Konsumkultur der Pariser Passagen des 19. Jahrhunderts und, davon ausgehend, das aus seiner Sicht insgesamt unheilvolle, ja diabolische Wirken des Kapitalismus analysiert hatte, gestand in einem autobiographischen Text mit dem Titel »Ich packe meine Bibliothek aus« seine Lust am Sammeln von Büchern. Er erzählt die ein oder andere aufregende und kuriose »Erwerbsgeschichte«, und während er die Bücher nach und nach zur Hand nimmt, fällt ihm nicht etwa ein, was er darin gelesen oder daraus gelernt hat, sondern es kommen ihm »Erinnerungen an die Städte, in denen ich so vieles gefunden habe«, Erinnerungen also an Antiquariate, an »Prachträume« oder einen »muffigen Bücherkeller«, an seine Studentenbude und andere Orte in den Sinn, an denen er zusammen mit seinen Büchern lebte. Schließlich führen seine nostalgischen Betrachtungen zu der – anti-kantianischen – Bemerkung, daß »der Besitz das allertiefste Verhältnis ist, das man zu Dingen überhaupt haben kann«.[14]

Zwar tituliert Benjamin sich als Sammler, was ihn als Person mit systematischem und damit intellektuellem Anspruch auszeichnen und von einem ›fashion victim‹ sowie unbedachten Impulskäufer abheben soll, doch ändert das nichts daran, daß nicht die Aneignung in der interesselosen Rezeption, sondern der Besitz als Voraussetzung für starke, unverwechselbare Erfahrungen ausgegeben wird. Das Habenwollen und das Glück des Habens bereiten offenbar Gefühle, die existentieller sind als die Beschäftigung mit Inhalten. Dabei gilt, was Benjamin für Bücher beschreibt, erst recht für andere Bereiche. Dann sind es Schuhe, Parfums oder Porzellantassen, die jemand weit über das Quantum hinaus erwirbt, in dem er oder sie Gebrauch davon machen kann. Genauso wie bei Büchern heften sich an einzelne Stücke Erinnerungen, und oft gelten sie wiederum eher den Umständen des Erwerbs als einem Nutzen.

Mittlerweile wird den Konsumenten häufig suggeriert, sie seien eigentlich Sammler. Dazu genügt es schon, auf eine Verpackung »limited edition« zu schreiben und so einen Wertzuwachs in Aussicht zu stellen. Nicht nur Turnschuhe werden wie Multiples in begrenzter Auflage hergestellt, sondern selbst Duschgels und Schokoladensorten werben für sich damit, nur für eine Saison oder kurze Zeit erhältlich zu sein. Dies ist eine ebenso sichere Methode, ein Habenwollen anzufachen, wie die Konkurrenzsituation einer Versteigerung, von der Benjamin in seinem Text ebenfalls ausführlich berichtet (und die dank des

Internet für viele ein regelmäßiger Kick geworden ist). In bezug auf die Dinge, die er kauft, spricht Benjamin auch vom »Schauer des Erworbenwerdens«, priorisiert also nochmals ausdrücklich den Moment des Kaufs gegenüber den Rezeptionsweisen, die das gekaufte Stück eröffnet.[15]

Wer heute Homestories über Sammler liest, wird immer wieder auf dasselbe Phänomen stoßen. So gerne sie von ihren Konsumerlebnissen erzählen, so wenig berichten sie darüber, wie sie sich mit ihren Dingen beschäftigen. Schnäppchen und ungeahnte Wertsteigerungen, Glücksgriffe und Erwerbsstrategien – das alles wird so gerne ausgebreitet, daß die Sammler als Vorbild jedes Konsumenten erscheinen. Vor allem aber gewinnen sie Autorität daraus, daß sie Geld ausgegeben haben. Das läßt sie ernsthaft erscheinen. Ihre Kosten gelten als Beweis existentieller Anteilnahme, der Konsumakt wird als Vergegenwärtigung der Kaufkraft – der Potenz – bewundert. Es markiert den Wandel vom Bildungs- zum Konsumbürgertum, daß nicht mehr derjenige am meisten Anerkennung findet, der in Interesselosigkeit brilliert, sondern im Gegenteil, wer am meisten Geld für seine Interessen aufwendet. Das fällt gerade dort auf, wo die Bildungsbürger ihre Domänen hatten: Ein Sammler kann sich als Experte in Kunstfragen allein dadurch profilieren, daß er ein Kunstwerk kauft; er benötigt keine Argumente und Theorien, um anderen dessen Wert nahezubringen. Die Preisangabe ersetzt die Begründung eines Geschmacks- oder Werturteils, der Konsum tritt – noch offenkundiger als bei Benjamin – an die Stelle der Rezeption.

Dazu paßt, daß zahlreiche Künstler die eher abweisenden Werkformen der Moderne mittlerweile aufgegeben haben, also nicht länger auf das Museum als Hort interesseloser Kontemplation setzen, sondern sich mit dem, was sie tun, in einen Lifestyle-Parcours einfügen. Verführung wird auch in der Kunst wieder zu einer Kategorie; Kunstmessen sind zu den Orten avanciert, wo sich die Insider lieber treffen als in einer Ausstellung oder im Museum. So lösen sich die Grenzen zwischen den lange Zeit streng geschiedenen Terrains von Kunst und Ware auf. Selbst die Museen sind mehr denn je zu den »Jahrmärkten« geworden, vor denen die Romantiker warnten. Besser besucht als viele Sammlungsräume sind mittlerweile jedenfalls Museumsshops, deren Angebote als Erweiterung der Exponatschätze, aber vor allem als Kontrapunkt zu den nur rezipierbaren und nicht konsumierbaren Kunstwerken empfunden werden.

In einer Gesellschaft, in der es den meisten schwerfällt, zwischen Schön-Finden und Habenwollen zu trennen, sind Museumsshops, folgt man einer These des Kunsttheoretikers Walter Grasskamp, sogar geradezu zwangsläufig geworden: Ein solcher Shop »entschädigt für die Erfahrung des Unberührbaren, annulliert die des Unverkäuflichen«, reagiert also darauf, daß man heutzutage »dem Besucher nur eine bestimmte Anzahl von Museumsräumen zumute[n] [kann], bis er wieder in eine Passage käuflicher und berührbarer Dinge gerät«. Und während sich die Besucher, wie man häufig beobachten kann, »durch die Sammlung mit der hektischen Aufmerksamkeit [bewegen], mit der sie sich sonst durch die Fernsehkanäle zappen, (…) vermögen sie angesichts der versammelten Waren ihre Konzentration zumindest für die Dauer einer Kaufentscheidung zu halten«.[16]

Auch hier lautet also die Diagnose: Sobald jemand konsumiert, ist mehr Intensität im Spiel. So sehr Interesselosigkeit eine freie Reflexion begünstigen mag, so sehr führt erst die Überlegung, ob und wofür man sein Geld ausgibt, zu einem genauen Abwägen und einer Entscheidung darüber, was einem wirklich wichtig ist. Wünsche und Erwartungen werden bedacht, und man schätzt die Folgen eines neuen Besitzstücks für die eigene Identität ab: Wird es zu einem passen? Was werden die anderen über einen denken? Welche Assoziationen und Fiktionen löst es aus? Kann man sich damit vielleicht einem Idealbild annähern, das man von sich hat? Eigenschaften postulieren, die man gerne besäße? Sich gar zu diesen Eigenschaften erziehen lassen?

Die Anliegen haben sich gegenüber dem Zeitalter des Bildungsbürgertums also nicht einmal verändert. Auch für Schiller und innerhalb der Theorie ästhetischer Erziehung ging es darum, dem Individuum zu mehr Selbstbestimmung – zur Freiheit in der Wahl seiner Identität – zu verhelfen.[17] Nur fand damals vor einem Gemälde oder im Konzertsaal und in der konzentrierten Auseinandersetzung mit einem Werk statt, was heute eher vor einem Kaufhausregal, im Marken- oder Museumsshop und mit Blick auf den eigenen Geldbeutel geschieht. Die Dinge aus dem Museumsshop »stimulieren die Phantasie«, schreibt der Generaldirektor des Kunsthistorischen Museums in Wien in einem Werbeprospekt: Über Kunst wird seit zumindest zweihundert Jahren genau dasselbe geschrieben.[18]

Grenzen der Konsumkultur

Die Wiedervereinigung im Land der Ästhetik verdankt sich auch dem Umstand, daß viele Markenunternehmen (wie dargestellt[19]) von Strategien der Kunst lernen und ihre Artikel als Projektionsflächen, als Assoziationsstoff, als subtil an das Unbewußte adressierte Zeichensprache entwickeln. Statt nur auf eine Verführung durch starke Reize zu setzen, versehen sie ihre Produkte mit Qualitäten, die früher für Werke der Hochkultur reserviert waren. Modernes Design und Marketing haben es, unterstützt von zahlreichen Wissenschaften, dazu gebracht, daß man Dingen heute dieselben Fähigkeiten nachsagt wie seit zweihundert Jahren den Werken der Kunst: Sie bahnen Zugänge zu Erinnerungen, fiktionalisieren die Alltagswelt, transformieren Identitäten, eröffnen Zukunftsperspektiven.

Doch bleiben Zweifel, ob in beiden Fällen wirklich dasselbe geschieht. Ist es nicht eines, wenn ein Künstler dank seiner Begabung ein Werk schafft, das sein eigenes Bewußtsein überschreitet und die Rezipienten auf unergründliche Weise berührt, und etwas ganz anderes, wenn ein interdisziplinäres Team mit aufwendigem ›Cue-Management‹ kalkuliert ein Produkt entwickelt, das bei den Konsumenten starke Emotionen weckt? Entspricht das nicht zumindest dem Unterschied von Natur- und Kunstperlen?

Der US-amerikanische Literaturwissenschaftler und Schriftsteller Lewis Hyde sah die Differenz zwischen beidem darin, daß allein ein Kunstwerk den Charakter eines Geschenks haben könne. Während Produkte, die auf der Basis von Ergebnissen der Marktforschung entstünden, bestenfalls das lieferten, was man von ihnen wünsche, vermöge ein Künstler sein Publikum mit Qualitäten jenseits des Erwarteten zu überraschen. Daher sei ein Kunstwerk niemals nur Ware, man könne es nicht mit Geld aufwiegen, sondern empfange es als eine Gabe (»a work of art is a gift, not a commodity«).[20]

Dagegen steht jedoch etwa die Ansicht des Ethnologen Karl-Heinz Kohl, der Markenartikel als »imaginäre Gaben« beschreibt, hafte ihnen doch »noch ein Teil der Person ihres vermeintlichen Produzenten« an.[21] Wer ein Jackett von *Joop!*, ein Kostüm von *Jil Sander* oder ein Schmuckstück von *Swarovski* erwirbt, kann sich einbilden, das Stück sei von der im Markennamen genannten Person oder Familie selbst hergestellt worden, sei somit kein anonymer Massenartikel, sondern individuell entstanden. Dank der unverwechselbaren Note bietet der Artikel mehr als einen bezifferbaren Gegenwert für das Geld, das er kostet. Der Käufer fühlt sich also beschenkt.

Dies ließe sich sogar auf alle Produkte ausdehnen, die symbolischen Mehrwert besitzen. Immerhin ist unvorhersehbar, welche Resonanz sie finden, und eine schöne Erinnerung, eine plötzliche Idee oder eine Veränderung der Gestimmtheit ist, geht sie von einem Schuh oder einem MP3-Player aus, nur schwerlich von der Wirkung eines Kunstwerks zu unterscheiden. Auch überschätzte man die Macht von Design, Marketing und Wissenschaften, wollte man unterstellen, es ließe sich vorherbestimmen, was ein Ding auslöst. Noch das ausgeklügeltste ›Cue-Management‹ läßt genügend Raum nicht nur für Flops, sondern ebenso für positive Überraschungen. Umgekehrt ist die Kunst alles andere denn ein kalkülfreies Terrain, und manches, was ein Rezipient als Geheimnis oder unerschöpflich vieldeutig wahrnimmt, ist nur Folge eines geschickten Einsatzes wohlerprobter Effekte.

Doch gibt es weitere Bedenken gegenüber einer Gleichstellung von Bildungs- und Konsumwerten. So steht eine konsumistische Haltung unter dem Verdacht der Bequemlichkeit: Läßt sich nicht in kurzer Zeit und ohne größere Bemühungen ein Persönlichkeitsprofil ›zusammenkaufen‹, für das man früher Jahre, gar Jahrzehnte brauchte? Ersetzt Kaufkraft also nicht Arbeit und Engagement? Mit dem ›richtigen‹ Outfit erscheint auch cool, wer noch kein Abenteuer erlebt hat, oder subtil selbst jemand ohne größere Lebenserfahrung. Konsum gerät dann zum Treibstoff der Biographie, vor allem aber zu ihrem Beschleunigungsmittel. Bekanntlich kann man Jeans schon mit Löchern oder ausgewaschen kaufen, also ein Stück gelebtes Leben miterwerben, das man eigentlich erst noch vor sich haben sollte. (Einmal mehr wird damit die Illusion bedient, sich durch Konsum unabhängiger von der Zeit zu machen: Wer bereits so viel Erfahrung angehäuft hat, wie seine Kleidung suggeriert, besitzt vermeintlich mehr Optionen als andere, benötigen sie doch noch viel Zeit, bis sie auf demselben Erlebnisstand sind.)

Aber nicht nur Jeans sollen abbreviatorisch wirken. Auch wer sich auf Markenartikel mit langer Tradition verläßt, will Erfahrung kaufen. Sich mit ihnen zu umgeben, vermittelt das Gefühl, aus einem tieferen Raum heraus zu agieren, und erfüllbar scheint dann der Wunsch, die Begrenztheit der eigenen Individualität zu transzendieren, um sicher und bestimmt aufzutreten. *Chanel, Jaguar, Philips* – das sind Beispiele für Marken, die den Konsumenten nicht nur einen Lifestyle nahelegen, sondern zugleich gewachsene Autorität ausstrahlen. Wer sie konsumiert, kann daher den Anspruch erheben, reif zu sein – ohne es in einem herkömmlichen Sinn sein zu müssen.

Auch hier jedoch ist vor einer Überschätzung zu warnen: So sehr Dinge dabei helfen mögen, eine Rolle überzeugend zu spielen, so wenig genügen sie, um mit der Rolle zu verschmelzen und nichts anderes mehr zu sein. Dies bleibt ähnlich wie die Vorstellung einer Umkehrbarkeit der Zeit ein Wunschtraum der Konsumgesellschaft. Nur wer ihren Verheißungen glaubt, wird in ihr also eine Billigvariante oder Schwundstufe bildungsbürgerlicher Kultur sehen können. Tatsächlich aber lassen die guten Gefühle und überzeugenden Auftritte nach, wenn ihnen keine entsprechende Lebenserfahrung vorausgeht – so wie ehedem nur kurze Zeit zu beeindrucken vermochte, wer zwar viele Bücher um sich hatte, in seinen Äußerungen aber nicht zum Ausdruck brachte, sie auch gelesen zu haben.

Allerdings konnte, wer seine Bücher las, wirkliche Bildung erwerben, während die wenigsten Konsum- und Markenartikel – so ein weiterer Einwand gegen die Konsumkultur – derart zu verwenden sind, daß sich damit ernsthaft an der eigenen Identität arbeiten ließe. Selbst wenn man auf die Phantasien und Fiktionen verweist, die von Dingen ihren Ausgang nehmen und aus einem passiven Konsumenten einen aktiven Gestalter machen, bleibt die Frage, ob in der Konsumgesellschaft nicht nur trivialer, einseitiger und verkürzt geschieht, was zu Zeiten des Bildungsbürgertums eine Blüte erlebte. Wer darauf hinweist, daß ein Konsumartikel die Speicher der Erinnerung öffnet oder Wunschträume belebt, müßte auch dazu bereit sein, die dabei aktivierten Plots und Motive mit denjenigen zu vergleichen, die in den Romanwelten oder auf den Bühnen des 17., 18. und 19. Jahrhunderts entfaltet wurden. Wo aber geht das, was Produkte an Stoff bieten, über geläufige Assoziationsketten hinaus? Wann kommt es zu bemerkenswerten Varianten bekannter Motive? Und sind von dem, was ein Image oder ein Design beinhalten, überhaupt mehr als Klischees und Versatzstücke zu erwarten?

Daß es den meisten Herstellern genügt, Projektionsflächen zu schaffen, auf denen sich möglichst viele verschiedene Konsumenten wiederfinden mögen, sollte als Antwort auf diese Fragen bereits genügen: Die meisten Narrative verenden nach der zweiten oder dritten Assoziation. Im Zuge einer Analyse von Werbeanzeigen sprach der Bildwissenschaftler Michael Diers passend von »Sekundenbild-Dramen«.[22] Es werden aber auch meist dieselben Traumsequenzen abgespielt, und so sehr die Konsumgesellschaft nach Neuem giert, so sehr genügt es ihr, wenn das Immer-Selbe auf neu erscheinende Weise dargeboten wird.

Selbst wenn man die gesamte Literatur auf wenige Themen und Muster reduzieren wollte, wäre sie dem, was Konsumprodukte an Fiktionalisierungsmasse bieten, an Abwechslung noch klar überlegen. In Werbung und Warenästhetik ist zudem kein Platz für tragische Helden, existentielle Opfer, komplizierte Konflikte. Nie wird eine Stimmung vielschichtig, ein Motiv unheimlich, ein Topos grausam. Vielmehr gibt es nur strahlende Sieger, Erfolgsgeschichten, ›happy ends‹, glückliche und konfliktfreie Verhältnisse, aseptische Beziehungen. Und wenn doch einmal ein Gefühl jenseits guter Laune angesprochen ist, dann sicher so gut in Kitsch verpackt, daß einmal mehr alle Komplikationen verschwinden. So bietet *Meßmer* einen Tee mit dem Namen »Momente der Melancholie« an, verschweigt nicht einmal die negative Dimension dieser Stimmung (»niemand wünscht sie sich herbei«), um dann aber doch ihre »magische Anziehungskraft« zu betonen und zu behaupten, daß »auch die Erinnerung an ein verlorenes Glück (…) voller Süße« sei.

Eine weitere Sorte derselben Marke heißt »Sommernachtstraum« und verspricht auf der Packung »Inspiration« sowie »phantasievolle Träume mit Intensität und Passion (…) in Anlehnung an: Ein Sommernachtstraum/William Shakespeare«. Spätestens an solchen Stellen kann man schwer umhin, den Kritikern der Konsumgesellschaft recht zu geben: Daß ein Beutel aromatisierten Früchtetees mit einem der mitreißendsten Theaterstücke verglichen wird, ist nicht nur anmaßend, sondern peinlich. Ein solcher Vergleich macht die Grenzen des Marketing, das zwar eine Stimmung beschwören, aber noch lange kein abgründiges Handlungsgefüge entwickeln kann, um so deutlicher. Bestenfalls profitiert es von Assoziationsketten, die von einem Produkt in Regionen des Gedächtnisses führen, wo Erinnerungen an Kinoabende, Leseerlebnisse, Konzerte, Museumsbesuche oder Reisen gespeichert sind. Statt also neue Themen oder Motivvarianten zu kreieren, verläßt sich die Konsumkultur parasitär darauf, daß von anderswo emotional aufgeladene Inhalte geliefert werden. Warenästhetik und Werbung sind somit in ihrem Charakter reaktiv; um selbst als Kultur durchzugehen, bleiben sie auf das angewiesen, was lange allein als Kultur galt.

Etliche Unternehmen sind sogar bereits dazu übergegangen, Werbeagenturen mit Geschichten und Stimmungsbildern zu briefen. Statt im Vorfeld einer Image-Kampagne abstrakte Grundwerte wie ›Leistung‹, ›Qualität‹ oder ›Freundlichkeit‹ zu definieren, will man, daß sich die Werber in die Aura der Marke einfühlen. Dazu wird ein Plot ersonnen (gerne als »Master-Romance« bezeichnet), der an Märchen oder Literatur im Stil romantischer Erzählungen erinnert und Mythen sowie Symbole diverser Traditionen enthält: Ein Produkt wird zur ›blauen Blume‹ verklärt, man zitiert Schmetterlinge oder Pfauen herbei, Grazien, Musen oder Feen tauchen auf. Bilder aus der Kunstgeschichte oder Haikus werden als Garnitur noch hinzugefügt. Auf der Basis solcher Settings sollen dann Anzeigen, Werbespots oder Events entstehen. Daß diese ihrerseits nicht über Anspielungen auf die Inhalte eines ziemlich eng begrenzten und bildungsbürgerlich konservierten Motiv-Pools hinausreichen, braucht daher nicht zu verwundern. Reste aus Literatur und Kunst werden zur Verfügungsmasse eines Marketing, das nichts anderes als eine fiktionsselige Halbbildungshuberei darstellt.

Versäumt wird also, die Gefühle und Erfahrungen, die man mit einem Produkt oder einer Marke verbindet, in zeitgemäße, originelle Symbole zu übertragen: Statt einen Moment der Überraschung, in dem sich die eigene Stimmung schlagartig verwandelt, mit dem Klingelton auszudrücken, der die Ankunft einer E-Mail oder einer SMS vermeldet, beschwört mancher Marketing-Macher lieber weiterhin antike Gottheiten wie Apoll oder Artemis, die ehedem berühmt dafür waren, plötzlich aufzutauchen. Die alten Symbole haben den Vorteil, daß sie einer nichtkommerziellen Welt entstammen, ihre Verwendung somit zu keinen Verwicklungen und Rechtsstreitigkeiten führt. Wollte man den bezaubernd-überwältigenden Charakter des eigenen Produkts hingegen mit einem Klingelton symbolisieren, könnte das als Schleichwerbung für ein Betriebssystem oder als Kooperation, aber auch als unerlaubtes Zitat beurteilt werden. Das Ausweichen ins Surreale und in unverbindlich gewordene Mythen erscheint dann als der sicherere und bequemere Weg. Doch drohen verschiedene Marken einmal mehr verwechselt zu werden, weil sie nur auf ein diffuses Flair kultureller Relevanz – auf eine ›Bedeutsamkeit ohne Bedeutung‹ – setzen.

Deshalb scheint der nächste Schritt des Marketing auch schon absehbar. Zumindest bei Premium-Produkten wird man anspruchsvoller werden und den Kunden mehr als abgeschmackte Bildungsgüter servieren. Auch wer nicht gleich Künstler oder Schriftsteller engagiert, die eine besondere Befähigung im Aufspüren und Darstellen symboltauglicher Phänomene besitzen, wird zusätzliche und prägnante Bedeutungen zu erzeugen versuchen. Das Ziel wird darin bestehen, daß die Menschen aus einem Flagship-Store genauso beeindruckt kommen wie aus einem Kinofilm, der sie aufwühlt, noch länger beschäftigt und zu Diskussionen veranlaßt. Erst wenn Konsumprodukte eine semantische Dichte besitzen, die mit der in Kunst und Hochkultur vergleichbar ist, wird die Konsumkritik ihr stärkstes Argument – den Vorwurf der Banalität, Obszönität, Oberflächlichkeit – eingebüßt haben und weitgehend verstummen. Und erst wenn auch scheiternde Sportler als Testimonials verpflichtet oder wenn Themen wie Ehescheidung und Mobbing in Marketingkampagnen behandelt werden, darf die Konsumkultur den Anspruch erheben, die ›conditio humana‹ zu repräsentieren.

Solange die Konsumwelt jedoch als bloße – und große – Klischeefabrik funktioniert, die allenthalben kulturelle Ressourcen anzapft, hat das sogar zweifelhafte Folgen für das Lebensklima vieler Menschen. Besaßen Mythen, Träume und Fiktionen einmal insularen Charakter, ja boten sie vereinzelte Fluchtpunkte, so sind ihre Stoffe inzwischen omnipräsent und bestimmen selbst die Alltagswelt. Im Zustand einer Dauerfiktionalisierung werden einseitig die Partien des Gehirns stimuliert, die für Erinnerungen und Emotionen zuständig sind. Dank einer genauen Justierung einzelner Sinneseindrücke, wie sie für viele Produkte kennzeichnend geworden ist, besteht die Gelegenheit zu zahlreichen proustähnlichen Erlebnissen, die in der Masse jedoch nichts Kostbares mehr sind. Der Konsument ist andauernd der Chance auf Selbstpsychologisierung und -idealisierung ausgesetzt. Im letzten macht die Konsumkultur sogar sentimental, da sie ihre Protagonisten dazu anhält, Träumen und Erinnerungen nachzuhängen und sich aus der Gegenwart in eine Welt schöner Illusionen – in die Vergangenheit oder Zukunft – zu flüchten.

Die Zukunft des Habenwollens

So historisch unvergleichlich die Kontaktflächen zwischen Menschen und Dingen durch den Konsumismus reflektiert, kontrolliert und umgestaltet werden, so monoton werden andererseits längst existierende Sinnerwartungen festgeklopft und schon vorhandene Lebensentwürfe schematisiert. Gegenüber den Traditionen des Bildungsbürgertums besteht das Konsumbürgertum damit gleichzeitig in einer Steigerung wie in einer Verarmung des Fiktionalen. Doch ist das vermutlich nur ein Übergangsphänomen. Wie sich in den letzten Jahrhunderten gesellschaftliche Unterschiede vor allem darin manifestierten, welche Zeitungen und Bücher jemand las und mit welchen Interessen die Freizeit verbracht wurde, so ist zu erwarten, daß sich verschiedene Niveaus künftig (auch) stärker über Konsumentscheidungen ausprägen. Anspruchsvollere Konsumenten werden sich nicht mehr mit den trivialsten Plots der Waren- und Markeninszenierung zufriedengeben. Sie werden jene Verarmung kritisieren und gerade bei exklusiveren Produkten eine höherwertige Fiktionalisierungsmasse erwarten. Wer Boulevardblätter, Groschenromane und Soaps scheut, weil darin zu viele nur-coole Protagonisten und fast ausschließlich ›Sex and Crime‹ vorkommen, wird eine Warenwelt, die allein auf Virginität und Potenz setzt, auch zu einseitig finden und sich davon unterfordert, gar beleidigt fühlen. Ebenso dürften Produkte, die Konsumenten nur nach Hormonen oder wenigen soziologischen Kategorien einteilen, schon bald so platt erscheinen wie die Helden in einem B-Movie. Sofern sie nicht subtiler instrumentiert werden, können sie etwas qualitätsbewußtere Kunden nicht mehr erreichen.

Selbst die Fähigkeit der Dinge, ihre Besitzer zu porträtieren, ist bisher – nach wie vor – oft nur rudimentär ausgebildet. Man stelle sich vor, eine Gruppe von Menschen wäre ohne Sprache und dürfte sich nur über die Waren der aktuellen Konsumwelt ausdrücken. Wer introvertiert, süffisant, schüchtern oder skrupulös ist, hätte dann kaum eine Chance, das zu erkennen zu geben; vielmehr entstünde der Eindruck, alle seien mehr oder weniger locker, witzig, selbstbewußt und erfolgreich. Auch wenn heutige Dinge viel mehr indizieren als zu Zeiten, in denen sie nur als Statussymbole fungierten, ist es noch zu wenig, um differenzierte Bilder zu vermitteln. Isabel Archer könnte weiterhin darüber klagen, daß der einzelne durch die Dinge in seinen Ausdrucksmöglichkeiten eher behindert als bereichert werde.

So war es auch eine Erkenntnis, die man aus der Diskussion über Dingkultur im »mini salon« mitnehmen konnte, daß die Dinge von Stephanie Senge und Rüdiger Belter oft erst dank der

Erläuterungen als subtile Signale erschienen: Für sich allein und selbst in ihren Beziehungen zueinander hätten sie kaum mehr als Klischees von Mann und Frau bestätigt und relativ grobe Charaktereindrücke gegeben. Die Konsumkultur befindet sich also auf einer Stufe, die man, mit Hegel, als »symbolisch« bezeichnen könnte. Kennzeichnend dafür ist, daß die Dinge höhere Ansprüche »nicht nach ihrer unmittelbaren Anschauung« befriedigen, sondern auf subtilere Ebenen nur indirekt verweisen; sie fordern dazu auf, »über sie hinaus zu ihrer Bedeutung fortzugehen, welche noch etwas Weiteres, Tieferes« sei.[23]

Noch häufiger als die Porträt-Funktion der Dinge dürften andere Erwartungen, die mittlerweile mit dem Konsumismus verbunden werden, unerfüllt bleiben. Die Identifikationsangebote, die die Dinge dem Individuum machen, sind ziemlich einfallslos, die Formatierungen, die von ihnen ausgehen, erweisen sich meist als holzschnittartige Milieuzuordnungen, und die Effekte der Stimulation erreichen fast nie die Intensität, die andere Formen der Hoch- und Eventkultur bieten. Doch das berechtigt nicht zu pauschaler Konsumkritik. Vielmehr ist zu berücksichtigen, wie jung die Konsumkultur noch ist. Für jegliche Kultur wichtige Elemente sind noch nicht einmal richtig ausgebildet.

So gibt es etwa kaum eine Dingkritik, die, anders als ihre kulturpessimistische Variante, Diskussionen über Konsumprodukte auslösen könnte und in Art und Wirkung vergleichbar mit Literatur- oder Theaterkritik wäre. Verbraucherportale, die sich im Internet etabliert haben, stellen zwar einen ersten Schritt in diese Richtung dar, in ihnen wird aber oft rein gebrauchswertorientiert argumentiert und hastig kommentiert: Nur selten finden sich umfassendere Würdigungen einzelner Produkte, zumal sich der dafür erforderliche Aufwand für die selbsternannten Dingkritiker auch kaum lohnte. Dennoch helfen die Diskussionen der Konsumenten untereinander dabei, daß sie sich ihrer Marktmacht bewußter werden. Die Foren, auf denen Produkttips ausgetauscht werden, sind daher auch als zeitgemäße Spielart einer Warenkunde zu begreifen.

Läßt ein Unternehmen nicht gerade einen Flagship-Store oder Markenpark von einem international renommierten Architektenbüro bauen, kommt es jedoch nach wie vor kaum einmal ins Feuilleton. Zumindest für Labels mit Exzellenz-Anspruch müßte es aber ein Ziel sein, daß ihre Produkte genauso einer kritischen kulturellen Würdigung unterzogen werden wie das, was bessere Verlage oder Musikhersteller auf den Markt bringen. Wer für sich behauptet, die Konsumenten mit zusätzlichen Identitätsangeboten zu versorgen, ihnen also Stoff für Fiktionalisierungen zu bieten, sollte nicht weniger ernst genommen werden als ein Regisseur oder eine Künstlerin, die für ihre Inszenierungen und Werke dieselben Absichten bekunden.

Daß es so weit noch nicht ist, hat auch mit der fehlenden akademischen Verankerung der Konsumkultur zu tun. Zwar mag das Marketing in seiner gesamten Breite von zahlreichen Lehrstühlen vertreten werden, doch gibt es kaum Institute, die sich mit der Geschichte des Konsums, dem Wandel von Dingfunktionen oder Prozessen der Markenbildung befassen; erst recht kommt die Analyse der Symbole, Bildsprachen und Metaphern zu kurz, die sich innerhalb der Konsumkultur durchgesetzt haben. Notwendig wäre also ein Fach, das als Pendant zur Kunst- oder Literaturwissenschaft fungieren könnte – und in dem Wissenschaftler unabhängig von Aufträgen einzelner Unternehmen tätig würden. Ohne die Impulse, die von einem solchen Fach ausgingen, mangelt es hingegen auch an Instrumenten, um Maßstäbe zur Bewertung einzelner Phänomene der Konsumkultur zu etablieren. Dabei wäre es längst möglich, Designs, Images und Werbekampagnen nach Methoden zu analysieren, die für die Produkte der Hochkultur ganz selbstverständlich angewendet werden: Genealogische, gattungsspezifische oder motivbezogene Zugangsweisen könnten sich abwechseln und ergänzen. Während sich bisher nur einige Unternehmen kulturwissenschaftliche Kompetenzen bei der Planung und Vermarktung ihrer Produkte zunutze machen, trüge eine Konsumwissenschaft zu einer allgemeinen Steigerung des Reflexionsniveaus bei.

Allein so könnte auch den Tendenzen einer Schattenwissenschaft begegnet werden. Solange Unternehmen jedoch eine Geheimhaltungs- und Restriktionspolitik verfolgen, ist eine offene und ergiebige Auseinandersetzung von vornherein nur beschränkt möglich. Dabei geht es nicht nur darum, daß Unternehmen Daten und Zusammenhänge, die ihre Produkte betreffen, für Forschungszwecke nicht zur Verfügung stellen; Schwierigkeiten bekommt vielmehr sogar schon, wer in einem Laden fotografieren oder dort ein Seminar abhalten will. Solange sich zentrale Akteure der Konsumgesellschaft so unzugänglich geben, können sie zwar manche kritische Diskussionen verhindern; sie sind aber auch schuld daran, daß die Konsumkultur ohne sachlich-offene Debatten über Ansprüche und Kriterien rudimentär bleibt und viele sich in ihren Vorbehalten bestätigt sehen, wonach die Warenwelt eine Ansammlung von Banalitäten ist.

Der Idealfall bestünde in genereller Transparenz. Dann verriete ein Unternehmen, woher die Rohstoffe seiner Produkte kommen (wie es sich auf manchen Speisekarten bereits etabliert hat), wo, wie und von wem sie verarbeitet wurden, mit welchen Methoden der Markt- und Konsumentenforschung man sie weiterentwickelt und markttauglich gemacht hat und welche Werbeagentur für das Marketing verantwortlich zeichnet. Immerhin kann jede Information, die veröffentlicht wird, auch der Profilierung des Images dienen und es erleichtern, daß Produkte längere und detailliertere Geschichten als bisher erzählen. Zwar überforderte es die Konsumenten, verlangte man ihnen das Interesse ab, zu jedem Artikel die Hintergründe erfahren zu wollen. Doch entstünden neue und ernsthafte Formen der Kundenbindung, könnte jeder sich über Produkte und Marken ähnlich gut informieren wie über einen favorisierten Schauspieler oder die Lieblings-Band. In den letzten Jahren sind zumindest die Websites etlicher Unternehmen so gut geworden, daß sie nicht nur das Warensortiment vorstellen, sondern auch die Funktionen einer Fanzine erfüllen und den User zum Insider werden lassen. Dennoch bleibt das Angebot weit hinter den Möglichkeiten zurück, und gerade Einblicke in Produktionsprozesse oder das Innenleben der Marken werden immer noch verwehrt.

Wenn die Konsumkultur in diesem Buch unter dem Titel *Habenwollen* behandelt wurde, dann ist der leicht infantile Klang dieser Vokabel als Hinweis darauf zu verstehen, daß sich das Dingverhältnis in der Wohlstandskultur zwar intensiviert haben mag und vielschichtiger geworden sein dürfte, daß aber noch ein Weg zu beschreiten ist, bis von den Unternehmen und in den Läden das geboten wird, worin sich die Menschen am besten – und gerade auch in schwierigeren Situationen – wiederfinden können. Noch sprechen die Produkte und ihre Inszenierungen eine ziemlich einfache und abstrakte Sprache, jung und daher ohne die Zwischentöne, die Bedeutungsträgern erst im Lauf einer längeren Geschichte zuwachsen.

Vielleicht wird sich jedoch auch erweisen, daß der Konsumismus zwangsläufig infantil bleibt. Sofern er mit dem Kapitalismus verschwistert ist, gehört er immerhin zu einer Mentalität, die ihrerseits kindisch ist: Die Sehnsucht des optionssüchtigen Kapitalisten, am Anfang zu stehen, um noch möglichst viel vor sich zu haben, könnte es verhindern, daß der Fiktionswert der Produkte jemals erheblich an Qualität gewinnt. Dann ginge es weiterhin darum, ein paar Assoziationen zu wecken, Projektionsflächen zu bieten und das Spiel mit ›Zweckmäßigkeiten ohne Zweck‹ zu perfektionieren. Und dann behielten diejenigen recht, die im Geld eine unselige Kraft sehen, welche wirkliche Kultur verhindert oder gar zerstört.

Aber vielleicht wird es auch genügend Menschen geben, die ihre Ansprüche an die Dinge deutlicher formulieren – und die, infolge der Verheißungen der Produzenten erwartungsvoll geworden, mit dem Niveau der heutigen Fiktionalisierungsangebo-

te nicht zufrieden sind. Statt sich mit den Rudimenten alter Topoi zu begnügen, werden sie einen ideellen Mehrwert verlangen,
den zwar nur wenige Marken bieten können, der aber zumindest
deren Produkte zu Leistungen werden läßt, die einen Vergleich
mit den großen Werken und Errungenschaften anderer Epochen
bestünden. Aus dem infantilen Habenwollen von Möchtegerns
entstünde eine selbstbewußte Konsumkultur.

Anmerkungen

Alle Internet-Adressen wurden im Juni 2006 nochmals überprüft und aktualisiert.

Einleitung

1 Grant McCracken: »Die Geschichte des Konsums: ein Literaturüberblick und Leseführer«, in: Günther Rosenberger (Hg.): *Konsum 2000. Veränderungen im Verbraucheralltag*, Frankfurt/Main 1992, S. 25–53, hier S. 36 f.
2 Vgl. John O'Neill: »The Productive Body: An Essay on the Work of Consumption«, in: *Queen's Quarterly* 85 (1978), S. 221–230, hier S. 224 f.
3 Vgl. z. B. Wilson Bryan Key: *Subliminal Ad-Ventures in Erotic Art*, Boston 1992.
4 Zum Begriff ›Konsumkultur‹ vgl. Douglas J. Goodman/Mirelle Cohen: *Consumer Culture. A Reference Handbook*, Santa Barbara 2004, S. 6.
5 Zit. und übers. nach: Alona Wartofsky: »Star Dreck. In SoHo, Recycling Celebrity Trash into Cash«, in: The Washington Post vom 21. Juni 2004, S. C01.

Entwicklung der Konsumkultur

1 Vgl. z. B. Neil McKendrick/John Brewer/J. H. Plumb: *The Birth of a Consumer Society: The Commercialization of Eighteenth-Century England*, London 1982; Colin Campbell: *The Romantic Ethic and the Spirit of Modern Consumerism*, Oxford 1987; Don Slater: *Consumer Culture and Modernity*, Cambridge 1997.
2 Vgl. http://podiatry.curtin.edu.au/sump.html; http://renaissance.dm.net/sumptuary/who-wears-what.html.

3 Petronius Arbiter: *Satyricon* (ca. 60. n. Chr.), Kap. 33.

4 Vgl. Johann Beckmann: *Vorbereitung zur Waarenkunde*, Göttingen 1794–1800. – Vgl. Richard Kiridus-Göller: »Die Warenwissenschaft in ihrer Tradition und Bedeutung«, in: Reinhard Löbbert (Hg.): *Der Ware Sein und Schein*, Haan-Gruiten 2002, S. 179–200.

5 Thorstein Veblen: *Theorie der feinen Leute. Eine ökonomische Untersuchung der Institutionen* (1899), München 1971, S. 129, 131.

6 Ebd., S. 100 f.

7 Vgl. Adrian Forty: *Objects of Desire. Design and Society 1750–1980*, London 1986, S. 63.

8 Henry James: *The Portrait of a Lady* (1881), London 1986, S. 253.

9 Vgl. Russell W. Belk: »Possessions and the Extended Self«, in: *Journal of Consumer Research* 15 (September 1988), S. 139–168, S. 141 f.

10 Zur Bedeutung des Verhältnisses von Konsumprodukten und Persönlichkeitsbildung in der Romanliteratur des frühen 20. Jahrhunderts vgl. Neil Harris: »The drama of consumer desire«, in: Otto Mayr/Robert C. Post (Hgg.): *Yankee Enterprise. The Rise of the American System of Manufactures*, Washington 1981, S. 189–216, v. a. S. 211 f.

11 Friedrich Theodor Vischer: »Kunstbestrebungen der Gegenwart« (1843), in: ders.: *Kritische Gänge V*, München [2]1922, S. 71.

12 Ebd., S. 72.

13 Ebd., S. 74.

14 Paul Schultze-Naumburg: *Kulturarbeiten*, Bd. 7 (*Die Gestaltung der Landschaft durch den Menschen I*), München 1915, S. 13.

15 Ernst Rudorff: *Heimatschutz* (1897), St. Goar 1994, S. 69.

16 Rainer Maria Rilke: *Briefe*, Bd. 3, Frankfurt/Main 1987, S. 898 f.

17 Erich Fromm: *Haben oder Sein. Die seelischen Grundlagen einer neuen Gesellschaft*, Stuttgart 1976, S. 148.

18 Peter Handke: *Phantasien der Wiederholung*, Frankfurt/Main 1983, S. 35.

19 Georg Wilhelm Friedrich Hegel: *Vorlesungen über die Ästhetik* (1835), in: ders.: *Sämtliche Werke*, Bd. 14, Stuttgart 1928, S. 447.

20 Vgl. Utz Jeggle: »Vom Umgang mit Sachen«, in: Konrad Köstlin/Hermann Bausinger (Hgg.): *Umgang mit Sachen. Zur Kulturgeschichte des Dinggebrauchs*, Regensburg 1983, S. 11–25, v. a. S. 17.

21 Vgl. Grant McCracken: »›Ever Dearer in Our Thoughts‹. Patina and the Representation of Status before and after the Eighteenth Century«, in: ders.: *Culture and Consumption*, Bloomington 1988, S. 31–43, hier S. 36.

22 Vgl. Colin Campbell: »I Shop therefore I Know that I Am: The Metaphysical Basis of Modern Consumerism«, in: Karin M. Ekström/ Helene Brembeck (Hgg.): *Elusive Consumption*, Oxford 2004, S. 27–44, hier S. 40 f.

23 Helen Rosen Woodward: *Through Many Windows*, New York 1926, S. 345.

24 Colin Campbell, a. a. O. (s. Anm. 1, S. 207), S. 89.

25 Jürg Schüppenhauer im Interview mit dem Autor am 19. Mai 2006.

26 *Die Welt der WMF 2006*, S. 6.

27 Peter Sloterdijk: *Im selben Boot. Versuch über die Hyperpolitik*, Frankfurt/Main 1993, S. 77.

28 Andreas Herrmann/Frank Huber/Christine Braunstein: »Gestaltung der Markenpersönlichkeit mittels der ›means-end‹-Theorie«, in: Franz-Rudolf Esch: *Moderne Markenführung. Grundlagen. Innovative Ansätze. Praktische Umsetzungen*, Wiesbaden [4]2005, S. 177–207, hier S. 188.

29 Vgl. z. B. Jennifer L. Aaker: »Dimensionen der Markenpersönlichkeit«, in: ebd., S. 165–176.

30 Rolf Haubl: »Be-dingte Emotionen. Über identitätsstiftende Objekt-Beziehungen«, in: Hans Albrecht Hartmann/Rolf Haubl (Hgg.): *Von Dingen und Menschen*, Wiesbaden 2000, S. 13–36, hier S. 20.

31 Hans Domizlaff: *Die Gewinnung des öffentlichen Vertrauens. Ein Lehrbuch der Markentechnik* (1939), Hamburg 1992, S. 97.

32 Vgl. Joachim Kellner/Werner Lippert (Hgg.): *Werbefiguren. Geschöpfe der Warenwelt*, Berlin 1991.

33 Stephan Grünewald: »Die Marke auf der Couch. Die morphologische Analyse von Markenpersönlichkeiten«, in: Alexander Schimansky (Hg.): *Der Wert der Marke*, München 2004, S. 564–583, hier S. 565.

34 Vgl. ebd., S. 576.

35 Immanuel Kant: *Kritik der Urteilskraft* (1790), B 260.

36 Émile Zola: *Das Paradies der Damen* (1883), Gütersloh 1960, S. 25 f.

37 Vgl. Ovid: *Metamorphosen*, hg. u. übers. v. Hermann Breitenbach, Zürich 1958, Buch X, V. 243–294.

38 Florian Illies: *Generation Golf*, Berlin 2000, S. 154.

39 Ebd., S. 145.

40 Zur Geschichte des ›Bildungsbürgertums‹ vgl. Ulrich Engelhardt: ›*Bildungsbürgertum‹. Begriffs- und Dogmengeschichte eines Etiketts*, Stuttgart 1986, v. a. S. 212 ff.

41 Vgl. z. B. Thomas Hine: *The Total Package: The Evolution and Secret*

Meanings of Boxes, Bottles, Cans and Tubes, New York 1995, S. 4. – Alexander Meschnig/Mathias Stuhr: *Wunschlos unglücklich. Alles über Konsum*, Hamburg 2005, S. 48–64.

42 Norbert Bolz: *Das konsumistische Manifest*, München 2002, S. 115.

43 Vilém Flusser: *Dinge und Undinge. Phänomenologische Skizzen*, München 1993, S. 17.

44 Jürgen Häusler/Wolfgang Flach: Art. ›branding‹, in: Ulrich Bröckling/Susanne Krasmann/Thomas Lemke (Hgg.): *Glossar der Gegenwart*, Frankfurt/Main 2004, S. 30–36, hier S. 33.

45 Immanuel Kant, a.a.O. (s. Anm. 35, S. 209), B 33.

46 Peter Weibel: »Logokultur und Jugendindustrie«, in: Klaus Neumann-Braun/Birgit Richard (Hgg.): *Coolhunters. Jugendkulturen zwischen Medien und Markt*, Frankfurt/Main 2005, S. 57–64, hier S. 63.

47 Vgl. Rainer Gries: *Produkte als Medien. Kulturgeschichte der Produktkommunikation in der Bundesrepublik und der DDR*, Leipzig 2003, S. 78ff.

48 Vgl. Wolfgang Ullrich: *Bilder auf Weltreise. Eine Globalisierungskritik*, Berlin 2006, S. 9, 97 ff.

49 Vgl. Annette Schüppenhauer: *Multioptionales Konsumentenverhalten und Marketing*, Wiesbaden 1998.

50 Holger Jung/Jean-Remy von Matt: *Momentum. Die Kraft, die Werbung heute braucht*, Berlin 2002, S. 184.

51 Tom Holert/Mark Terkessidis: *Entsichert*, Köln 2002, S. 154.

52 Birger Priddat: »Moral als Kontext von Gütern. Choice and Semantics«, in: Peter Koslowski/Birger Priddat (Hgg.): *Ethik des Konsums*, München 2006, S. 9–22, hier S. 11.

53 Jeremy Rifkin: *Access*, Frankfurt/Main 2000, S. 183.

54 Gerhard Schulze: *Die Erlebnisgesellschaft. Kultursoziologie der Gegenwart*, Frankfurt/Main 1992, S. 427.

55 Otl Aicher: »verzicht auf symbole«, in: ders.: *die welt als entwurf*, Berlin 1991, S. 27–34, hier S. 33.

56 Zit. nach: Rolf Haubl: *Geld, Geschlecht und Konsum*, Gießen 1998, S. 155.

57 Vgl. Colin Campbell, a.a.O. (s. Anm. 1, S. 207), S. 92.

58 William Leach: »Transformations in a Culture of Consumption: Women and Department Stores, 1890–1925«, in: *The Journal of American History* 71/2 (1984), S. 319–342, hier S. 333.

59 Einen Eindruck von Warenhausinszenierungen vermittelt z. B.: Rosalind H. Williams: *Dream Worlds. Mass Consumption in Late Nine-*

teenth-Century-France, Berkeley 1982; Helmut Frei: *Tempel der Kauflust. Eine Geschichte der Warenhauskultur*, Leipzig 1997; Simone Ladwig-Winters: *Wertheim. Geschichte eines Warenhauses*, Berlin 1997.

60 William Leach, a. a. O. (s. Anm. 58, S. 210), S. 331, 326.

61 Ebd., S. 335.

62 Vgl. Rolf Haubl, a. a. O. (s. Anm. 56, S. 210), S. 156.

63 »›Werther würde heute nicht mehr Selbstmord begehen. Er würde im Internet nach einer anderen Frau suchen.‹ Die Soziologin Eva Illouz über die romantische Liebe in Zeiten des Kapitalismus, Partnerwahl im Internet und das Dilemma der Konservativen«, in: *Die Tageszeitung* vom 26. April 2004, S. 13.

64 David Brooks: *Die Bobos. Der Lebensstil der neuen Elite*, München 2001.

65 Vgl. Mary Douglas/Baron Isherwood: *The World of Goods*, New York 1979, S. 72.

66 Vgl. Rainer Gries, a. a. O. (s. Anm. 47, S. 210), v. a. S. 87–134.

67 Ebd., S. 108.

68 Vgl. Don Slater, a. a. O. (s. Anm. 1, S. 207), S. 33 ff.

69 Vgl. A. Fuat Firat: »Gender and Consumption: Transcending the Feminine?«, in: Janeen Arnold Costa (Hg.): *Gender Issues and Consumer Behavior*, Thousand Oaks/California 1994, S. 205–228, hier S. 224.

70 Rolf Haubl, a. a. O. (s. Anm. 56, S. 210), S. 117 f.

71 Norbert Bolz, a. a. O. (s. Anm. 42, S. 210), S. 82.

72 Vgl. Ben Rodenhäuser/Beate Schulz-Montag/Klaus Burmeister (Hgg.): *Die Mitte lebt! Neue Konsummuster*, Hamburg 2005, S. 111.

73 Vgl. Daniel Miller: *A Theory of Shopping*, New York 1998.

74 Vgl. Sheldon Solomon/Jeffrey L. Greenberg/Thomas A. Pyszcynski: »Lethal Consumption: Death-denying Materialism«, in: Tim Kasser/Allen D. Kanner (Hgg.): *Psychology and Consumer Culture. The Struggle for a Good Life in a Materialistic World*, Washington 2004, S. 127–146, v. a. S. 138.

Ästhetik der Konsumkultur

1 Hans Magnus Enzensberger: »Das Plebiszit der Verbraucher« (1960), in: ders.: *Einzelheiten*, Frankfurt/Main 1962, S. 137–141, hier S. 138.

2 Bruno Latour: *Der Berliner Schlüssel*, Berlin 1993, S. 35.

3 Daniel Bell: *The Cultural Contradictions of Capitalism*, New York 1976, S. 69.

4 Zu Veblen vgl. S. 19 f.

5 Vgl. Horst Mühlmann: *Luxus und Komfort. Wortgeschichte und Wortvergleich*, Bonn 1975.

6 Günter Anders: *Die Antiquiertheit des Menschen. Band 2: Über die Zerstörung des Lebens im Zeitalter der dritten industriellen Revolution*, München 1980, S. 34 f.

7 Zit. nach Frank Müller: »Im Reich der Dinge. Der Manufactum-Katalog: Rückblick auf eine untergegangene Epoche oder Vorhut der kommenden?«, in: *Wespennest* Nr. 121, Wien 2000, S. 69–73, hier S. 69.

8 Thomas Hoof in: *Manufactum. Warenkatalog Nr. 18* (2005/06), Umschlaginnenseite.

9 »Konservativ ja, einsam nicht«, Thomas Hoof im Gespräch mit Harald Willenbrock, in: *brand eins* 1/2003, S. 86–89, hier S. 87.

10 Jean-Jacques Rousseau: *Über den Ursprung der Ungleichheit unter den Menschen* (1755), Hamburg 1955, S. 213.

11 Günter Anders: *Die Antiquiertheit des Menschen. Band 1: Über die Seele im Zeitalter der zweiten industriellen Revolution* (1956), München 1987, S. 23.

12 Ebd., S. 35.

13 Ebd., S. 23.

14 Ebd., S. 30 f.

15 Francis Bacon: *Neu-Atlantis*, Stuttgart 1982, S. 7, 6, 44, 48, 53.

16 Vgl. z. B. Adrian Forty, a. a. O. (s. Anm. 7, S. 208), S. 156 ff.

17 Vgl. Nicole Wilk: *Körpercodes. Die vielen Gesichter der Weiblichkeit in der Werbung*, Frankfurt/Main 2002, S. 222 f.

18 Wolfgang Fritz Haug: *Kritik der Warenästhetik*, Frankfurt/Main 1971, S. 20.

19 Ebd., S. 98.

20 Ebd., S. 127.

21 Vgl. Jean Baudrillard: *Das System der Dinge* (1968), Frankfurt/Main 1991, S. 45 ff.

22 Johann Heinrich Zedler: *Grosses vollständiges Universal-Lexicon aller Wissenschaften und Künste*, Halle/Leipzig 1732–54, Bd. 47, Sp. 943–949, hier Sp. 944.

23 Vgl. Wolfgang Ullrich: *Die Geschichte der Unschärfe*, Berlin 2002, S. 123 ff.

24 Ovid, a. a. O. (s. Anm. 37, S. 209), Buch I, V. 17 ff.

25 Vgl. Pamela Danziger: *Why People Buy Things They Don't Need*, Chicago 2004, S. 32.

26 Vgl. Richard Wilk: »Morals and Metaphors: The Meaning of Consumption«, in: Karin M. Ekström/Helene Brembeck (Hgg.), a. a. O. (s. Anm. 22, S. 209), S. 11–26, hier S. 15.

27 Richard Sennett: *Die Kultur des neuen Kapitalismus*, Berlin 2005, S. 123, 121.

28 Norbert Bolz, a. a. O. (s. Anm. 42, S. 210), S. 82.

29 Vgl. Holm Friebe/Kathrin Passig: »Der Dusch-Joghurt«, in: *Berliner Zeitung* vom 28. Februar 2006.

30 Roland Barthes: *Die Sprache der Mode*, Frankfurt/Main 1985, S. 261.

31 Alex Shakar: *Der letzte Schrei*, Reinbek 2002, S. 92.

32 Friedrich Schiller: »Über Matthisons Gedichte« (1794), in: ders.: *Nationalausgabe*, Bd. 22, Weimar 1958, S. 265–283, hier S. 268.

33 Grant McCracken: *Culture and Consumption II. Markets, Meaning, and Brand Management*, Bloomington 2005, S. 185.

34 Friedrich Schiller: *Über die ästhetische Erziehung des Menschen in einer Reihe von Briefen* (1795), in: *Nationalausgabe*, Bd. 20, Weimar 1962, S. 377 f. (21. Brief).

35 Ebd., S. 361 (16. Brief).

36 Artikel ›Kunst‹, in: *Conversations-Lexikon oder enzyclopädisches Handbuch für gebildete Stände*, Bd. 5. Stuttgart 1817, S. 461.

37 Vgl. Wolfgang Ullrich, a. a. O. (s. Anm. 48, S. 210).

Wissenschaftliche Grundlagen der Konsumkultur

1 Zit. nach Martin Kelm: *Produktgestaltung im Sozialismus*, Berlin (Ost) 1971, S. 122 f.

2 Gernot Böhme: »Der Glanz des Materials. Zur Kritik der ästhetischen Ökonomie« (1994), in: ders.: *Atmosphären*, Frankfurt/Main 1995, S. 49–65, hier S. 52.

3 Vgl. Wilhelm Vershofen: *Die Marktentnahme als Kernstück der Wirtschaftsforschung*, Berlin 1959, S. 121.

4 Vgl. Ingo Dammer/Frank Szymkowiak: *Die Gruppendiskussion in der Marktforschung*, Opladen 1998.

5 William L. Wilkie: *Consumer Behavior*, New York 1990, S. 182.

6 Vgl. Wolfgang Hars: *Lexikon der Werbesprüche. 500 bekannte deutsche Werbeslogans und ihre Geschichte*, Frankfurt/Main 1999, S. 287 f.

7 Vgl. Joachim Kellner/Werner Lippert, a.a.O. (s. Anm. 32, S. 209), S. 75f.

8 Vgl. Spiegel-online vom 21. Februar 2005 (http://www.spiegel.de/ auto/aktuell/0,1518,342907,00.html).

9 Vgl. »Auf zur Stern-Fahrt. Der richtige Wagen für jedes Tierkreiszeichen«, in: *Freundin* 20/2002 vom 11. September 2002, S. 219ff.

10 Vgl. http://www.testentwicklung.de/autostudie.htm.

11 Ebd.

12 Vgl. S. 35.

13 Vgl. Sean Nixon: *Hard Looks. Masculinities, Spectatorship and Contemporary Consumption*, New York 1996, S. 91–102; Helene Karmasin: *Produkte als Botschaften*, Wien 1993, S. 86–104.

14 http://www.sinus-sociovision.de/2/2-3-4-1-1.htm.

15 Zu einer differenzierten Kritik der Milieu-Ansätze vgl. Peter Hartmann: *Lebensstilforschung. Darstellung, Kritik und Weiterentwicklung*, Opladen 1999, v. a. S. 160ff.

16 Vgl. Berthold Bodo Flaig/Thomas Meyer/Jörg Ueltzhöffer: *Alltagsästhetik und politische Kultur. Zur ästhetischen Dimension politischer Bildung und politischer Kommunikation*, Bonn 1994, v. a. S. 75ff.

17 Wie Anm. 14, S. 214.

18 Vgl. Peter Hartmann, a.a.O. (s. Anm. 15, S. 214), S. 70.

19 http://www.sinus-sociovision.de/2/2-3-1-1.htm.

20 Stephan Malinowski: »Alles Stehende verdampft. ›Wir wollen alles‹ – 68 als Avantgarde der Konsumgesellschaft«, in: *Süddeutsche Zeitung* vom 16. Dezember 2005, S. 18.

21 Vgl. Thomas Frank: *The Conquest of Cool: Business Culture, Counterculture, and the Rise of Hip Consumerism*, Chicago 1997.

22 Vgl. Agnieszka Switek-Schier: *Anwendung von Schichtenmodellen zur Marktsegmentierung und segmentbezogenen Marktbearbeitung unter besonderer Berücksichtigung der Sinus-Milieus*, Diplomarbeit an der FH Ludwigshafen, Wintersemester 2004/05, S. 37f.

23 Zu den folgenden Produktwerbungen siehe: http://h10010. www1.hp.com/wwpc/de/de/ho/WF02a/21259-21265-21265.html.

24 Zu dieser und den folgenden Milieu-Charakteristiken siehe: http://www.sinus-sociovision.de/2/2-3-1-1.htm.

25 Vance Packard: *Die geheimen Verführer. Der Griff nach dem Unbewußten in jedermann* (1957), Düsseldorf 1958, S. 94.

26 Ebd., S. 16.

27 Ebd., S. 58.

28 Peter Walla im Interview mit dem Autor am 20. Januar 2006.

29 Gerald Zaltman: *How Consumers Think. Essential Insights into the Mind of the Market*, Boston 2003, S. 8.

30 James Twitchell: *Lead Us Into Temptation. The Triumph of American Materialism*, New York 1999, S. 22, auch S. 71.

31 Vgl. z. B. Paco Underhill: *Warum kaufen wir? Die Psychologie des Konsums* (1999), München 2000, S. 77.

32 Vgl. z. B. Hans-Georg Häusel: *Brain Script. Warum Kunden kaufen*, Planegg 2004, S. 16 f., 216 f.

33 Richard Rorty: »Philosophy as Science, Metaphor, Politics« (1989), in: ders.: *Essays on Heidegger and Others*, Cambridge/Mass. 1991, S. 26.

34 Vgl. Colin Camerer/George Loewenstein/Drazen Prelec: »Neuroeconomics: How Neuroscience Can Inform Economics«, in: *Journal of Economic Literature* XLIII (März 2005), S. 9–64, hier S. 12.

35 Peter Walla im Interview mit dem Autor am 20. Januar 2006.

36 Vgl. Hans-Georg Häusel, a. a. O. (s. Anm. 32, S. 215), S. 185.

37 Vgl. Linda Tischler: »Smells Like Brand Spirit«, in: *Fast Company* 97 (August 2005), S. 52.

38 Vgl. Hans-Georg Häusel, a. a. O. (s. Anm. 32, S. 215), S. 28 ff.

39 Vgl. ebd., S. 95.

40 Vgl. ebd., S. 126 f.

41 Ebd., S. 51.

42 Vgl. Gerald Zaltman, a. a. O. (s. Anm. 29, S. 215), S. 50 ff.

43 Vgl. ebd., S. 3.

44 Vgl. Gerald Zaltman: »Rethinking Market Research: Putting People Back In«, in: *Journal of Marketing Research* 34 (November 1997), S. 424–437; Robin Coulter/Gerald Zaltman: »The Power of Metaphor«, in: Srinivasan Ratneshwar/David Glen Mick/Cynthia Huffman: *The Why of Consumption. Contemporary Perspectives on Consumer Motives, Goals, and Desires*, London 2000, S. 259–281.

45 Gerald Zaltman, a. a. O. (s. Anm. 29, S. 215), S. 99.

46 Zum genauen Ablauf vgl. die Patentschrift, in der die *ZMET* in vierzehn Schritte unterteilt wird: http://www.patentstorm.us/patents/5436830-description.html.

47 Vgl. Glenn Christensen/Jerry Olson: »Mapping Consumers' Mental Models with ZMET«, in: *Psychology & Marketing* 19 (Juni 2002), S. 477–502, hier S. 482.

48 Vgl. Gerald Zaltman, a. a. O. (s. Anm. 29, S. 215), S. 126 f.

49 Vgl. Glenn Christensen/Jerry Olson, a. a. O. (s. Anm. 47, S. 215), S. 485.

50 Gerald Zaltman, a. a. O. (s. Anm. 29, S. 215), S. 142.

51 http://www.patentstorm.us/patents/5436830-description.html.

52 Gerald Zaltman, a. a. O. (s. Anm. 29, S. 215), S. 93.

53 Vgl. Ianna Contardo: »Old and New Marketing Techniques: Using Images to penetrate the Mind of the Global Consumer« (2003), auf: http://www.mngt.waikato.ac.nz/ejrot/cmsconference/2003/procee-dings/criticalmarketing/Contardo.pdf; zur Klärung der Identität des Auftraggebers vgl. Emily Eakin: »Penetrating the Mind by Meta-phor«, in: *New York Times* vom 23. Februar 2002, B9; vgl. auch Ge-rald Zaltman, a. a. O. (s. Anm. 29, S. 215), S. 232 f.

54 Vgl. Gerald Zaltman, a. a. O. (s. Anm. 29, S. 215), S. 211 ff.

55 Ingo Dammer/Frank Szymkowiak, a. a. O. (s. Anm. 4, S. 213), S. 44.

56 Friedrich Heubach: *Das bedingte Leben. Theorie der psycho-logischen Gegenständlichkeit der Dinge. Ein Beitrag zur Psychologie des Alltags*, München 1996, S. 13.

57 Stephan Grünewald, a. a. O. (s. Anm. 33, S. 209), S. 575.

58 Jens Lönneker: »Das Ende der Zielgruppen?«, *rheingold*-Publikati-on, Mai 2004, S. 3.

59 Vgl. S. 53.

60 Jens Lönneker, a. a. O. (s. Anm. 58, S. 216), S. 6.

61 Marcel Proust: *Auf der Suche nach der verlorenen Zeit. Erster Teil: In Swanns Welt*, Frankfurt/Main 1981, S. 63 ff.

62 Alois Riegl: *Spätrömische Kunstindustrie* (1901), Wien 1927, S. 402; vgl. ders.: »Naturwerk und Kunstwerk I« (1901), in: ders.: *Gesam-melte Aufsätze*, Berlin 1995, S. 51–65, hier S. 63. – Vgl. dazu Wolf-gang Ullrich: *Was war Kunst? Biographien eines Begriffs*, Frankfurt/ Main 2005, S. 189–194.

63 Vgl. S. 38.

64 Eine eindrucksvolle Liste von Trends, die in Begriffe gefaßt sind, bietet *trendwatching.com*, eines der weltweit größten Trend-Institute unter: http://www.trendwatching.com/trends.

65 Erving Goffman: *Geschlecht und Werbung* (1976), Frankfurt/Main 1981, S. 106.

66 Thomas Düllo/Franz Liebl/Oliver Schieleit/André Suhr: »›Beyond John Malkovich‹ oder: Warum ins Hirn der Masse kriechen?«, in: Thomas Düllo/Franz Liebl (Hgg.): *Cultural Hacking. Kunst des Stra-tegischen Handelns*, Wien 2005, S. 342–349, hier S. 347.

67 Peter Sloterdijk: *Sphären III. Schäume*, Frankfurt/Main 2004, S. 89.

68 Ebd., S. 848 f.

Dimensionen der Konsumkultur

1 Joseph Heath/Andrew Potter: *Konsumrebellen. Der Mythos der Gegenkultur* (2004), Berlin 2005, S. 47.

2 Vgl. Lucius Aeneus Seneca: *Ad Lucilium epistulae morales* (ca. 62 n. Chr.), XVII, 3, 5.

3 Vgl. S. 63 f.

4 Vgl. Daniel Miller, a. a. O. (s. Anm. 73, S. 211), S. 101 ff.

5 Vgl. Platon: *Symposion* (ca. 360 v. Chr.), 204 d ff.

6 Immanuel Kant, a. a. O. (s. Anm. 35, S. 209), B 17.

7 Ebd., B 6.

8 Novalis: *Das Allgemeine Brouillon* (1798 f.), in: ders.: *Schriften*, hg. v. P. Kluckhohn/R. Samuel/H.-J. Mähl, Bd. 3, Stuttgart 1968, S. 398 (Nr. 686).

9 Johann Wolfgang von Goethe: *Die Leiden des jungen Werther* (1772), Hamburger Ausgabe Bd. 6, München 1986, S. 69.

10 Vgl. Norbert Elias: *Über den Prozeß der Zivilisation* (1936), Band 1, Frankfurt/Main 1976, S. 24 (auf S. 22 f. bringt Elias auch Beispiele aus dem *Werther*).

11 Theodor Fontane: *Frau Jenny Treibel* (1893), München 1985, S. 180.

12 Wilhelm Heinrich Wackenroder/Ludwig Tieck: *Herzensergießungen eines kunstliebenden Klosterbruders* (1797), Stuttgart 1997, S. 71 f.

13 Vgl. S. 49 ff.

14 Walter Benjamin: »Ich packe meine Bibliothek aus«, in: ders.: *Denkbilder*, Frankfurt/Main 1982, S. 88–96, hier S. 90, 96. – Ein Hinweis auf den konsumistischen Tenor dieses Texts findet sich bei: Daniel Miller: »Could Shopping Ever Really Matter?«, in: Pasi Falk/Colin Campbell (Hgg.): *The Shopping Experience*, London 1997, S. 31–55, hier S. 35 f.

15 Ebd., S. 89.

16 Walter Grasskamp: »Unberührbar und unverkäuflich. Der Museumsshop als Notausgang«, in: ders.: *Konsumglück. Die Ware Erlösung*, München 2000, S. 143–152, hier S. 152, 151.

17 Vgl. S. 116.

18 Wilfried Seipel: »Zum Geleit«, in: Kunsthistorisches Museum Wien (Hg.): *Shopprodukte*, Wien 2005, S. 2.

19 Vgl. S. 116.

20 Lewis Hyde: *The Gift. Imagination and the Erotic Life of Property*, New York 1983, S. XI.

21 Karl-Heinz Kohl: *Die Macht der Dinge. Geschichte und Theorie sakraler Objekte*, München 2003, S. 115.

22 Michael Diers: »Neunundneunzig Cent – Von Annoncen und Avancen des Konsums in fotografischen Bildern«, in: ders.: *Fotografie Film Video. Beiträge zu einer kritischen Theorie des Bildes*, Hamburg 2006, S. 239–263, hier S. 246.

23 Georg Wilhelm Friedrich Hegel, a. a. O. (s. Anm. 19, S. 208), Bd. 12, Stuttgart 1927, S. 414.

Dieses Buch wurde durch beratende Tätigkeiten und Expertisen angeregt, zu denen mich zwischen 1999 und 2004 die Volkswagen AG und die KarstadtQuelle AG beauftragten. Ferner verdankt es sich Seminaren, die ich 2005 an der Staatlichen Hochschule für Gestaltung in Karlsruhe sowie der Zollverein School of Management and Design in Essen abhielt. Namentlich bedanke ich mich bei folgenden Personen, die mir mit ihrer Gesprächsbereitschaft weitergeholfen und wichtige Hinweise gegeben haben: Judith Behmer, Rüdiger Belter, Nina Bschorr, Hans-Georg Füger, Walter Grasskamp, Hans-Georg Häusel, Wolfgang Fritz Haug, Gesche Heumann, Rupert Hofmann, Yvonne und Eberhard Jonath, Simone Keller, Anna Kleihues, Franz Liebl, Helmut Mayer, Sabine Schirdewahn, Annette und Jürg Schüppenhauer, Stephanie Senge, Peter Walla.

Die Abbildungen entstammen dem Archiv des Autors. Für die Abbildung auf S. 8 liegen die Rechte bei der VG BildKunst.

Stars
Annäherungen an ein Phänomen
Herausgegeben von
Wolfgang Ullrich und Sabine Schirdewahn

Band 15266

Von der Frage einmal abgesehen, was ein ›Star‹ eigentlich ist: Wie bildet sich ein Kult heraus, in welchen Formen, mit welchen Verfallszeiten, Erinnerungsritualen und Revivalchancen? Die Antworten fügen sich zu einer Ethnographie und Archäologie der Mediengesellschaft in konkreten Fall- und Bildbeispielen. Die Beiträge dieses Bandes nehmen das Phänomen Starkult aus recht unterschiedlichen Perspektiven ins Visier: Künstler, Psychologen, Literaturwissenschaftler, Philosophen über Stars wie Madonna, Lara Croft, Derrida oder Goethe und nicht zuletzt über deren Fans, Doubles und Verfolger.

Fischer Taschenbuch Verlag

Verwindungen
Arbeit an Heidegger
Herausgegeben von Wolfgang Ullrich
Band 15860

Perspektiven auf Heidegger jenseits der üblichen akademischen Interpretationen und kritischen Entlarvungen. In den
Beiträgen geht es darum, Heidegger aus nüchtern-ironischer
Distanz in den Blick zu bringen, ohne darauf Verzicht zu leisten, Substantielles zu den Texten und zur Person zu sagen.

»Der Fuchs im Laufen ruht,
sofern er dieselbe Färbung behält.«
Martin Heidegger

Fischer Taschenbuch Verlag

fi 15860 / 1

Wolfgang Ullrich
Was war Kunst?
Biographien eines Begriffs
Band 16317

Kunst ist kaum auf den Begriff zu bringen. Doch läßt sich ihre Geschichte an hervorstechenden Wendungen vor Augen führen, die in den Debatten über Kunst zu Gemeinplätzen wurden. Die wechselvollen Karrieren solcher Topoi verfolgt der Autor in diesem Buch: Elf Kurzbiographien von Formeln, die den Kunstbegriff der letzten vier Jahrhunderte entscheidend geprägt haben.

Fischer Taschenbuch Verlag

fi 16317 / 1